KB117391

매혹의 소파

매혹의 소파

지은이 이본느 하우브리히
옮긴이 이영희
펴낸이 안용백
펴낸곳 (주)넥서스

초판 1쇄 발행 2002년 11월 18일
초판 2쇄 발행 2003년 2월 10일

2판 1쇄 인쇄 2016년 9월 30일
2판 1쇄 발행 2016년 10월 5일

출판신고 1992년 4월 3일 제311-2002-2호
10880 경기도 파주시 지목로 5(신촌동)
Tel (02)330-5500 Fax (02)330-5555

ISBN 979-11-5752-930-8   04080

출판사의 허락 없이 내용의 일부를
인용하거나 발췌하는 것을 금합니다.

가격은 뒤표지에 있습니다.
잘못 만들어진 책은 구입처에서 바꾸어 드립니다.

이 책은 《소파의 세계》 개정판입니다.

www.nexusbook.com
지식의숲은 (주)넥서스의 인문교양 브랜드입니다.

매혹의 소파

Das
Sofa-Universum

이본느 하우브리히 지음 · 이영희 옮김

지식의 숲

가능한 한
느긋하게

친애하는 한국의 독자 여러분! 한국인과 독일인 사이에는 공통점이 대단히 많은 것 같습니다. 넥서스 출판사가 이 책의 한국 출판에 관심을 표명했을 때 내심 매우 놀랐습니다. 하필이면 부지런하고 빨리빨리 서두르기로 유명한 한국인들이 '소파의 세계'에 관심이 있다? 좀 이상하다는 생각이 들었기 때문입니다. 하지만 독일인들도 외국에서는 검소하고 일밖에 모르는 국민으로 알려져 있지만 온전한 게으름뱅이가 되기도 합니다. 세계 경제 강국 미국이 카우치 포테이토의 원산지라는 사실을 생각해 보면 쉽게 이해할 수 있을 것입니다. 부지런한 사람에겐 그만큼 아늑한 휴식에 대한 그리움도 각별하다는 사실을.

현대를 살아가는 우리들에게 삶의 여유를 갖기란 쉽지 않은 일입니다. 매일 녹초가 될 때까지 일하고 종종걸음치며 뛰어다니다 보면 어느새 하루가 다 가 버립니다. 때로는 쉬는 날까지 일을 해야 하지요. 옴짝달싹할 수 없을 정도로 빠듯한 일상에서 스트레스 해소를 위해 잠시 짬을 내어 보기도 합니다. 하지만 그렇게 쉬는 것에 오히려 불안감이 밀려와 더 스트레스를 받습니다.

이 책은 공과 사를 막론하고 의무를 최소한으로 줄일 것을 충고합니다. 주말에도 약속을 한 건 정도만 하고 나머지 시간은 가능하면 느긋하게 보내도록 계획을 세우는 것이 다섯 건의 약속 때문에 매번 시계만 쳐다보는 것보다 훨씬 현명합니다. 여유가 없으면 흥이 나지 않고 그렇게 되면 친구들과 만나도 아무 도움이 안 됩니다. 시간에 쫓기면서 주말을 보내는 것보다 자신을 위한 시간을 갖는 것이 더 중요합니다.

한국인들 역시 '쉼'에 대해 관심이 많다는 걸 좀 더 일찍 알았어야 했는데… 아직 한국을 모르지만 한국인의 영혼이 저와 매우 유사하다는 사실을 깨달은 순간부터 큰 호감을 느끼고 있습니다. 만약 '매혹적인 소파의 세계'를 가슴에 품는다면, 소파 위에 발을 높이 들어올린 채 빈둥대는 점에서만은 우리가 최고임을 깨닫습니다.

자, 소파와 함께 여유로움을 즐겨 볼까요?

이본느 하우브리히

5

편안히 누우면…
반쯤은 성공한 것

소파는 현대인들에게 아주 자연스런 생활 공간이다. 직장 생활이든 개인적인 활동이든 일상의 모든 노력은 가장 편안한 상태, 즉 소파에 누운 상태로 돌아가기 위한 것이라고 해도 지나친 말이 아니다. 이때 가장 편안한 자세는 누워 있는 상태이다. 소파에서 하릴없이 빈둥거리며 누워 있는 것! 낙원을 한번 상상해보자. 사람들은 구운 비둘기 고기를 먹으며 서성거리거나 우유와 꿀을 먹으며 앉아 있지도 않을 것이다. 아마도 그들은 편안히 누워 있을 것이다. 긴장을 완전히 푼 채 귀찮은 벌레나 따가운 식물도 없는 초원에 두 팔을 베고 누워 몽롱한 눈길로 하늘을 쳐다보고 있을 것이다.

21세기의 인간은 이와 같은 원초적 낙원에 대한 억압된 그리움을 만족시키기 위해 정말 최선을 다한다. 직장을 살짝 엿보자. 두 발을 책상 위에 얹어 놓고 빈둥거리는 사람이 있는가 하면, 분골쇄신 일만 하는 사람도 있다. 후자는 대부분 출세를 목표로 삼는데, 무엇을 위한 출세일까? 그것은 성공적인 경우 언젠가 자신은 리더가 되어 두 발을 책상 위에 턱 걸쳐 놓고, 몸을 움직이는 일은 부하들에게 맡기기 위해서이다. 결국 가장

6

적게 움직이려고 가장 많이 움직이는 것이다.

여가 활동도 이와 비슷한 상황이다. 빈둥거리지 않는 휴식은 생각할 수 없다. 날씨가 좋으면 야외로 나가는 사람들이 있는데, 야외에 나가서는 풀밭에 누워 빈둥거리기 마련이다. 또 완벽한 휴가를 꿈꿀 때면 반드시 멋진 해변과 하루 종일 아무 일도 하지 않은 채 게으름을 피우며 드러누워 빈둥거리는 장면을 떠올린다. 그 밖의 여가 활동, 특히 스포츠는 달콤한 휴식을 정당하게 해 주는 피곤을 더욱 깊이 느끼게 한다는 단 하나의 목적에 기여할 뿐이다. 그리고 달콤한 휴식의 가장 완성된 형태는 소파에 있다.

게으름을 피우며 빈둥거리고 싶은 인간의 욕구는 너무도 자연스러운데, 이를 설명하고 정당화해야 한다는 건 이 시대의 위대한 미스터리이다. 따스함, 부드러움, 편안함에 대한 욕구는 인간의 본능 아닌가. 그리고 그런 본능을 충족시키는 데 탁월하게 기여하는 현대의 발전된 기술, 특히 텔레비전을 높이 평가해야 하지 않을까. 하지만 현실은 다르다. 느긋하게 소파에 누워 텔레비전 오락 프로그램을 보며 낄낄거리는 자는 게으르다고 멸시하며 한심한 사람으로 여긴다. 특히 하릴없이 뒹굴면 마치 우리의 본성에 어긋나는 일이라도 하는 양 비난하는데, 그건 도무지 이해가 안 된다.

그렇게 빈둥거리는 것이 인간의 본성에 어긋나는 일이 아니라 오히려 본성에 충실한 모습이라는 사실은 어린아이들이 증명한다. 텔레비전 앞에서는 거의 모든 아이들이 얌전해진다. 텔레비전에 푹 빠져 꼼짝 않고 그 앞에 붙어 있다(그래서 많은 부모들이 아이들이 텔레비전 앞에 있을 때 손톱을 깎아 준다. 그러면 아이가 버둥대는 바람에 손톱 가위가 콧구멍을 찌를 위험을 줄일 수 있으니까 말이다). 그런데도 지나치게 텔레비전을 많이 보는 것은 아이들이 성장하는 데 해가 되는 것으로 여겨진다.

특히 아이들이 소파에서 빈둥거리는 것을 부모들은 그대로 봐넘기지 않는다. 차라리 돌아다니면서 물건을 고장내거나 집 안을 더럽히는 행동들을 더 나은 것으로 생각한다. 나무 블록으로 동생을 때리거나 진흙이 묻은 신발을 신고 껑충껑충 뛰거나…. 계모나 계부처럼 보이고 싶지 않은 부모들은 그 모든 싸움과 더러움, 물질적인 피해를 참아 낼 수밖에 없다.

하물며 애완동물도 소파에서 많은 시간을 보내면 미움을 받는다. 예쁨을 받으려면 소파보다는 이웃집 정원을 애용해야 한다. 하지만 소파를 좋아하는 애완동물이나 그런 애완동물의 주인들이야말로 크나큰 존경을 받아 마땅하다. 그런 동물은 적어도 값비싼 정원수를 파헤치지 않고, 반쯤 먹다 남은 쥐를 장롱 아래 숨겨 썩도록 하지 않을 뿐만 아니라, 죽은 새를 집 안으로 끌어들이지도 않는다. 또 값비싼 카페트에서 젖은 털을 털지도 않고, 손톱이나 발톱의 날을 세우기 위해 소파에 대고 갈지도 않는다. 그러니 그들은 주인보다 소파의 중요성을 잘 알고 있는 듯하다. 소파의 한 자리를 낚아챈 애완견의 승리에 찬 표정이 그것을 말해주지 않는가.

아이들과 애완동물은 천성적으로 소파를 좋아하는 경향을 보이지만, 대부분의 어른들은 사회화를 통해 이러한 본능을 많이 털어낸 상태이다. 그래서 오늘날에는 직장을 갖지 않고 한가롭게 살 수 있는 사람들조차도 뭔가 의미 있는 일을 해야 할 것만 같은 강박관념에 사로잡혀 지낸다.

많은 유산을 상속받은 사람, 부유한 남자와 결혼해서 직업을 갖거나 집안일을 할 필요가 없는 여성, 유복한 연금 생활자 등등…. 그래서 엄청난 혜택을 누리는 이들 특권층조차 안락한 소파에 파묻혀 지내지 못하고 직장을 갖거나 운동을 하고, 영어를 배우거나 취미 활동을 하느라 눈코 뜰 새 없이 바쁘게 지낸다. 이유는 단 하나, 아무 일도 하지 않는 무위(無爲)에 대한 이미지가 그만큼 좋지 않기 때문이다.

여가 시간이 많으면 많을수록 우리는 빈둥거리는 시간을 더더욱 이해하지 못한다. 20세기 초반만 해도 대부분의 사람들이 점심을 먹은 뒤에는 낮잠을 즐길 수 있었고, 취미에 몰두할 수 있는 여유가 문화인을 가늠하는 척도였다. 하지만 오늘날에는 그런 여유를 찾아볼 수 없으니, 이것이야말로 역설이 아닐 수 없다. 우리는 그야말로 자신을 죽도록 일로 몰아간다. 짧은 점심 시간에 햄버거로 점심을 때우는 둥 마는 둥 하고는 은행이나 우체국에 볼일을 보러 다니느라 바쁘다.

이것은 퇴근한 뒤에도 마찬가지다. 꽉 막힌 도로를 저주하며 자동차 안에 갇혀 있거나 피트니스 클럽에 가서 이를 악물고 러닝머신 위를 달린다. 또 선물을 산답시고 쇼핑센터를 기웃거리거나, 영화관 매표소 앞에서 신경질을 내며 추위에 벌벌 떨면서 줄을 서서 보낸다. 그리고 주말이면 평일에 시간이 없어서 하지 못했던 일을 하느라 바쁘다.

더 안타까운 일은 이렇게 분주하게 뛰어다니는데도 해야 할 일은 조금도 줄어들지 않고 계속 산더미처럼 쌓인다는 사실이다. 내일 또 내일⋯, 결코 오지 않을 내일로 미루며 산다. 휴가 때도 차라리 산이나 들로 나가고 싶지 산더미 같은 일을 처리하고 싶지는 않을 것이다. 그 결과는 무엇인가. 정신없이 살아도 남는 건 양심의 가책뿐, 그래서 늘 스트레스에 쌓여 지내는 것이다.

현대 사회에서는 일을 많이 하면 할수록 더 좋고 훌륭한 사람이라고 부추긴다. 생각할 시간도 주지 않고 말이다. 그러나 우리는 생각을 완전히 잃어버리지는 않았다. 2001년 봄 독일 수상 게하르트 슈뢰더가 "우리에게는 게으를 권리가 없다"고 말했을 때, 사람들은 다시 생각하기 시작했다. 그 말은 사람들로 하여금 일상과 그 의미를 다시 한 번 돌아보게 만들었다. 아무것도 하지 않는 여유로움에 대해 다시 생각하게 했으며, 게으름에 대해 토론하기 시작했다. 누가 알겠는가. 이런 토론이 카우치 포테이토가 오래전에 깨달은 인식으로 마감되고, '소파 문화'를 확산하는 데 기여하게 될지 말이다.

노동이 아니라 여유가 인간의 목표이다.

— 오스카 와일드

| 차례 |

1

인간의 모든 불행은 방 안에 가만히 있지
못하기 때문에 시작된다.

– 파스칼 *Blaise Pascal*

카우치
포테이토란

지금 혹시…? 지하철이나 병원 대기실 같은 곳에서 이 책을 읽고 있는가? 그런 일은 상상도 하지 말라. 그건 자해 행위, 아니 죄악이다. 먼저, 집에서 편안히 자리를 잡고 누워야 한다. 일요일 오후, 밖에는 이슬비가 살포시 내릴 때 이 책을 손에 들고 소파에 누워 두 발을 폭신한 팔걸이 위에 올려놓아라. 아니, 그보다 더 좋은 방법이 있다. 남들은 모두 일하는 평일, 그것도 화창한 날 충만한 정신력으로 온전한 기쁨을 누려라. 특히 주중에는 달콤한 무위도식을 두 배로 즐겨라!

쿠션은 어느새 체온으로 말미암아 이상적인 온도에 이르렀고, 몸무게 덕분에 완벽한 형태를 취하고 있다. 이불은 둘둘 말아 다리 사이에 끼고 베개는 등 뒤에 대고 있어 길게 누우면 불편하기는커녕 안락하기만 하다. 그렇게 시간이 흐를수록 당신과 소파는 하나가

18

되어 갈 것이며, 최고의 조화를 이룰 것이다. 긴장이 풀리면서 마음속 저 깊은 곳에서부터 말로는 다 표현해 낼 수 없는 행복감이 커져 간다. 자유롭게 떠다니는 기분, 안전한 곳에 편안히 누운 채 허공을 떠도는 느낌… 이 멋진 상태에서 몸과 마음이 조금도 벗어나는 일이 없도록 필요한 모든 물건은 손이 닿는 사정거리 안에 늘어놓아야 한다. 손님이나 긴급한 사안이 소파와 나누는 이 달콤한 밀회를 방해하지 않도록 아내나 남편, 아이들, 그 밖에 귀찮은 식구를 모두 집 밖으로 내쫓고, 특히 전화 수화기를 내려놓으라. 그렇다. 당신은 이런 즐거움을 누릴 자격이 있다. 하지만 못생긴 감자라고 욕을 먹을 수 있다는 건 함정! 그런데 그런 욕이 정말 정당한 비난일까?

한번 생각해 보자. 소파 즐기기의 기초라도 안다면 멋진 외출복 차림으로 소파에 벌렁 드러눕지는 않을 것이다. 헐렁한 셔츠, 편안한 운동복, 두툼한 양말은 기본이다. 부드러운 담요는 당신의 실루엣을 완전히 망가뜨려 아무리 세련된 몸매에 우아미가 흐르는 멋진 사람이라도 못생긴 감자처럼 보일 것이다. 드럼통처럼 말이다. 감자는 우아하지도 스포티해 보이지도 않다. 사실 아무리 예쁜 물건일지라도 흙먼지가 가득한 브라운색이나 베이지색 점들이 여기저기 박힌 감자 껍질 속으로 들어가면 어떻게 되겠는가?

감자와 소파 애호가는 못생긴 외모부터 서로 비슷하다. 그러니 소파 애호가를 '카우치 포테이토'라고 부르는 것보다 더 정확한 표현은 없을 것이다. '카우치 포테이토'란 원래 텔레비전에 중독된 미국의 캘리포니아 사람들이 지어낸 말로, 이들은 회합을 만들고 엠블렘과 동상 등 점잖은 인상을 줄 수 있는 것은 모두 만들었다. 1980년대 초반 이들은 빈둥거리기의 몇 가지 근본 규칙까지 정리했으며, 어리석은 에피소드나 삽화, 격언 등으로 엮어 《카우치 포테이토의 공식 규범서》라는 책을 출판했다.

이 책은 이제 유물이 되어 망각의 늪으로 사라졌지만 '카우치 포테이토'라는 개념은 세계를 정복했다. 왜 하필이면 카우치 포테이토라는 미국에서 즐겨 쓰는 용어냐며 이맛살을 찌푸리는 사람들도 있을 것이다. 물론 카우치 포테이토와 비슷한 뜻을 가진 독일 말도 있다. 소파 방구쟁이, 구들장지기, 실내화 영웅 등등. 하지만 이러한 표현들은 그리 적절하지 않을 뿐더러, 두 배나 더 귀에 거슬린다. 독일에서는 집에만 있기를 좋아하는 소파 애호가나, 느림·편안함과 관련된 모든 것들은 찬밥이다. 그래서 나는 이들 독일 말을 별로 좋아하지 않는다. 그와 비교해 볼 때 카우치 포테이토는 얼마나 친근한지…. 또한 공격적인 분위기도 전혀 없다!

당연하다. 카우치 포테이토라고 하면 따스한 온기, 포만감, 충족감이 떠오르게 마련이다. 포테이토 칩과의 유사성 때문만은 아니다. 카우치 포테이토, 즉 '소파 감자'는 세계 어디에서나 번성하고 있다. 그들은 까다롭지 않고 예민하지도 않으며, 저장하는 데도 아무런 문제가 없다. 태양이 비추고 따스해지면 본능이 눈을 뜨고 싹이 돋는다. 그리고 그 종류와 크기도 믿을 수 없을 정도로 다양하며, 맛도 제각각이다.

다양한 유형의
카우치 포테이토

삶았을 때 단단한 품종들을 보면 지글린데와 한자, 니콜라, 실레나, 엑스크비자와 젤마가 있다. 이들은 특히 감자 샐러드를 하는 데 적합하다. 단단한 감자들은 씹는 맛이 있으면서 소화도 잘 되기 때문에 조금씩 맛을 즐기는 것이 좋다. 마찬가지로 카우치 포테이토들은 쉽게 사귀기는 힘들지만 다양한 사람들이 한데 어울리는 파티에 가면 그 매력으로 말미암아 곧 관심의 초점이 되어 돋보인다. 카우치 포테이토들은 파티가 시작되자마자 곧바로 소파를 차지한 뒤, 파티 내내 그 자리를 떠나지 않고 뭉갤 수 있다.

수분이 적은 품종들, 즉 이름가르트나 빈트예, 프리메라, 아울라, 자투르나 등은 매쉬드 포테이토, 감자떡, 감자부침, 감자국에서 그 진가를 발휘한다. 아주 게으른 카우치 포테이토들은 이들의 양보심을 닮아 아무리 굳건하게 결심을 해도 다음 순간에 까맣게 잊고 순간의 욕망에 양보하는 걸 좋아한다. 그 결과 언젠가는 완전히 형체를 잃고 곤죽 또는 반죽이 되고 만다. 이들은 그 형체가 의심스럽기 때문에 다른 품질을 내세워야 한다. 그래서 그 맛과 느낌이 아주 부드러우며, 연하고 따스한 본질 때문에 사회성이 특히 강하다. 어린아이들과 어린아이 같은 사람들은 이들을 우상으로 떠받들며 좋아한다.

크리스타, 아그리아, 크봐르타, 자스키아, 제쿠라, 졸라라, 그라놀라, 지르테마, 리타, 헬라, 데지레는 특히 단단한 품종이다. 이들은 껍질째 삶아먹거나 볶아먹고 오븐에 구워먹거나 그라탱(치즈 소스를 얹어 오븐에 굽는 요리)을 해먹으면 좋다. 이들의 조금 결단력 없는 성격은 망설이는 사람들, 그래서 극단적으로 적응력이 뛰어난 사람들에게서 발견된다. 고용자들은 이런 사람들의 유연성과 팀워크를 최고로 여기며, 이들의 높은 타협 가능성은 특히 가정에서 칭송받는다. 그래서 이들은 직장에 있든 소파에 드러누워 있든 언제나 제자리에 있는 것처럼 보이지만, 두 생활 공간 어디에서도 출세하지는 못 한다.

이런 기준 외에도 감자를 분류할 만한 기준들이 있다. 예를 들어 하지 감자와 가을 감자가 있고, 씨 감자와 돼지 감자가 있다. 감자는 매우 잘 번성하여 그 다양한 품종과 기질을 다른 식용 식물들이 도저히 따라오지 못할 정도이다. 하지만 카우치 포테이토와는 달리 감자는 널리 보급되기까지 꽤 많은 시간이 걸렸다.

안데스 산맥이 원산지인 가짓과 식물 감자는 16세기 중반에 에스파냐를 거쳐 유럽에 도착했다. 독일에서는 1588년에 처음으로 선을 보였다. 맨 처음에는 프랑크푸르트 식물원에서 사람들의 감탄을 자아냈고, 그 뒤에는 궁전의 정원에서 사랑을 받았다. 그런데 처음에 관심을 끈 것은 뿌리에 생기는 구근(球根)이 아니라, 흰색부터 바랜 보랏빛까지 드러나는 꽃이었다. 그 당시 감자는 순수한 관상용이었다. 그런데 잉카 문명 덕분에 그 구근의 식품성을 알고 있던 사람들이 한번 맛을 보게 되었다. 그러더니 눈이 휘둥그레졌다. 입에 착 붙는 맛이 좋았던 것이다! 당시 이국적이고 값비싼 식물이었던 감자는 이렇게 해서 1600년경 유럽 궁정의 델리카테센으로 진출했다.

그 뒤 1756년에야 비로소 프리드리히 대왕이 감자의 유용성을 깨달아, 감자의 낯선 재배 방법과 맛에 대한 국민들의 저항에도 불구하고 대대적으로 감자를 재배하도록 명령했다. 국민들이 감자에 대해 저항감을 가졌던 이유는 올바른 요리법에 관한 지식이 부족했고, 지금은 품종 개량으로 사라졌지만 옛날에는 감자에 쓴맛이 있었기 때문이다. 아무튼 프리드리히 대왕이 이겼고, 감자는 독일의 주식이 되었다.

감자가 비만의 원인으로 몸에 나쁘다고 생각했던 시절은 이미 오래전에 지나갔다. 오늘날 감자는 오히려 칼로리가 낮고 비타민이 풍부한, 한마디로 이상적인 식품으로 칭송받는다. 게다가 맛도 괜찮다. 어린아이나 어른 모두 무난하게 먹는다. 조리 방법도 참으로 다양하다. 튀기거나 굽고 삶거나 통째로 요리하기도 하고, 원형이나 주사위 모양으로 자르거나 또는 강판에 갈기도 한다. 매쉬드 포테이토, 수프, 그라탱을 만들 수도 있다.

하지만 얼마 전까지만 해도 이런 요리법들은 미식가들 사이에서 좋은 평판을 얻지 못했다. 미식가들 사이에서는 감자볶음을 좋아한다는 고백이 컵라면을 좋아한다는 고백만큼이나 끔찍하게 들렸다. 하지만 '할머니 손맛'에 대한 재평가가 이루어지면서 다행히도 사정이 달라졌다. 다만 언어를 사용하는 데만은 아직도 새로운 가치관의 변화가 정착하지 못 하고 있다.

'카우치 포테이토'란 말은 다정다감하게 들릴지는 몰라도 섹시하거나 세련된 인상을 풍기지는 못한다. 감자처럼 든든하고 성실하며 느긋한 사람이라는 말이 기분 좋은 칭찬일 수도 있지만, 순박하고 촌스럽고 섬세하지 못하다고 하면 기분이 별로 좋지 않을 것이다. 감자는 너무도 오랫동안 '가난한 사람들의 음식'으로 여겨 왔기 때

문에 공식적인 복권復權이 이루어지긴 했어도 예전에 가졌던 선입
견들이 아직 완전히 사라지지는 않았다.

〈그림 동화〉에 나오는 구두쇠 재단사 집의 난쟁이를 알고 있는
가? 그는 형편없는 음식을 견디다 못해 구두쇠 재단사 집을 떠나면
서 이렇게 노래했다.

"사모님, 더 나은 음식을 주지 않으면 그만 떠나겠어요. 그리고 아
침 일찍 대문 앞에 이렇게 써 놓겠어요. 감자는 너무 많고 고기는
너무 적다! 안녕히 계세요, 감자 대왕님."

재단사 부인은 이 건방진 난쟁이가 떠나기 전에 내쫓아 버렸다.

감자의 품격은 아직도 별 볼 일 없고, 가격이 저렴한 이상 앞으로
도 그럴 것이다. '카우치 포테이토'라고 불리는 걸 좋아하는 사람들
이 별로 없는 이유 중 하나이다.

빈둥대기엔
혼자가 낫다

그렇다고 소파를 좋아하는 걸 부끄러워할 필요는 없다. 슈퍼마켓에 나와 있는 가지각색의 칩 종류들, 끝없이 다양한 스낵류를 보라. 사람들이 인정하지는 않아도 소파의 부름에 기꺼이 응하는 사람들이 많다는 사실을 말해 주지 않는가! 소파는 집에서도 가장 좋은 공간의 널찍한 자리를 차지한다.

1996년 독일의 한 설문 조사 기관은 가정생활과 관련하여 가장 원하는 것이 무엇인지에 대해 조사한 적이 있었다. 그 결과 새 소파를 사고 싶다는 소망이 더 좋은 집으로 이사가고 싶다는 소망에 이어 2위를 차지했다. 3, 4위는 어린이 방이나 목욕실을 새로 꾸미고 싶다는 것이었다. 같은 설문 조사를 요즘 다시 한다면, 아마 새 소파를 사고 싶은 소망이 1위를 차지할지도 모른다.

요즘 사람들은 집에 있는 시간이 별로 없다. 우리는 흔하지 않은 것은 모두 소중하게 여기기 때문에 집도 점점 더 성스럽게 생각하게 되었다. 집에서 보내는 시간이 줄어들수록 집이 긴장을 풀고 편안한 쉴 수 있는 공간, 신경을 곤두세우는 일상에서 벗어나 평화를 즐길 수 있는 보금자리가 되기를 꿈꾸게 된다. 물론 집에 징징거리는 아이들이나 신경질적인 아내 또는 남편이 있거나, 텔레비전이 고장난 경우는 예외일 것이다.

미국의 트렌드 연구가 페이스 팝콘이 예언했던 '코쿠닝 Cocooning' 현상이 바로 이것이다. 즉, 너무 거칠고 위험스러운 세상을 피해 바깥으로 나가지 않고 집에 처박혀 있는 것이다. 코쿠닝 현상은 원만한 가정과 적절한 설비(소파, 냉장고에 가득 찬 먹거리, 현대적인 보일러 시설, 초고속 인터넷 접속망, 다양한 텔레비전 채널 등등)를 갖추고 있는 사람들에게조차도 대부분 희망 사항에 불과하다. 집안을 이렇게 저렇게 꾸미라고 자극하고 격려하는 홈 인테리어 잡지들이 점점 늘어 가며, 늘 바뀌는 인테리어 정보를 빠짐없이 전달해 주는 덕분에 주말 내내 가구 백화점 앞에서 주차할 자리를 찾느라 시간을 다 보내는 일이 아주 흔하다.

그렇다면 우리 모두가 카우치 포테이토로 태어났단 말인가? 꼭 그렇지는 않다. 먼저, 모든 소파가 다 목적 없이 빈둥거리기에 적합하지는 않다. 심리 상담실, 면접 시험장, 사장님 사무실에 놓인 긴 소파를 보라. 그들 소파는 이용자들을 편안함과 무관심 속에 빠뜨린다. 그리고 모든 소파가 자신의 진정한 사명에 충실하지는 않다. 어떤 소파는 손님용 침대로 변해 일 년에 두 번 사용되고, 또 어떤 소파는 박물관이라고 해도 손색이 없을 아파트의 장식품에 불과하기도 하다.

집 안을 전시실처럼 꾸미는 취향은 놀랍게도 생각보다 인기가 높다. 집에서 보내는 시간이 적은 사람들일수록 값진 가구와 설비에 많은 돈을 투자한다. 그 결과 홈 인테리어 시장이 각광을 받아, 지난 몇 년간 거의 모든 패션 디자이너들이 이른바 홈 컬렉션을 내놓았다. 겐조Kenzo의 양초, 아르마니의 베개, 욥Joop의 담요 등등.

브랜드에 민감한 추종자들은 이제 사적인 공간에서도 브랜드 물건을 즐길 수 있게 되었다. 물론 중증 브랜드 추종자들도 집에 혼자 있을 때는 타고난 과시욕에 그다지 충실하지 못하다. 아무도 보지 않는 공간, 혼자 소파에서 뒹구는 시간에 화장을 하거나 옷을 차려입는 사람은 드물다. 유행에 민감한 사람일수록 온전히 자기 자신이 되고 '감자'가 되어, 유연하고 우아하고 맵시 있는 사람인 체할 필요가 없을 경우는 그럴 때뿐이기 때문이다. 가족이나 가까운 친척, 친지들과 함께 있을 때도 그렇게 자유롭게 마음대로 본능에 따라―남들에게는 유쾌하지 않을―소리와 냄새를 피워 댈 수는 없다. 사람은 완전히 혼자 있을 때만 빈둥거리는 즐거움을 맘껏 즐길 수 있다.

물론 그럴 때조차도 완전히 혼자는 아니다. 왜냐하면 진드기가 언제나 불청객 노릇을 하기 때문이다. 지금 당신이 뭉개고 있는 소파 안에도 아마 수천 마리의 진드기가 있을 것이다. 인간은 하루에 약 1.5그램의 피부 각질을 흘리고 다니는데, 이는 수만 마리의 진드기가 먹고살 수 있는 식량이다. 다행히도 진드기는 빛을 싫어하고 피부 접촉을 꺼리기 때문에 별로 방해가 되지는 않는다. 게다가 텔레비전 채널을 둘러싼 갈등도 일으키지 않는다.

소파 중독자들은 텔레비전 보는 걸 가장 좋아한다. 캘리포니아의 원조 카우치 포테이토들은 멍하게 앉아 텔레비전만 보는 것이 그들의 인생이었다. 오늘날의 수준 높은 카우치 포테이토들은 다른 즐거움에 대해서도 매우 개방적이지만, 그들도 텔레비전에 대한 사랑만은 다를 바가 없다. 1990년대 외래어 사전을 보면, 카우치 포테이토를 "(텔레비전을 보며) 카우치에 앉거나 누워 있는 것을 가장 좋아하는 사람"이라고 설명하고 있다.

토크쇼 진행자 배르벨 새퍼는 카우치 포테이토를 "텔레비전 앞에서 빈둥거릴 줄 아는 사람"이라고 설명했다. 그리고 그녀도 카우치 포테이토에 속하냐는 기자들의 질문에, "가끔은 그렇습니다. 사실 우리 모두 카우치 포테이토가 되고 싶을 때가 있지요"라고 대답했다.

새퍼 양의 대답을 들으니 궁금한 점이 있다. 이따금씩만, 그러니까 예를 들어 텔레비전을 볼 때만 카우치 포테이토가 되는 것이 가능한가. 내 생각에는 불가능할 것 같다. 카우치 포테이토인 사람이 있고, 그렇지 않은 사람이 있다. 텔레비전 중독자가 어쩌다가 텔레비전 보는 일 외에 다른 일을 한다고 해도, 그는 여전히 텔레비전 중독자이다. 카우치 포테이토는 우연히 소파에 앉아 있지 않을 때도 여전히 카우치 포테이토이고, 텔레비전 보는 걸 즐기지 않아도 카우치 포테이토이다.

'감자'와 '소파에서 빈둥거리는 사람'은 서로 비슷한 점이 많지만, 텔레비전 중독증이야말로 이들을 구별해 주는 기준이다. 그렇지 않다면, 혹시 텔레비전 보는 걸 좋아하는 감자라도 보았는가? 텔레비전을 좋아하지 않아도, 예를 들어 책을 읽으면서 소파에서 많은 시간을 보내는 사람들도 카우치 포테이토라고 해야 할 것이다. 아니면 그 정도로 문명화된 사람들은 한량이라고 불러야 할까? 아니다. 그 제안은 별로 설득력이 없다. 한량도 카우치 포테이토 못지않게 평판이 나쁘기 때문이다. 그것도 아주 오래전부터 말이다.

1862년에 나온 그림 형제의 독일어 사전을 보면, "한량은 비난할 의도 없이 쓰일 때는 15세기 남부 독일 지방의 도시 주민으로 수공업에 종사하지 않고 세를 받아 생활하는 사람들이지만, 그 외의 경우와 그 뒤에는 언제나 나쁜 의미로 쓰인다"는 설명이 있다.

한량이라는 단어에 붙어 있는 부정적인 이미지는 오늘날에도 여전하다. 1999년 독일어 대사전에서도 한량을 "(의미 있는) 활동에 종사하지 않고 (권태로운 방식으로) 무위도식하는 사람"이라고 설명하고 있다. 그렇다면 헌신적인 마음으로 소파에 몸을 파묻고 경건한 독서에 빠져 있는 것도 권태로운 방식으로 무위도식하는 것일까? 그러면서 몽상에 잠겨 꾸벅꾸벅 졸고 있다면? 그보다 더 의미 있는 일은 없다.

달콤한
낮잠

북유럽의 기후도 집에서 빈둥거리고 싶게 만드는 중요한 정황 가운데 하나이다. 차가운 비바람, 눈비, 진눈깨비가 몰아칠 때 밖에 나가고 싶은 사람은 없다. 아무리 신선한 공기를 좋아하는 사람이라도 그런 날씨에는 자전거 여행보다 텔레비전을 좋아한다. 또 그 반대인 경우도 있다.

　타고난 카우치 포테이토도 밖으로 끌어내는 날씨가 있다. 짙은 녹음이 우거진 여름날, 시원한 나무 그늘 아래 벌렁 드러누워 한잠 잘 수 있다면…. 생각만 해도 벌써 몸과 마음이 두근거린다. 시원한 산들바람 또는 별이 총총한 밤하늘이 일깨우는 낭만적인 정서는 소파가 없는 불편함도 보상해 줄 수 있다.

　결론적으로 말해서 카우치 포테이토는 온화한 날씨를 가진 지중해 연안에서는 차가운 날씨를 지닌 북유럽에서만큼 번성할 수 없다. 그 대신 한량 정신은—적어도 남자들에게—더욱 뚜렷하여, 플라타너스 아래 모여 잡담을 하거나 마을 광장에 모여 게이트볼을 하거나 발코니에 앉아 커피를 마시거나 전화를 하며 시내를 누비는 모습을 흔히 볼 수 있다. 고대 그리스와 로마 시대의 한량 정신이 당시의 거대한 건축물만큼이나 온전하게 오늘날까지 전해 내려온다.

고대를 거대한 향연, 육감적인 파티, 끝없는 향락으로 떠올리는 것은 할리우드 영화 탓이다. 하지만 아리스토텔레스나 키케로도 일이 많았을 것이다. 소득세, 부가가치세, 국민연금 등을 낼 필요는 없었겠지만. 이들은 하루 종일 하릴없이 카우치 또는 리넨 쿠션에 몸을 파묻고 빈둥거리지는 않았을 것이다. 기껏해야 점심 식사 뒤의 낮잠 시간을 빼고는 말이다. 오늘날 그들의 후손들도 마찬가지다.

시에스타, 점심을 먹은 뒤에 잠깐 즐기는 낮잠 시간은 더운 날씨를 가진 나라에서만 필요한 것이 아니다. 신문 잡지는 거의 매일—부끄러운 듯 슬쩍 감추기는 하지만—낮잠이 몸에 얼마나 좋은지를 밝혀 주는 최신 연구 결과들을 보고하고 있다. 일반적으로 학문 연구는 언제나 모순되는 결론을 내려 찬반 논쟁을 벌이기 일쑤지만, 낮잠에 대해서만은 모두가 같은 의견이다. 점심 식사 뒤에 잠깐 즐기는 낮잠은 규칙적으로 이행할 경우 정신을 맑게 하고 몸을 상쾌하게 하며, 생산성을 높이고 수명을 늘려 준다고 한다. 만화가 빌

헬름 부시는 장황한 실험이나 수면 실험도 없이 "낮잠은 상쾌하지만…, 실천은 쉽지 않다"는 같은 결론에 이르렀다.

그건 정말이다. 시끄러운 이웃, 차량의 소음, 신문이나 우유나 요구르트 배달을 강요하는 판매원, 뻔뻔스런 장난 전화를 생각해 보라. 소음 방지법이 채택되어야 할 이유는 아주 충분하다. 사람들은 타인의 휴식을 중요하게 생각하지 않는 경향이 있다. 시간을 마음대로 나누어 쓸 수 있는 사람, 그래서 낮 시간 동안 소파에서 뒹굴 수 있는 사람이 무슨 힘이 있겠느냐는 견해가 지배적이다. 주부, 대학생, 퇴직자, 예술가, 실업자는 오피니언 리더에 속하지 않고, 따라서 그들의 낮잠을 방해할 권리가 있는 모든 근로자들은 마음 내킬 때마다 거실 벽에 20개의 콘크리트 못을 박아도 된다는 식이다.

"잠자는 사람은 죄를 짓지 않는다"는 속담이 있다. 그런데 유감스럽게도 이 속담은 밤에 자기 침대에서 자는 경우에만 해당된다. 예를 들어 근무 시간에 잠을 자는 사람은 당연히 잘못을 저지르는 것이다. 그래도 이 경우는 아예 아무 일도 하지 않으면서 잠만 자는 것에 비하면 별로 탓할 바가 못 된다.

성실한 납세자들은 소파에서 뒹구는 실직자들을 보면 부끄러워할 줄 모르는 파렴치한이라도 대하듯 이마를 찡그린다. 또한 실제로는 많은 실업자들이 스스로를 부끄럽게 생각한다. 그런데 그런 부끄러움이 과연 누구에게 도움이 될까? 아무에게도 도움이 되지 않는다. '행복한 실업자 모임'을 결성한 괴짜 몇 명은 이 사실을 인식하고 실업자들에게 수치심을 강요하는 무언의 압력에 대한 투쟁에 들어갔다. 이들이 실천한 참으로 독창적인 투쟁 방식 가운데 하나는 '잠'이었다. 하지만 대체 누가 그런 이들을 탓할 수 있을까? 고리타분한 미덕 수호자들까지도 지칠 줄 모르고 근면 성실을 외치는 설교에 지루한 하품만 하지 않는가!

그런데도 근면의 광기는 들불처럼 번지고 있다. 뜨거운 기후의 남방 민족들까지도 이미 오래전 여기에 정복당해 시에스타는 점차 유행에 뒤떨어진 개념이 되었다. 일찍이 괴테가 자학적으로 사용한 '북방의 견해'라는 표현, 다시 말해서 하루 종일 뼈 빠지게 일하지 않는 사람은 누구나 게으름뱅이라고 낙인찍는 분위기는 오늘날 전 세계적으로 널리 퍼져 있다.

니체는 이런 분주함이 미국적이라고 오해했다. "숨쉴 틈도 없이 바쁜 이들의 분주함—이것이야말로 끔찍한 신대륙의 본체이다—은 벌써 유행처럼 번져 유럽을 황폐하게 만들고 있다. 사람들은 이제 넋을 놓고 서두르며, 여유를 부끄러워한다. 오랫동안 깊이 생각하는 것이 양심의 가책을 불러일으킬 지경이 되었다. 손에 시계를 들고 무엇인가를 생각하면서 점심을 먹을 때도 눈으로는 경제 신문을 본다…"

　그렇다! 사악한 문화 제국주의… 이 끔찍한 분주함이 정말 미국산이라면—유럽인들의 신대륙 이주기 자료들을 보면 의구심을 품지 않을 수 없는 주장이지만—카우치 포테이토가 미국에서 생겨난 것은 건강한 균형을 위해 참으로 다행한 일이다. 우리가 별생각 없이 미국과 관련짓는 다른 특성, 예를 들어 비만을 체지방 지수로 계산할 수 있는 것처럼 소파에 대한 헌신과 사랑도 이제 숫자로 계산할 때가 왔다.

나의
카우치 포테이토 지수는

CP(카우치 포테이토) 지수는 유명한 게으름뱅이들이 오랫동안 연구해서 개발한 것으로, 소파에 대한 사랑을 정확히 파악하여 건강하고 의미 있는 빈둥거림과 그렇지 않은 의심스러운 빈둥거림을 한눈에 구별할 수 있게 해 준다. CP 지수는 성별이나 나이에 관계없이 간단한 공식에 따라 손쉽게 계산할 수 있다.

CP 지수=(연령÷소파에서 보낸 주당 시간)×[(하루 중 노동 시간+1)÷2]
+(가족 수÷소파 수)×(주당 운동 시간+1)

단계적으로 설명해 보겠다.

● 1단계

a. 나이를 평균적으로 일주일 동안 소파에서 보내는 시간(최소 1시간)으로 나눈다.

b. 매일 일하는 시간(학교나 집, 정원에서 등등)에 1을 더하고, 이 수를 2로 나눈다.

c. a의 값과 b의 값을 곱한다.

● 2단계

a. 가족 수를 소파와 소파 비슷한 가구의 수(최소 1)로 나눈다.

b. 일주일 동안 운동한 시간을 합산하고, 여기에 1을 더한다.

c. a의 값과 b의 값을 곱한다.

● 3단계

1단계 c의 값과 2단계 c의 값을 더한 값이 당신의 CP 지수이다.

예를 들어보겠다.

A . 당신은 30세로 일주일에 약 15시간을 소파에서 보낸다. 그렇

다면 1단계 a의 값은 30÷15=2이다. 당신이 매일 8시간을 근무한다면 1단계 b의 값은 (8+1)÷2=4.5이다. 1단계 c의 값은 9가 된다. 당신의 가족은 2명이고 소파는 1개라고 하자. 이때 2단계 a의 값은 2가 된다. 또 일주일에 약 2시간 운동을 한다면 2단계 b의 값은 2+1=3이 되며, c의 값은 6이 된다. 그렇다면 당신의 CP 지수는 1단계 c와 2단계 c를 더한 15가 된다.

B. 당신은 45세로 일주일에 약 30시간을 소파에서 보낸다. 그렇다면 1단계 a의 값은 45÷30=1.5가 된다. 당신이 매일 4시간을 근무한다면 1단계 b의 값은 (4+1)÷2=2.5이다. 1단계 c의 값은 1.5×2.5=3.75이다. 당신은 혼자 살고 소파도 1개다. 이때 2단계 a의 값은 1이 된다. 또 당신이 전혀 운동을 하지 않는다면 2단계 b의 값은 0+1=1이 되고, c의 값도 1이 된다. 당신의 CP 지수는 1단계 c와 2단계 c를 더한 4.75가 된다.

C. 당신은 64세로 일주일에 약 3시간을 소파에서 보낸다(21.333). 또 매일 약 12시간을 일한다(6.5). 그러면 1단계 c의 값은 138.7이다. 당신의 가족은 4명이고, 소파는 1개다. 또 테니스를 좋아해서 일주일에 약 5시간은 테니스를 친다. 이때 2단계

c의 값은 24가 된다. 당신의 CP 지수는 162.7이다.

● 평가

CP 지수 0.1부터 5까지는, 특히 몸에 해롭다. 쿠션을 털고 환기를 시키는 등의 활동을 통해서라도 몸을 좀 더 자주 일으키고 움직이는 것이 좋다. 그렇지 않으면 전염병의 온상이 되어 강제 퇴거를 당할지도 모른다. 아무리 힘들지라도 이따금씩 몸을 움직이고 더 이상 미룰 수 없는 의무를 완수한다면 소파의 즐거움은 더할 수 없이 커질 것이다.

CP 지수가 6~15인 사람은 양심에 가책을 느낄 필요 없이 소파로 돌아가 계속 뭉개도 좋다. 당신은 일을 뒤로 미루는 데 천재적인 예술가이면서도 언제 끝내야 좋을지를(늦어도 엉덩이가 아플 무렵) 잘 알고 있다. 당신은 육체적으로 게으른 덕분에 정신적으로는 고도의 활동성을 보이고 있다. 게으른 사람일수록 일을 피하기 위해 창조적이 되어야 하기 때문이다.

CP 지수가 16~40이면 즐거움을 향유할 수 있는 능력이 충분히 개발되지 않았다는 뜻이다. 이들은 소파에서 더 많이 뒹굴고 싶어

하면서도 할 일을 모두 끝내 놓기 전까지는 스스로에게 그런 즐거움을 허락하지 못한다. 하지만 걱정하지 말라. 조금 연습하면 당신도 소파의 예술가가 될 수 있다.

CP 지수가 41~120에 이르는 사람은 인생 전반의 목표와 설계에 관해 진지하게 생각해 볼 필요가 있다. 일, 스포츠, 활동이 전부란 말인가! 연간 초과 노동 시간이 1,500시간에 달해도 당신에게 돌아오는 것은 훈장이 아니라 심장 순환계의 질병뿐이다. 그러니 곰곰이 생각해 볼 문제이다. 무덤 속에서는 근육질로 단련된 몸도 별 소용이 없다!

CP 지수가 120이 넘으면 그건 차라리 살아 있다는 것 자체가 의학적으로 기적에 가깝다. 그만한 양의 노동과 스트레스라면 벌써 몇 년 전에 시한부 생명을 마감했어야 한다. 아무튼 그런 삶이 당신에게 맞으므로 어떤 변화도 필요 없다. 이 책도 빨리 한쪽에 젖혀두고 더 힘든 활동에 전념하는 것이 좋겠다.

2

아무 일도 하지 않는다고
아무것도 안 되는 것은 아니다.

– 노자

역사적으로 고찰한
게으름뱅이

CP 지수가 0에 가까운 사람일수록, 다시 말해 무위無爲 선호도가 높은 사람일수록 한 번쯤은 머릿속으로 게으름에 관해 곰곰이 따져가며 생각해 봤을 확률이 높다. 그렇다면 그런 사람은 아무것도 하지 않는 것이 아니라 무엇인가를, 그러니까 생각을 하는 것이다. 정말 생각은커녕 아무것도 하지 않는 사람이라면, 이 책을 손에 들고 있지도 않을 것이다.

한편 이 책을 읽고 있는 당신은 자타가 공인하는 게으름뱅이일 수도 있다. 아마 그 덕에 이 책을 선물받았을 수도 있다. 그건 또 어쩌면 땀을 뻘뻘 흘려야 하는 여가 활동을 자발적으로 선택하기보다는 소파에 벌렁 드러누워 책 읽는 걸 좋아하기 때문일 수도 있다. 힘써 일했기 때문에 여가 시간에는 게으름을 피우며 빈둥거리고 싶었던 것뿐이다. 그런 사람은 진짜 게으름뱅이라고 할 수 없고 피로 회복이 필요한 사람, 휴식을 사랑하는 부지런한 사람일 뿐이다. 하지만 하루 종일 빈둥거릴지라도 소파 대신 사람들, 카페, 회합과 모임을 필요로 하는 실업자는 한량이라고 할 수 있다.

너무 복잡해서 정신이 없다고? 걱정 마라. 골치 아픈 이야기로 당신의 휴식을 방해할 생각은 전혀 없다. 시대를 막론하고 위대한 철학자, 시인, 사상가들은 여유, 한가로움, 게으름, 무위, 노동, 여가, 빈둥거리기 등의 의미에 매달렸지만 대부분 자의적인 개념을 사용함으로써 혼란만 더 보탰을 뿐이다.

유명한 학자들의 개념을 설명하고 반박하면서 이 장의 이야기를 끌고 나갈 생각은 조금도 없다. 그런 시도는 자칫 잘못하면 노동이 될 수도 있으니 말이다. 이제부터 당신을 기다리는 것은 간략하게 정리된 여유의 의미 변천사, 이름 있는 게으름 연구가들의 작품과 인생에서 대충 뽑아 늘어놓은 것들이다. 물론 이것 또한 독자 여러분에게 즐거움을 선사하려는 목적에 충실할 뿐이다. 학문적 방법론이나 엄격한 증명 방식, 시시콜콜한 학문성, 먼지 자욱한 이론은 결코 우리의 관심사가 아니다.

이론theoria은 고대 그리스 시대에는 목적 없는 철학적 고찰이었다. 그렇다. 목적에서 자유로웠다. 바로 이러한 점에서 고대 그리스의 이론은 오늘날의 이론, 다시 말해 교양을 쌓아 주고 변화시키고 자극하며 논쟁하고 분열하며 정곡을 찌르고 흥분시키는 이론과 큰 차이를 보인다.

고대 그리스의 이론은 오로지 사고의 유희일 뿐으로 다른 특정한 목표를 추구하지는 않았다. 당시의 이론은 오로지 여유가 있어야만 할 수 있는 가장 고귀한 활동 가운데 하나로 생각되었다. 여유는 또 학교scholé라고도 했다. 학교를 자유롭고 즐거운 여가라고 느끼지 않는 사람들은 격세지감을 금치 못할 것이다.

오늘날의 학교들은 사고 능력을 방해하지만, 고대 그리스인들에게 학교는 사고의 전제 조건이었다. 그들은 여유가 있을 때만 정신이 더 높은 영역으로 올라갈 수 있다고 확신했다. 그렇다고 해서 철학자들을 '한량'이라고 하지는 않았다. 한량 짓은 오히려 여유와는 거리가 먼, 정신 나간 여가 활동이라는 생각이 지배적이었다. 따라서 한량은 여유를 즐기기는커녕 말초적 쾌락과 유흥을 탐닉하는 사람을 가리키는 좋지 못한 의미를 가졌다. 한량들은 대부분 젊은 사람들로, 광장과 거리를 돌아다니면서 공공 질서를 어지럽혔다. 오늘날에도 이 점만은 별로 다르지 않은 듯하다.

여유와 한량 짓은, 개별적인 경우 차이는 있지만 서로 반대되는 의미였다. 두 현상에 공통되는 단 하나의 근간은 어차피 자유인이라면 견딜 수 없는 육체 노동이 빠졌다는 점이다. 점잖은 시민은 노예를 소유했고, 노예는 주목할 만한 사고 능력이 없다고 생각했다. 육체적인 고된 활동들과 임금을 받기 위한 노동은 '사고를 불안하게 만들고 사고 능력을 떨어뜨리므로' 천박한 것으로 여겼다. 그래서 아리스토텔레스는 그의 책 《정치》에서 농부, 수공업자, 노동자를 어리석은 바보로 묘사하며, "속물이나 날품팔이의 삶을 사는 자들은 미덕에 관심을 기울일 수 없다"고 적었다. 또 "완벽한 시민이 되고자 하는 사람들은 미덕을 키우고 정치적인 행동을 하기 위해 여유가 필요하므로 농부가 되어서는 안 된다"고 표현했다.

이처럼 미덕을 키우는 것이 감각적인 고통을 참고 견디는 금욕이나 분주한 활동이 아니라 여유로운 정신과 휴식이라는 아리스토텔레스의 이 주장은, 본의 아니게 오늘날 카우치 포테이토들이 가장 좋아하는 활동을 강력하게 변호해 준 셈이다.

하지만 아리스토텔레스까지도 누워 있는 자세는 그리 높이 평가하지 않았다. 아리스토텔레스는 알렉산더 대왕이 10대였을 때 그의 선생으로 왕궁에서 살았던 적이 있고, 그 덕분에 귀족적이며 세련된 생활 습관을 지녔다. 그는 맛있는 음식, 아름다운 의복, 특별한 신체 관리, 값진 장신구를 중요하게 생각했다. 하지만 마케도니아 시대를 마감하고 아테네로 돌아와서는 제자들과 함께 회랑 안을 돌아다니며 토론을 했기 때문에 이들은 '소요(逍遙)하는 사람들'로 불렸다. 그렇게 어슬렁거린 뒤 무엇을 했는지에 대해서는 전해 내려오는 기록이 없다. 아마 피곤한 팔다리를 부드러운 침대에 누이지 않았을까 싶다. 아무튼 그들은 역사책에 소요학파로 등장하기 때문에 카우치 포테이토들이 보기에는 의심쩍기 그지없다.

아리스토텔레스보다 약 40년 뒤에 태어난 에피쿠로스(기원전 341~271년)의 즐거움은 더욱 컸다. 그는 행복의 최고형인 아타락시아Ataraxia를 이상으로 삼았는데, 이는 카우치 포테이토 중급 정도만 되어도 이를 수 있는 '무엇에도 흔들리지 않는 영혼의 안식' 단계이다. 에피쿠로스는 이따금씩 오해하기 좋게 말했기 때문에 호색한이나 쾌락주의자들의 수호자가 되었다. "쾌락은 행복한 삶의 원천이자 목표이다"라는 에피쿠로스의 말이 탈선의 핑계로 버젓이 잘못 사용되는 것도 사실 놀라운 일은 아니다. 하지만 에피쿠로스가 말한 쾌락은 감각적인 즐거움이 아니라 음악, 미술, 철학 등 정신적인 즐거움이었다(뚱뚱보 에피쿠로스의 소시지 같은 몸매를 보면 감각적인 즐거움을 싫어했으리라고는 생각하기 어렵다).

영혼의 안식을 얻으려면 불안한 것은 모두 피하는 게 가장 좋다. 그래서 에피쿠로스는 "숨어서 살라!"고 충고했다. 공적인 생활이 주는 의무들은 정신과 육체를 혼란에 빠뜨리고 개인적인 자유를 위협할 수 있으므로 가능하면 피하라는 뜻이었다. "비즈니스와 정치의 감옥에서 해방되어야 한다"는 주장도 마찬가지다.

이렇게 볼 때 에피쿠로스는 여유를 해석하면서 아리스토텔레스보다 한 발 더 나아갔다(아리스토텔레스는 정치를 여유의 목표로 설정했으므로 정치가 영혼의 평화를 방해한다고 생각하지 않았다). 숨어서 살라는 말도 궁극적으로는 남의 일에 간섭하지 말고 평화롭게 살라는 뜻이지, 어두운 곳에 숨어 본능적인 욕구에 탐닉하라는 뜻이 아니다. 세속적인 일과 인간 사회에서 떠나라는 의미도 아니다.

에피쿠로스와 그를 추종하는 사람들은 친구를 그 무엇보다도 중시했다. 그들은 삶을 즐기는 자들로 아타락시아에 방해가 되는 생각들은 모두 이렇게 저렇게 다시 해석해서 즐거움을 방해하지 않도록 했다. 예를 들어 죽음에 관한 생각도 에피쿠로스의 안식을 방해할 수는 없었다. 그는 죽고 나면 모든 것이 끝이라는 생각에서 죽음을 불안하게 여길 필요가 없다는 결론을 내렸다. 그래서 "죽음이 무無라는 인식이야말로 무상無常한 삶을 귀중하게 만든다"고 주장했다.

아리스토텔레스와 에피쿠로스만 봐도 '여유'는 고대 그리스 시대부터 논란이 많은 개념이었다. 그 후 오늘날까지 2300년 동안 이 개념이 얼마나 혼란스러운 내용을 담아 왔는지 살펴봐야 한다니…,

기가 막히다!

혹시 당신에게 위안이 될지도 모를 사실을 하나 알려 주고 싶다. '여유'와 '한량 짓'은 로마 시대부터 이미 정확하게 구별되지 않았다. 아니, 구별은커녕 '그리스의 여유'Otium Graecum라는 말로 한꺼번에 뭉뚱그려서 사용했다. 예를 들어 로마 시대 초기에는 '그리스의 여유'가 시민의 의무나 농사일도 버려 두고 놀러만 다니는 도시 주민의 비생산적인 삶을 가리키는 비난이었다. 그러나 황제 시대에 들어서면서 로마는 강대국이 되었고, 그와 동시에 '여유'는 유희와 여가의 상징이 되었다. 그리고 그때 다시 거리낌없이 여유를 즐기며 산책하고 목욕하며 연극 보고 여행과 사냥을 떠나고 파티를 벌일 수 있었다. 그래서 아테네 시민들이 그랬듯이 또다시 육체 노동을 점잖치 못하게 생각했다.

세월과 함께 달라지는 가치관의 변화에도 불구하고 정신 활동의 전제인 여유와 미풍양속을 해치며 노는 한량 짓은 오랫동안 구별되었다. 또 중세에는 그 구별이 더욱 엄격해지기도 했다. 당시 성직자들과 문헌학자들이 말하는 '여유'vita contemplativa는 죽음으로 벌해야 할 사악한 '한량 짓'acedia과는 정반대의 개념이었다. 시민 계급의 자의식과 체면이 강화되고 나서야 사고가 점차 바뀌기 시작했다. 이전에는 점잖치 못하게 생각했던 노동, 천한 사람들의 활동으로 여겼던 생산 활동이 완전히 새로운 의미를 갖게 되었다. 직업별로는 길드 조직이 생겨나면서 수공업자나 상인들이 자신들의 이익을 대변해 줄 협회를 세웠다. 한자 동맹을 비롯한 이들 조직들은 회원들이 사업을 통해 이익을 얻고 시민권을 얻을 수 있도록 도왔다. 노동의 가치가 올라가면서 옛날에 그렇게도 존경받던 여유의 자리를 노동이 차지했다. 그 결과 여유와 한량 짓의 차이는 점차 희석되었다.

이제는 일을 하지 않는 사람이 나쁜 사람이 되었다. 그리고 나쁜 사람은 자기와 비슷한 사람들을 먼저 찾는 법이다. 게으름뱅이, 쓸모 없는 사람, 일하기 싫어하는 사람, 잠꾸러기 등등. 이 모든 사람은 사랑하는 하나님에게서 시간을 훔치고 있다. 반면에 게으른 귀족들은 몇 년 동안 유예 기간을 누렸다. 그들의 권력, 그리고 교회와 맺은 밀월 관계 때문에 사실은 공격이 불가능하기도 했다. 유럽 귀족들의 성과 살롱에서는 예부터 전해 내려오는 한가로움이 너무도 당연하게 지속되며 무無노동과 사고 능력을 결합시켰다. 물론 예술이나 무술은 노동으로 여기지 않았다. 아무튼 노동하는 민중도 노동의 대가로 말미암아 좀 더 나은 대우를 받게 되었다.

하지만 그런 게 다 무슨 소용이란 말인가? 그렇다고 해도 온전한 사람 대우는 받지 못했으니 말이다. 스스로의 중요성을 자각하는 자존심이 민중의 배를 부르게 해 주지는 않는다. 커져만 가던 민중의 이 같은 불만은 프랑스 혁명에서 정점에 달했다(낭비와 사치만을 일삼던 귀족들도 프랑스 혁명에 대한 책임이 없지 않다). 간략히 말해서 프랑스를 비롯해 이른바 문명화되었다는 나라에서는 약간의 시차는 있지만 노동, 근면, 성실, 경건이라는 시민의 이상이 승리를 거두었다. 노동에 대한 비판은 산업화와 분업이 증가해 그 폐해를 드러내면서 비로소 조심스럽게 제기되었다.

한가로움의 가치를 다시 인정하게 되었을 때는 한가로움 그 자체가 아니라, 훌륭한 노동의 전제 조건 또는 그 대가로서였다. 하지만 19세기의 시인과 사상가들은 한가로움이 반드시 필요하다고 주장했는데, 이들은 한가로움을 고대 그리스나 로마처럼 윤리적·정치적 사고 활동의 전제 조건으로 보지 않고, 시민들이 따분한 일상에서 벗어나 개인의 자유와 개성을 발전시키는 데 필요한 개인적인 즐거움이라고 생각했다.

이런 상황은 오늘날까지도 별로 달라진 바 없이 계속되고 있다. 부지런한 시민은 힘들여 일한 대가로 휴가를 받아 평소에는 발휘할 수 없었던 예술적 재능을 드러내고, 게으른 예술가는 창작에 짓눌린 영혼의 숨통을 틔워주려고 가장 어리석은 노동만 골라 한다. 이런 형편이니 대체 누구를 보고 한량이라고 해야 할까?

이제는 부르주아와 보헤미안의 생활 방식도 20세기 초처럼 날카로운 대립 구도를 이루지 않는다. 좋은 집안의 자식들도 빈곤 체험을 하겠다고 나서고, 예술가들도 커다란 집을 독차지한다. 이제는 동거가 신세대의 아방가르드처럼 받아들여지고, 호모들이 갑자기 결혼하려고 한다. 사정이 이러니 도대체 뭐가 뭔지 온통 뒤죽박죽이다. 게다가 툭하면 명예 훼손이니 성폭력이니 해서 1833년의 테오필 가우티어 Théophile Gautier 처럼 당당하게 말하기도 힘들다.

그에 따르면 "시인은 무위도식하기 위한 핑계로 시를 쓰고, 시를 쓴다는 핑계로 무위도식한다"고 했다. 또 "시인은 서 있는 것보다는 앉아 있는 것을, 그리고 앉아 있는 것보다는 누워 있는 것을 좋아한다"고도 했다.

예술과 문학에
나타난 무위(無爲)

그 결과는 뻔하다. 슈피츠벡 Spitzwegs 의 〈가난한 시인〉이라는 그림
은 시민들이 예술가에 대해 지닌 선입견을 확실히 나타내고 있다.
1839년 형편없는 다락방에 사는 한 가난한 시인이 글을 쓰기 위해
매트리스 위에 편안히 자리를 잡았다. 자리에서 일어나 세수하고
옷을 입는 복잡한 절차는 생략했다. 이 시인은 잠에서 깨어난 그대
로 누워 있는 걸 좋아한다. 이 같은 슈피츠벡의 노는 생활의 위험에
대한 유머러스한 경고는 오늘날까지도 언제 어디서나 들을 수 있
고, 또 진지하게 받아들여지고 있다. 시민들의 가슴속에는 여전히
잠꾸러기 예술가들에 대한 혐오감이 숨어 있다.

느긋하게 누워 있는 행복을 주제로 삼은 회화 작품이 귀한 이유
도 바로 그 때문인 듯하다. 굶주린 아이들, 성난 부인네들, 암울한
공장들, 돼지같이 배가 나온 자본가들을 주로 그리는 사회 비판

적 회화를 창시한 사람들은 소파 게으름뱅이들이 대중들에게 충격을 줄 만큼 혐오스럽지는 않다고 생각했다. 반면 사회에 적응해, 다시 말해 돈을 잘 버는 화가들은 그림을 주문한 부자들이 원하는 초상화를 그리느라 바쁘다. 초상화 속의 부자들은 똑바로 선 채 얼굴에는 명령하는 듯한 표정을 짓고 있다. 부드러운 쿠션에 몸을 비비며 한가로이 무위도식하는 자세는 오직 동양인에게만 용납된다. 이 전통은 회의실에 앉아 담배를 피우는 터키인을 그린 들라크루아Eugene Delacroix'의 회화 작품에서 시작된 것도 아니고, 차를 마시며 온화한 미소를 짓는 늙은 터키인의 현대적인 흑백사진으로 끝나지도 않을 것이다.

하지만 여자들에게는 그런 느림이 허용되어 왔다. 세련된 여자거나 그렇지 못한 여자거나, 아무튼 옷을 벗는 과정의 여러 단계를 그린 그림은 셀 수 없이 많다. 그 가운데 가장 유명한 그림은 레카미에Récamier 부인의 초상화들인데, 루브르 박물관에 걸려 있는 다비드Jacques-Louis David의 유화 작품이 그 좋은 예이다.

그 초상화 속의 레카미에 부인은 1800년 사랑스런 스물세 살로 고운 원피스를 입은 채 긴 의자에 몸을 기대고 있다. 그 의자는 그 뒤부터 그녀의 이름을 따라 레카미에라고 불렸다. 레카미에는 리옹에 사는 부유한 은행가의 아내였으며, 파리에 있는 그녀의 살롱에

서 발자크Honoré de Balzac, 빅토르 위고Victor Hugo 등 당시 문화
계의 거장들과 교류했다.

그녀는 아름답고 덕이 있었으며, 매력 있고 영특해서 매우 유
명해졌다. 후세 사람들은 그녀의 초상화들뿐만 아니라, 샤토브리
앙Franois de Chateaubriand이나 스타엘 부인과 주고받은 편지를
기억하고 있다. 그 깨끗한 숙녀가 아주 좋아했던 의자는 마그리
트René Magritte의 그림 덕분에 유명해졌다. 그는 다비드 이후 100
여 년이 흐른 뒤 레카미에 부인 대신 관을 그 의자 위에 놓았다.

포스터 전시장에 가면 흔히 볼 수 있는 유명한 인상주의 화가들
의 작품은 흔히 여유 또는 한가로운 야외를 배경으로 묘사했다. 소
파보다는 평화로운 전원에서 즐기는 피크닉이 그들의 점묘법 화풍
에 더 적합했을까? 아무튼 그들만큼 게으름에 몰두한 작품은 그
뒤 다시는 찾아볼 수 없다. 빈둥거리기는 회화 작품의 모티프로 어
느 정도 유행이 지나 무위도식을 아주 미묘하게 그려서 또 가끔
오해하게 만드는 방식으로 부각시켰던 로드코Mark Rothko, 라이
먼Ryman, 클라인Klein의 흑백 영사막이라도 어찌해 볼 도리가 없
었다. (뭐라고? 그것도 예술이야? 저런 건 나도 하겠다!) 오늘날 소파 문
화의 명예가 땅에 떨어져 개인적인 영역으로 바뀌었고, 거기서 낯
선 번성기를 맞고 있다는 사실은 캐리커처나 만화만 봐도 알 수 있

는 일이다.

　카우치 포테이토의 존재를 중점적으로 다루는 현대 예술 작품이 있는가? 기껏해야 비디오 설치 예술이 있을 뿐이지만, 그건 집에 두고 싶기는커녕 보는 사람도 없다. 하지만 당신도 신문을 통해 만화 블론디의 게으른 남편을 보고 가끔은 웃을 것이다. 소파에서 빈둥거리는 즐겁고 매혹적이며 완벽한 기쁨은 이제 더 이상 특권이 아니라 농담이 되고 말았다.

　1980년대 들어 빅토르 라즐로 Victor Lazlo 는 게으름에 대한 평판을 다시 높이기 위해 노력했지만, 그의 히트곡 〈Sweet〉와 〈Soft and lazy〉는 여성 팬들에게 별로 인기를 얻지 못했다. 당시는 커리어 우먼의 시대였고, 여자들이 터프하고 부지런하며, 그렇게 보이려고 애쓰던 시대였다. 사이먼과 가펑클이 몇 년 전에 노래했던 로빈슨 부인과 같은 전업 주부는 비교 대상이 아니었다. 커리어 우먼은 바지 정장을 입는 등 외모에서부터 로빈슨 부인과는 다르다는 걸 나타내기 위해 애썼지만, 그래도 이들은 사이먼과 가펑클의 노래 가사('Sitting on a sofa on a sunday afternoon…')가 말해 주듯 한 가지 중요한 공통점이 있다. 일요일은 어깨에서 힘을 뺀 커리어 우먼이나 죄책감 때문에 괴로운 전업 주부에게나 소파의 날이었다.

킹크스Kinks는 〈Sitting on my sofa〉로 카우치가 빈둥거리는 데 적합한 곳이라는 인식에 이르렀고, 제너시스Genesis는 〈I know what I like〉라는 노래에서 게으름을 피우며 빈둥거리는 무위의 더 긍정적인 측면을 조명했다. 이들의 작업은 최근 '소파 서퍼스'Sofa Surfers '소파 플래니트'Sofaplanet 등의 밴드가 다시 계승해, 전에 없던 극단적인 면까지 보인다. 너무도 많은 사람들이 맹렬한 기세로 소파의 쾌락을, 그것도 카우치에 느긋하게 기대앉아 부인하는 이중성을 보이니, 이들이 과장된 표현을 서슴지 않으며 그 모순을 고발하는 것도 이해할 수 있는 일이다.

물론 카우치가 무위도식하는 데 필수 조건은 아니다. 〈Sitting on the dock of the bay(S. Cropper / Otis Redding)〉는 오늘날까지도 타의 추종을 불허하는 게으름뱅이 찬가이다. 가사를 대충 번역해 보자.

아침 해를 받으며 앉아 있네. 저녁이 될 때까지 여기 그대로 앉아 있네. 배가 들어오는 모습, 나가는 모습을 보네. … 나는 여기 앉아 팔다리에 안식을 허락하며 … 시간을 낭비하네.

그냥 앉아서 바라만 볼 뿐 아무 일도 하지 않는 이 무능력은 유감스럽게도 깊이 생각한 결과도 아니고 빈둥거리기를 즐기기 때문도 아니다. 다만 돌아갈 길이 없는 고향을 헛되이 그리워하기 때문이다.

미국 사람들은 옛날부터 남부 지방을 안식, 한가로움, 게으름의 고향으로 여겼다. 그러고 보면 20세기의 가장 위대한 러브 스토리 가운데 하나가 소파에서 시작된 것도 결코 우연이 아니다. 레드 버틀러가 윌크스의 집 소파에서 낮잠을 자지 않았다면, 그것도 스칼렛 오하라가 사모해 마지않던 애슐리에게 마침내 사랑을 고백하던 바로 그때 바로 그곳에서 낮잠을 자지 않았다면, 〈바람과 함께 사라지다〉의 재미는 반감되었을 것이다. 레드 버틀러가 낮잠을 잔 것은 미국 남부지방의 귀족으로서 흠이 될 일이 아니지만, 몸을 숨긴 채 남의 이야기를 엿들은 것은 문제가 좀 다르다. 하물며 단도직입적이며 오만하고 불 같은 성질을 가진 스칼렛의 이야기를…

아무튼 레드 버틀러와 스칼렛 오하라의 비극적인 결합은 소파가 이끌어 낸 것이라고 할 수 있는데, 물론 그 결과에 대한 평가는 유보적이다. 마지막에 가서는 모든 것이 '바람과 함께 사라지기' 때문이다. 사랑, 자존심, 멋진 스타일, 윌크스의 저택, 그리고 소파까지도…

레드와 스칼렛은 카우치에 누워 함께 공부하던 〈러브 스토리〉의 연인들과는 달리, 소파에서 정겨운 둘만의 시간을 즐긴 적이 한 번도 없었다. 〈해리가 샐리를 만났을 때〉에서도 소파는 내밀한 친밀감의 상징으로 등장한다. 이 영화는 오랜 세월 동안 서로의 관계를 '좋은 친구' 이상으로 발전시켜 나가지 못했던 두 사람이 어느 날 천생연분임을 깨닫는다는 내용인데, 구식 소파에 앉아 자신들의 관계를 회상하는 늙은 부부들이 이야기 중간중간에 불쑥 끼어든다. 물론 해피 엔딩을 위해 해리와 샐리도 소파에 자리를 잡고 앉는다. 이렇게 소파는 변함없는 위대한 사랑을 나타내는 최고의 증거이다.

영화 〈코리나 코리나 Corrina, Corrina〉에서는 카우치가 1950년대 '가정의 평화'를 상징한다. 아내가 주문한 소파가 배달되었을 때, 아내는 이미 이 세상 사람이 아니었다. 소파는 너무 커서 현관으로 들어가지 않는다. 남편은 오랫동안 짝사랑했던 여자와 함께 정원에 남겨진 소파에 앉아 노곤한 저녁 시간을 보낸다. 이 영화는 유감스럽게도 그 뒤 소파가 어떻게 되었는지에 대한 내용은 생략하고 만다. 아마도 밤새 축축이 젖어 곰팡이 냄새를 피웠을 것이고, 결국은 쓰레기 신세가 되었을 것이다.

아무튼 몇 년 전부터 국제적으로 호감을 얻고 있는 코미디 연속극 〈반디는 못 말려〉의 엄마 역 페기 반디라면 아마 그렇게 처리했을 것이다. 그녀는 게으르고 칠칠하지 못하며 낭비벽이 심할 뿐만 아니라 소파에서 뭉개는 걸 너무 좋아하는 등, 전통적인 주부의 이미지를 근본적으로 잘못 전하고 있다. 이 연속극이 보여 주는 에피소드들은 유감스럽게도 너무 짧아서 폐기가 빈둥거리는 생활을 모두 정확하게 전달해주지 못한다. 예술적 표현 형식 가운데 이 과제를 가장 훌륭하게 해낼 수 있는 건 문학, 특히 소설이다. 소설은 게으름, 무위도식, 여유에 꼭 들어맞는 매체이다. 그것은 예를 들어 독서 자체가 그림 감상이나 텔레비전 시청보다 여유를 더 요구하고, 특히 소설의 리듬과 길이는 독자들에게 게으름에 대해 생각하도록 만들기 때문이다. 그런 이유로 의욕 상실, 무기력증, 누워 있는 즐거움 또는 고통 등을 다룬 대부분의 책들은 엄청 분량이 많다. 그런 책들은 사실 누워서만 읽을 수 있다.

동양의 이야기들은 이런 성향이 특히 강하다. 헤르만 헤세는 동양의 이야기들은 "누워서만 또는 바닥에 앉아서만 읽을 수 있다. 똑바로 몸을 곧추세우게 만드는 서양 의자는 이야기의 재미를 떨어뜨린다"고 했다. 헤세가 동양의 이야기가 가진 매력에 푹 빠진 걸 보면 그도 누워서 또는 바닥에 앉아서 읽었음이 분명하다.

우리를 사로잡는 동양의 마법은 간단히 말해서 느림, 다시 말해서 예술로 발전해서 멋진 취향으로 다스리고 즐기는 여유이다. 아랍의 이야기꾼은 스토리가 긴박해질수록 느긋하게 제왕의 보랏빛 천막, 보석을 엮어 수놓은 안장 밑 담요, 진정한 현자의 완벽함을 꼼꼼히 묘사한다.

이는 물론 세헤라자데에게는 공정하지 못한 해석이다. 《천일야화》의 주인공 세헤라자데는 시간이 많아서가 아니라 시간을 벌기 위해 이야기를 화려하게 장식했다. 또 이것은 잘 언급되지 않는 점이지만, 세헤라자데는 술탄을 살인 욕구에서 해방시키기 위해 필요했던 약 3년 동안 세 자녀를 출산했으니 느림보라고 할 수 없을 정도로 바빴을 것이다.

마로코나 터키의 바자르 시장은 '느림'의 정반대를 보여 주지만 그래도 동양은 오늘날까지도 이 바쁜 세상 속의 한 점 오아시스처럼 한가로움, 여유를 느끼게 한다. 그리고 그것은 부지런한 세헤라자데 덕분이기도 하다. 《천일야화》에는 게으름뱅이, 그것도 빈둥거리고 산 덕에 큰 복을 차지하는 이야기가 많이 들어 있다. 예를 들어 가난한 재단사의 아들인 알라딘만 해도 하릴없는 건달로 어린아이들과 친구가 되어 놀았던 것으로 미루어 약간 모자란 사람이었던 것 같다.

그는 아버지와 어머니의 말은 전혀 듣지 않는 심술쟁이 고집불통이었다. 그리고 어느 정도 나이가 들자 집에 붙어 있지 않았다. 아침 일찍 밖으로 나가면 하루 종일 거리와 광장에서 자기보다 훨씬 어린 소매치기들과 노는 게 그가 하는 일의 전부였다.

이런 알라딘이 기막힌 방식으로 기적의 램프를 차지해서 말할 수 없을 만큼 큰 부자가 된다. 그리고 아름다운 공주까지 얻는다. 정말 불공평한 인생이다.

서양 문학에서는 그런 일이 있을 수 없다. 《천일야화》의 동화 같은 이야기 구조를 사용하는 작품에서도 마찬가지다. 예를 들어 프랑스의 소설가 크레비용 Claude de Crébillon 은 그의 소설 《소파》에서 ─18세기 궁정에서 크게 유행했던 바 그대로─ 소파를 온갖 음담패설의 실습장으로 묘사하며, 소파의 즐거운 세계를 옹호한다. 등장인물 가운데 위선자들만이 소파의 즐거움에 대해 비판적인 발언을 한다. 이들은 계속되는 '한가로운, 그 감각적 욕망의 부화장'이 '여성적 죄악의 가장 위험한 샘'이라는 사실을 밝히거나, '마음 내키는 대로 한다는 불행한 나태함이야말로 정신과 영혼에 가장 위험한 생각'임을 인식한다.

괴테의 《서동시집 Westöstlicher Diwan》도 동양의 영향을 받고 쓴

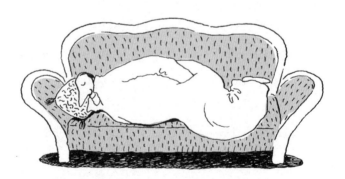

것이지만, 소파를 둘러싼 흥미진진한 이야기를 기대하며 책장을 연 사람들은 여지없이 실망하고 만다. '디반' Diwan은 나지막한 안락의 자라는 의미 외에 동양의 시집이라는 뜻이 있는데, 괴테는 유감스럽게도 후자의 뜻으로 이 단어를 사용했다. 하지만 괴테는 여가에 대해 깊이 이해했으며, 이를 온갖 재담과 경구로 증명했다.

18세기의 작가 메스트르 Xavier de Maistre는 괴테보다는 덜 유명하지만 게으름의 실제적인 측면을 처음으로 기록했다는 공적이 있다. 그는 《내 방 여행하는 방법》이라는 책에서 부드러운 소파의 장점들을 칭송했을 뿐만 아니라, 적절한 의복의 필요성까지 강조했다.

나의 겨울 여행복은 가장 따뜻하고 부드러운 옷감으로 지었다. 그 옷은 내 몸을 머리 꼭대기에서 발끝까지 감싸 준다. 그렇게 하고 소파에 누워 두 손을 주머니에 넣고 머리를 옷깃 속으로 끌어당기면, 난 인도의 파고다에서 본 손발 없는 비슈누의 모습과 매우 닮았다.

곤차로프 Ivan Aleksandrovich Gontscharov의 소설 《오블로모프》의 주인공 오블로모프도 비슷했다. 그는 낡고 편안하며 약간 우스꽝스럽게 생긴 실내복을 절대로 벗으려 하지 않고, 소파에서도 절대 떨어지지 않으려고 했다.

그는 9~3시까지, 그리고 8~9시까지 안락의자에 누워 고요한 환희의 기쁨을 즐겼다. 또 강연을 하기 위해 나설 필요도 글을 쓸 필요도 없었으며, 자신의 감정과 생각을 위해 시간을 낼 수 있다는 데 긍지를 느꼈다.

아! 이 남자의 말에 공감하지 않을 카우치 포테이토가 어디 있을까! 하지만 시골에서 그를 기다리는 온갖 의무에서 도망쳐 나와 형편없는 도시의 아파트에서 무기력하게 졸고 있는 이 게으른 지주에 대한 공감은 소설의 초반부에 국한된다. 주인공의 무기력이 정도를 더해 가면서 독자는 연민, 그리고 나중에는 무기력한 분노를 느낀다.

제발 밖으로 나가! 그 늪에서 빠져나와 환한 세상으로, 신선한 공기를 들이마셔 봐. 건강하고 정상적인 삶이 있는 바깥으로 나와 봐!

안드레이 스톨츠는 무기력증에 빠진 친구 오블로모프에게 이렇게 소리치며 다음과 같은 질문을 던진다.

대체 자네는 두더지처럼 그렇게 잠만 자려고 태어났나?

스톨츠의 격렬한 반응은 물론 정당하지만, 효과는 없다. 오블로 모프는 오랜 기간 극단적으로 빈둥거린 결과 죽음에 이른다. 호감이 가는 주인공의 아름답지 못한 죽음이다. 그는 다만 귀찮은 일상을 피하려 했을 뿐인데…

그의 생각으로는 삶은 두 부분으로 나뉜다. 한 부분은 일과 권태인데, 그 둘은 그에게 같은 뜻을 갖는다. 그리고 다른 부분은 안식과 편안한 기쁨이었다.

《오블로모프》는 베스트셀러가 되었다. 그 긴 소설 전체가 오로지 게으름만을 다루었다는 걸 생각할 때, 그 당시에도 놀라운 사실이었다. 물론 비평가들은 소설 속의 게으름을 러시아 왕정의 후진성에 대한 비유로 해석했다. 사랑스러운 시선으로 그리긴 했지만, 시골의 느긋한 생활과 편안한 느림에 대한 꿈이 부지런하고 성공적인 시민 계급의 세계관에 의해 밀려나고 있다.

분주한 노동으로 가득 찬 일상에 대한 거부는 그보다 몇 년 전에 미국의 작가 멜빌 Hermann Melville 이 문학적으로 형상화한 바 있다. 그는 1853년에 소설 《필경사 바틀비 Bartleby, the Scrivener : a story of Wall street》를 썼는데, 주인공 바틀비는 항상 "그 일을 하지 않으면 더 좋겠습니다"라는 말로 주어진 과제를 거부하기 때문에 고용인인 공증인은 거의 미칠 지경이 된다. 또한 바틀비는 가능하면 말을 적게 하는 걸 좋아해서 대화에 참여할 때도 "그 일을 하지 않으면 더 좋겠습니다" 또는 "지금으로서는 대답하지 않으면 더 좋겠습니다" 같은 문장을 약간씩 변형하여 사용할 뿐이다.

그는 해고당할 때도 "해고당하지 않으면 더 좋겠습니다"라고 말하고, 다른 일을 배워 보라는 사장의 충고에도 "아닙니다. 현재로서는 아무런 변화도 없다면 더 좋겠습니다"라고 대답한다. 바틀비는 해고를 당하고 나서도 사무실 안 자신의 주거 공간에서 그야말로 꼼짝도 하지 않고 버틴다(한쪽 구석에 놓인 낡은 소파에는 바싹 마른 사람이 누운 흔적이 희미하게 남아 있다). 바틀비의 횡포 때문에 마침내 신경이 날카롭게 곤두선 사장은 그를 강제로 퇴거시키려 하지만 실패하고 만다. 바틀비는 결국 경찰에 의해 감옥에 갇히고, 그곳에서—교도소의 주방장을 모욕하는 것을 더 좋아했기 때문에— 조용히 굶어죽는다.

19세기 후반의 프랑스 문학에서는 특히 한가로움이 집중적으로 조명되었다. 플로베르 Gustave Flaubert 의 소설 《감정 교육》의 주인공 프레데릭 모뢰 Fr d ric Moreau 부터 위스망스 Joris Karl

Huysmans의 《역로》에 상세하게 그려진 세기말 퇴폐주의에 이르기까지, 작가들은 경쟁적으로 게으름뱅이를 묘사하는 데 집중했다. 프랑스 사람들은 원래 미풍양속과는 거리가 먼 생활을 좋아하니까 그렇다 하더라도, 독일의 게으름뱅이 문학은 흥미로운 현상이다. 독일 사람들은 예부터 국내외적으로 엄격한 규율을 지키며 근면·절약하는 민족으로 쾌락을 적대시한다는 평을 받아 왔기 때문이다.

기이한 버릇을 가진 스타 댄서 또는 세상에 어두운 지성인들만이 휴식을 꿈꾸는 건 아니다. 민중과 매우 친밀한 것으로 유명한 작가 빌헬름 부시도 1909년에 이런 시를 썼다.

조용히 앉아 있으려는데,
또 시작이네.
우리처럼 민첩한 사람이 되려면,
움직여라, 뛰어라, 땀을 흘려라.

그들은 그들 유행대로 내게
안식을 허락하지 않으려 하네.
심부름꾼이나 하인처럼
정신없이 뛰어다니라 하네.

불쌍한 사람…. 그래도 오늘날 필요도 의미도 없는 일로 설쳐대며 사는 분주한 생활을 겪지 않아서 다행이다.

토마스 만Thomas Mann의 소설《마의 산》은 이 시가 발표되고 15년이 지난 뒤에 나왔다.《마의 산》의 주인공 한스 카스트로프는 매우 특이한 방식으로 분주한 세상을 탈출하여 게으름뱅이 문학의 새로운 기준을 세웠다. 젊은 한스 카스트로프는 폐 질환을 치료하기 위해 알프스산에 있는 요양원 베르크호프를 찾지만, 병이 나은 뒤에도 세상에 대한 멸시와 혐오를 치료하기 위해 오랫동안 요양원에 머문다. 소설에 등장하는 가장 중요한 소도구는 누워서 쉴 수 있는 긴 의자인데, 토마스 만은 그 의자의 편안함을 아주 자세히 묘사했다. 주인공은 추위에 떨면서도 다음과 같이 이야기한다.

어찌된 영문인지 거의 믿을 수 없을 정도로 편안한 그 의자의 비밀스런 특성 때문에 첫날부터 크게 만족했으며, 그 뒤로도 그 의자에 한 번도 실망하지 않았다. 쿠션의 구조 때문인지, 등받이의 경사도가 알맞아서인지, 팔걸이의 높이와 넓이가 적당해서인지, 아니면 목 뒤를 받쳐 주는 베개가 적당히 폭신한 때문인지, 아무튼 인간의 몸을 이 훌륭한 의자보다 더 편히 쉴 수 있게 배려해 줄 수는 없었다.

정말 훌륭한 의자 아닌가? 여기에 묘사된 가구가 소파가 아니라 누울 수 있는 긴 의자라고 해도 이상하게 생각할 것은 없다. 그건 카스트로프가 신선한 공기를 마시며, 다시 말해 발코니에 누워서 요양을 하기 때문이다. 안락한 휴식을 취하는 데 소파가 떠오르는 건 당연한 일이지만, 야외에서는 아무래도 소파가 적합하지 않다. 신선한 공기를 마시며 요양하기 위해서는 몸을 따뜻하게 감싸고 마치 미라처럼 누워 있어야 한다.

그는 단순하고도 단호한 동작으로 낙타 털 담요로 몸을 감쌌다. 평지에 사는 사람들이라면 짐작도 할 수 없는 저 성스러운 방식을 수행하는 그의 동작은 완숙한 기술에 이르렀음을 보여 주었다. 그는 그렇게 둥근 막대가 되어 그의 훌륭한 긴 의자에 누운 채 초가을의 차가운 습기를 즐겼다.

카우치 포테이토라면 추위를 핑계 댈 필요 없이 집 안에서도 그렇게 할 것이다. 몸을 잘 감싸면 빈둥거리기가 좋다!
《마의 산》에서도 그렇지만 빈둥거리는 기술은 보조 도구가 필요하지 않을 때 최고의 절정에 이른다.

국제 요양원 베르크호프의 요양홀과 개인 발코니에는 책 읽는 사람들이 많았다. 그들은 주로 초보자나 단기 체류자들이었다. 여러 달 또는 여러 해 동안 머무는 사람들은 기분 전환이나 두뇌 활동 없이도 시간을 죽이는 법을 이미 터득하여 내적인 힘으로 독서를 극복한 지 오래였다. 그들은 책에 매달려 시간을 때우려는 건 아마추어나 하는 짓이라고 설명했다.

20세기에는 여유와 게으름을 변호하는 사람들이 많아졌지만, 이처럼 엄청난 문학적 기념비는 더 이상 세워지지 않았다.

세계적으로 유명한
게으름뱅이들

토마스 만처럼 부지런히 게으름을 묘사하는 사람들의 영혼은 지독하게 분열되어 있는 것이 틀림없다. 그렇게 볼 때 정말 재능 있는 게으름뱅이가 자신의 위대한 게으름을 후세를 위해 기록해 두지 않은 것은 이해할 수 있다. 게으름에 대한 기록은 스스로 게으르다고 생각하지만 이따금씩 창작욕의 공격을 받는 자들의 몫이었다. 예를 들어 레싱은 이 모순된 상황의 역설을 시로 남겼다.

게으름이여, 이제 너를 위해
작은 찬가를 지으려 하노라.
오! 품위를 갖춰 너를 노래하는 것이
얼마나 귀찮은지.
하지만 최선은 다하겠다.

일이 끝난 뒤의 휴식은 달콤하니까.

너를 가진 자, 그 편안한 삶은
최고의 복이다.
아! 하품이 나오고 노곤해진다.
너를 노래할 수 없는
나를 이젠 용서할 수 있겠지.
네가 나를 방해하므로.

억지로나마 최소한의 사회생활을 감당한 사람들만이 유명한 게으름뱅이가 된 것도 같은 이유에서이다. 그중에는 사회생활에 정말 열심인 사람들도 있었다. 예를 들어 철학자 소크라테스는 아테네 거리에서 잘난 체하며 흠 없는 시민들의 신경을 곤두서게 만드는 데 인생의 대부분을 보냈다. 그는 석수장이 교육까지 받았으나 자신의 생각을 기록으로 남기려는 노력은 한 번도 한 적이 없고, 제자 플라톤에게 그 일을 떠맡겼다. 게다가 소크라테스는 말 그대로 훼방꾼이었던 것 같은데, 대체 무슨 수로 제자들을 몰고 다녔는지, 오늘날의 무식한 사람들은 도저히 이해할 수 없을 것이다.

그는 예리하고도 특이한 질문으로 사람들의 신경을 곤두세웠으며, 그들의 무식함을 드러내면서 스스로의 지식을 자랑했다. 적어도 그는 아는 것이 없다는 사실을 알고 있었다. 지배자들이 그렇듯 괴팍한 소크라테스를—청소년 선동죄로 사형에 처할 필요까지는 없었겠지만— 눈엣가시처럼 여겼던 것도 이해할 수 있는 일이다. 그래서 가장으로서의 의무를 헌신짝처럼 버렸던 소크라테스는 오늘날까지도 존경을 받고 있는 반면, 그의 아내 크산티페는 욕만 먹는다. 하지만 오늘날에도 돈 한 푼 벌어 오지 못하면서 허풍만 떨고 돌아다니는 남편과 사는 여자는 크산티페가 왜 그렇게 바가지를 긁었는지 너무도 잘 이해할 수 있을 것이다.

내가 왜곡된 시각을 갖고 있다고 생각한다면, 그리고 당신이 기독교 신자라면 이 장은 여기서 그만 읽는 것이 좋겠다. 사실 예수도 소크라테스와 비교해 나은 점은 별로 없지만, 그는 가정을 만들고 나서는 곤경에 빠뜨리지 않을 만큼은 현명했다. 예수도 목수 교육을 받았지만 목수 일을 중요하게 생각하지는 않은 듯하다. 그 대신 친구들과 함께 주변을 돌아다니며, 바쁘게 살지 말고 걱정을 버리라고 설교했다. 그것은 또 매우 합리적인 내용이었다. 그의 복음은 아주 시의적절했고, 그래서 오늘날 다시 유행하고 있다. 다만 산상 수훈에서는 프라다 신상 쇼핑을 차라리 남에게 맡기는 현대적인 카우치 포테이토와 다를 바 없는 말을 했다.

너희 가운데서 누가, 걱정한다고 해서, 제 수명을 한 순간인들 늘일 수 있느냐? 또는 제 키를 한 규빗인들 크게 할 수 있느냐. 어찌하여 너희는 옷 걱정을 하느냐? 들의 백합꽃이 어떻게 자라는가 살펴보아라. 수고도 하지 않고, 길쌈도 하지 않는다. 그러나 내가 너희에게 말한다. 온갖 영화를 누린 솔로몬도 이 꽃 하나만큼 차려입지 못하였다. 믿음이 적은 사람들아, 오늘 있다가 내일 아궁이에 들어갈 들풀도, 하나님께서 이와 같이 입히시거든, 하물며 너희들을 입히시지 않겠느냐. (마태복음 6:27~29)

그것은 맞는 말이다. 또한 이 말은 무위(無爲), 즉 노자의 가르침을 기억나게 한다. 노자는《도덕경》에서 존재하지 않는 것을 존재하는 것보다 좋아하며, 아무 일도 하지 않는 무위는 최고의 업적, 인간의 가장 위대한 목표라고 가르쳤다. 예를 들어 항아리가 유용한 것은 토기가 아니라 토기가 감싸고 있는 텅 빈 공간, 즉 무(無)에 있다. 또한 창문도 허공, 즉 무(無)를 둘러싸고 있기 때문에 쓸모가 있다. 《도덕경》의 요점은 다음과 같다.

존재하는 것이 이익이라는 사실을 깨닫는다면, 존재하지 않는 것이 존재하는 것을 유용하게 만든다는 사실을 깨달아라.

셰익스피어도 "존재하느냐, 존재하지 않느냐? 그것이 문제로다"라는 질문을 던지며 노자의 가르침을 되새겼다.

노자가 그의 무위를 어느 곳에서 실행에 옮겼는지에 대해서는, 유감스럽게도 전해 내려오지 않았다. 아마 소파에서는 아니었을 것이다. 무위, 무(無)존재에 대한 그의 가르침은 무소유로 연결되기 때문이다. 하지만 현대의 시인이나 사상가들의 살림살이에는 소파, 편안한 안락의자나 누울 수 있는 긴 의자가 필수 항목이 되었다. 근대 철학의 기초를 세운 데카르트도 여름에는 전쟁터를 누비며 서로 싸우고 죽이는 광경을 관찰했지만, 겨울의 휴전 기간을 더 좋아했다. 그때가 되면 "하루 종일 혼자서 따뜻한 방 안에 머물며 생각에 몰두할 여유를 가졌다." 하지만 대단히 유감스럽게도 그는 사고의 유희에만 머물 수는 없었고, 자신의 생각을 글로 작성해 기록을 남겨야만 했다.

원시인들은 원숭이가 매우 영리하다고 생각했다. 원숭이도 말을 할 수 있는 능력은 있지만 일부러 말을 하지 않는다는 것이다. 말을 하면 일을 하게 만들 테니까…. 원시인들이 생각했던 원숭이처럼 내가 영리했다면, 세상의 어느 누구도 내가 쓴 책에 대해 알지 못할 것이다. 하지만 나는 글을 쓰지 않을 만큼 영리하지 못했고, 그 결과 침묵으로 얻을 수 있을 만큼의 안식도 여유도 누리지 못하고 있다.

스코틀랜드의 회의주의자 흄 David Hume 은 특이한 전쟁터, 다시
말해서 파리의 사교장을 좋아했다. 그는 멋진 생활을 누렸지만, 언
제나 남의 집에 있는 기분은 어쩔 수 없었다.

"이곳은 내가 있을 곳이 아니라는 생각에서 벗어날 수 없다. 하루
에도 두세 번씩 나의 조용한 방, 그리고 안락의자를 그리워한다."

이러한 그리움에 시달리기는 현대적인 카우치 포테이토들, 그리고
곤차로프도 마찬가지였다. 곤차로프는 온천에서 요양을 하다 지은
소설 《오블로모프》를 탈고한 뒤 한 친구에게 이런 편지를 보냈다.

"가능하면 빨리 내 안락의자로 돌아가고 싶네."

그는 유럽을 여행할 기회도 이와 같은 이유로 거절했다.

"짐을 풀고 다시 싸는 이 모든 번거로움이 이젠 지겹네. 나는 조금
도 궁금하지 않네. 무엇을 보든 말든 상관이 없다네."

중요한 것은 일을 연상시키는 물건은 어느 것이나 쳐다보지 말아
야 한다는 점이었다. 부지런한 사람들은 일 욕심 때문에 따른 액세
서리들을 장식품처럼 달고 다니지만(침실에 놓인 컴퓨터 단말기, 거실
의 서류 정리철 등), 게으른 사람들은 그런 물건이 눈앞에 나타나지
않도록 한다.

시인 보들레르도 다르지 않았다. 그의 방에는 책상은 물론 작업을 연상시키는 것은 아무것도 없었다고 한다. 그렇다면 보들레르는 게으른 사람이었을까? 아무튼 그는 게으름뱅이 생활을 최고의 행복으로 여기는 사람들, 즉 댄디족에 관한 예리한 보고서를 작성한 바 있다.

보들레르는 댄디족을 "인간적인 긍지와 오만의 최고형을 드러내 보여 주는 사람, 통속적인 것을 파괴하고 뿌리뽑으려는 정말 드물게 보이는 욕구"라고 묘사했다. "댄디족의 저 오만한 태도는 그렇기에 차갑지만, 무엇인가 도전적인 면을 지니고 있다." 보들레르를 매혹시킨 것은 특히 '가벼움, 확고한 동작, 단순함과 당연함, 그리고 외투를 걸치고 말을 부리는 방식, 언제나 느긋하면서도 엄청난 힘을 드러내는 몸짓'이었다.

댄디족은 귀족적인 모양새를 유지하기 위해 믿을 수 없을 만큼 엄청난 돈과 에너지를 투자했다. 댄디의 느긋한 외양은 인정받고 싶은, 느긋하기는커녕 강박적인 욕구에서 나왔다. 특히 시민 출신의 댄디들은 귀족이 아니라는 사실을 보상받기 위해 분위기를 강조했다. 오늘날까지 댄디를 연상시키는 '속물 snob'이라는 단어도 궁정 초대자 명단의 이름 뒤에 적는 'sine nobilitate(귀족 칭호가 없음)'에서 유래했다. 중요한 것을 갖추지 못한 사람은 다른 데서 더욱 광채를 발해야 하는 법이다. 그래서 댄디는 패션과 유행에서 그 진면목을 드러냈다.

1868년 보들레르가 앞에 인용한 글을 쓰기 약 30년 전에 세상을 떠난 조지 브룸멜은 가장 유명한 댄디의 대표자였다. 그는 취향 문제에서는 논란의 여지가 없는 지배자로, 웨일스 왕자들을 친구로 둔 상류 사회의 영웅이었다. 하지만 그에게는 그것도 별 도움이 되지 못했다. 노년에 대한 준비보다는 외모를 위해 힘과 재산을 투자했던 그는 가난한 망명지에서 세상을 떠났다.

오스카 와일드 Oscar Wilde 는 동성애, 그리고 특이한 패션 스타일 때문에 흔히 댄디족으로 묘사된다. 하지만 런던의 상류 사회를 수놓던 그의 냉소는 세상의 눈길을 끌고 싶은 욕구 때문이 아니라, 예리한 이성과 천성적인 야당 체질 때문이었다. 사실 오스카 와일드는 당시 빅토리아 시대가 요구했던 '정상적인 삶'을 피해 도망가기는 커녕 그것을 갈구했다. 결혼을 해서 슬하에 두 자녀까지 두었으니 말이다. 다만 그 뒤에 알프레드 더글러스 경에 대한 이룰 수 없는 사랑에 빠져 점차 탈선을 했고, 결국 동성애로 2년간의 구금형을 받았으며, 명성도 오만도 모두 잃어버리게 되었다. 그러고는 누추한 파리의 호텔방에서 세상을 떠났다. 이처럼 오스카 와일드는 비극적인 삶을 살았지만 오늘날까지도 카우치 포테이토, 삶의 예술가, 인간

혐오자들을 즐겁게 만드는 다음과 같은 명언을 많이 남겼다.

노동이 아니라 여유가 인간의 목표이다.

오스카 와일드는 안락의자나 소파에서 빈둥거리는 모습을 수 없이 많이 보여 주었지만, 헤밍웨이는 그와는 정반대로 유명하다. 미국의 작가 헤밍웨이는 액션 중독이었다. '잃어버린 세대 lost generation'의 친구들과 함께 1920년대에 파리를 누볐던 보헤미안 생활에서 의미를 발견할 수 없었던 그는, 생명이 위험한 위기 상황에서 행복을 찾았다. 대형 야생 동물 사냥, 전쟁 참여, 바다 낚시, 음주 등 이른바 남자다운 활동에서 말이다. 이 또한 게으름뱅이 짓의한 형태이긴 하지만, 카우치 포테이토들의 공감을 사기는 어려울 것이다. 그렇다면 무슨 이유로 헤밍웨이가 게으름뱅이 철학자들 명단에 들어가는가? 대답은 간단하다. 헤밍웨이가 자신의 묘비에 적어 달라고 부탁했던 문구 때문이다. "누워 있어서 미안합니다"라는. 진정한 카우치 포테이토에게 어울리는 문구가 아닐 수 없다.

생산적인
게으름

한가로우면 창의력이 높아진다. 존재를 합리화해 주는 중요한 이유로 거론하고 싶은 참으로 아름다운 부작용이다. 게으름도 무엇인가 이득을 가져온다면 허용된다.

헤르만 헤세도 동양의 목표가 없는, 완벽한 형식의 게으름과 빗나감을 칭송하며 그 근거를 이렇게 설명했다.

"예부터 예술가는 이따금씩 게으름을 필요로 했다."

예술은 수공업이 아니므로 정해진 노동 시간에 따를 수 없고, 언제나 창조적인 휴식 시간이 필요하기 때문이다. 편협한 사람들은 "미치광이 화가가 왜 계속 그림을 그리지 않는지, 왜 그렇게 자주 작업을 중단한 채 집어던지고 고민하며 며칠, 아니 몇 주씩 방문을 걸어 잠그고 있는지 이해할 수 없다"고 말한다.

그 결과가 성공적이어서 예술가가 명성과 부를 얻으면, 그럴 때는 편협한 사람들도 이해할 수 있다. 그런 경우에는 빈둥거리는 생활도 창조적인 휴식으로 이해된다. 이런 해석은 사실 서구 문명사에서 길고도 명예로운 전통을 갖고 있다. 사랑의 하나님까지도 일곱 번째 날에는 쉬셨다. 예술가든 수공업자든 노동자든 서비스 용역업자든, 우리는 자유 시간에 대한 그리움을 '좋아하기 때문에'라고 설명하지 않고 '필요하기 때문에'라고 정당화한다. 그렇게 말하는 것이 아주 당연시되어 버렸다. "일이라면 이제 입에서 냄새가 풀풀 난다"는 설명으로는 계획에 없던 휴가에 대한 그리움을 도저히 이해시킬 수 없다. 하지만 "상황을 좀 더 명확하게 바라보기 위해 약간 거리를 둘 필요가 있다"라는 설명은 설득력이 크다.

그래서 역사적인 인물들의 경우에도 한가로움을 찾은 것이 한가로움 자체 때문이었는지, 아니면 한가로움에 깃들인 유용함을 높이 평가한 때문이었는지, 그것도 아니면 한가로움의 유용성을 핑계로 자신의 게으름을 미덕으로 잘못 전한 것인지 알 수가 없다. 유감스럽게도 네로 황제의 교육자이자 일급 참모로서는 완전히 실패했지만 무척 부지런한 남자였던 세네카Lucius Annaeus Seneca는, 정말로 한가로움의 유용성을 믿었던 것 같다. 그는 〈한가함에 대하여〉라는 글에서 그리스 스토아 철학자들을 이렇게 칭송했다.

"하지만 그들은 결코 게으른 삶을 살지 않았다. 그들은 자신들의 휴식이 다른 사람들의 바쁘고 부지런한 생활보다 더 도움이 된다는 걸 알았다."

카우치 포테이토들은—비록 그 동기는 그렇게 고귀하지 않지만—그런 설명 방법을 익히 알고 있다. "나는 차라리 소파에 누워 있을게. 부엌에 가 봐야 당신에게 방해만 되잖아." 이건 게으른 핑계에 불과하지만, 생산적이고 유용한 면도 전혀 없지는 않다.

사실 게으름은 그릇이 깨지고 우유가 넘치는 등 크고 작은 손해를 막아 줄 수 있다. 언제나 활동적이고 피곤을 모르는 사람들은 그런 상황에서 아주 모순된 느낌에 시달리는데, 항상 일을 독차지하기 때문에 화도 나지만 자신의 근면함을 자랑할 수 있기 때문에 기분이 좋다. 그래서 많은 주부들이 도와주려는 듯 부엌으로 들어온 남편들을 내몰고는, 남자들이 소파에 편히 누워 있으면 기분 나빠 하는 것이다.

부지런한 사람으로 보이고 싶은 오직 그 한 가지 이유 때문에 쉴새 없이 이어지는 활동은 특히 손님이 있을 때 매우 부담스럽다. 식사가 끝나자마자 여자들이 모두 일어서서 더러워진 식기를 부엌으로 갖고 가서는 설거지까지 한다. 그 결과 식탁에 남은 손님들은 텅빈 의자들 사이에서 어찌할 바를 모르고, 여주인은 어지럽혀 놓은 부엌이 창피스럽다. 아무에게도 도움이 되지 않고, 특히 손님을 즐겁게 해 주려고 초대한 원래의 뜻에 완전히 어긋나는 나쁜 풍속이 아닐 수 없다.

물론 그 반대인 경우도 있다. 예수도 손님의 정신을 빼는 주인의 분주함이 신경에 거슬린 적이 있었다. 그가 베다니의 자매인 마르다와 마리아의 집을 방문했을 때, 마르다는 바쁘게 돌아다니며 손님인 예수를 위해 일했지만 마리아는 조용히 앉아서 예수의 이야기에 귀를 기울일 뿐 손가락 하나도 까딱 하지 않았다. 마르다는 물론 수고했다는 칭찬이 듣고 싶었지만, 예수는 엉뚱한 사람을 칭찬했다.

마르다야, 마르다야, 너는 많은 일로 염려하며 들떠 있다. 그러나 필요한 일은 하나뿐이다. 마리아는 좋은 몫을 택하였다. 그러니 그는 그것을 빼앗기지 않을 것이다. (누가복음 10:41~42)

여기서 더 나은 것이란 손님인 예수에게 모든 주의를 다 기울이는 것으로, 오늘날에도 효과가 있는 전략이다. 특히 남자 손님들은 귀를 기울여 이야기를 들어주면, 빵을 썰고 새 유리잔을 가져오고 스테이크를 살피는 등 계속 돌아다니는 것보다 훨씬 더 좋아한다. 그렇다. 세상 사람들은 감사할 줄을 모른다.

쓸모 있는 사람이 되고자 하는 욕구가 다른 중요한 활동을 방해한다면, 부지런한 노동도 쓸모없는 것이 되고 만다. 그 순간에 중요해 보이는 일을 하느라고 정작 해야 할 일을 미루는 것도 그와 비슷하다. 사무실 청소를 한답시고 중요한 업무를 밀쳐 두는 직원, 다락방을 청소하느라 바빠서 성적표를 살펴볼 시간이 없는 학생, 발코니에 꽃을 심느라 급한 기사를 미루는 저널리스트가 그 예이다.

사무엘 존슨Samuel Johnson, 18세기의 저명한 여유 연구가들 가운데 한 명이자 잡지 〈산책가〉와 〈한량〉의 발행인이었던 그는 여러 에세이에서 이런 신드롬에 대해 이야기하며 한량 짓의 가장 나쁜 결과라고 비난했다. 분주한 체하며 자신의 게으름을 숨기는 사람은 자신과 남을 속이는 사람이라고도 했다. 매우 적절한 지적이다. 하지만 이런 종류의 게으름은 노동으로 변이될 수 있으므로 한가로움의 범위 안에 넣을 수 있을지 매우 의문스럽다.

게으름의 개념은 아무리 정리하려 해도 도무지 진척이 없다. 인간적인 무위는, 그 결과가 의도적이든 그렇지 않은 어떤 형식으로든 늘 생산적이다. 슐레겔Friedrich Schlegel은 그의 편지 소설 《루친데》에서 주인공의 인식을 통해 단 하나의 예외를 묘사했다.

인간 또는 인간의 작품이 신에 가까워질수록 그것은 식물과 비슷해져 간다. 식물은 자연의 모든 형식들 가운데 가장 도덕적이며, 따라서 가장 아름답다. 그러므로 가장 완성된 삶은 순수하게 식물과 같은 삶일 것이다.

카우치 포테이토라면 아무런 조건 없이 받아들일 만한 인식이다. 그들이 완성된 삶에 매우 가까이 와 있음은 그들의 이름, 식물의 하나인 포테이토라는 이름이 증명해 준다. 유용한 식물이긴 하지만 말이다⋯.

3

게으른 자는 진흙투성이의 돌과 같아서
사람마다 그를 경멸하며 비웃는다.

– 집회서 22:1

게으른 것도
죄인가

독일 수상 게하르트 슈뢰더는 "우리에게는 게으를 권리가 없다"는 모험적인 발언으로 웃지 못할 논쟁을 불러일으켰다. 모든 사람이 오해받은 느낌, 자신의 권리를 사기당한 느낌을 받았고, 따라서 수상의 주장을 반박해야 할 엄숙한 의무를 느꼈다. 실업자는 모욕당했다며 시위를 하기 시작했고, 의사와 심리학자와 치료사들은 지나친 스트레스를 경고했으며, 스트레스에 짓눌린 사업가들은 애타게 기다리던 조기 퇴직이 물 건너가는 걸 보았고, 조기 퇴직한 사람들은 자신들이 아직도 사회에 얼마나 유용한 존재인지를 증명하려 했다. 반면에 카우치 포테이토들은 말없이 즐겼다. 그들은 슈뢰더가 말하려 했던 이야기의 참뜻이 "부지런한 사람은 게으를 권리가 있지만, 게으른 사람은 그렇지 않다"는 사실을 알고 있었기 때문이다.

부지런한 사람은 게으름을 피울 수 있는 자신의 권리를 스스로

버린다. 하지만 게으른 사람은 막무가내로 게으름을 피우며, 그 결과 법을 어긴다. 따라서 게으름의 무한한 즐거움은 사실 불가능한 것이다. 이와 같은 인식은 그 풍부한 암시를 포함해서 전혀 새로운 것이 아니지만 오늘날 출생률의 감소, 불안해진 연금 재정, 그리고 희생양을 찾는 열정에 힘입어 다시 논쟁거리가 되었다. 사람들은 게으름뱅이에게서 드디어 희생양을 찾아낸 것이다. 게으름뱅이는 로비를 하지도 않고 저항할 의욕이나 힘도 없으니 그보다 더 나은 제물이 어디 있겠는가. 잘 알려진 바와 같이 게으름뱅이는 차라리 소파에 누운 채로 자신과 말이 많은 사무직 중에 누가 더 게으른지 곰곰이 생각하기를 좋아한다.

게으름을 꿈꾸는 부지런한 시민들은 그 꿈을 이미 이룬 게으름뱅이를 시기해서 일하기 싫어하는 실업자를 가장 효과적으로 벌줄 수 있는 방법을 생각하느라 특히 부지런을 떤다. 보행자 전용 도로나 공공 녹지 시설을 청소하게 하는 등 강제 노동을 시킬 방법은 없을까? 하지만 그렇게 되면 '실업자들에게 청소할 거리를 만들어 주기 위해' 당당한 납세자의 자녀들이 쓰레기를 아무 데나 버리고 다닐 생각을 하기 때문에 환경 교육을 위험에 빠뜨리는 결과를 가져오지 않을까? 이건 정말 진퇴양난이다. 그래도 이런 제안은 '사회의 기생충' 문제를 기초 생활 보장제를 폐지함으로써 해결하려는 미국의 몇몇 공동체들의 조처보다는 얼마나 친절한지 모른다. 먹을 것이 없고 옷이 없고 잠을 잘 집이 없다면, 게으름뱅이도 일하고 싶어질 것이라는 발상이다.

아무튼 적어도 독일에서는 대중 앞에서 감히 그런 주장을 할 정치가가 없다. 그런 일이 생긴다면 대중은 충격적인 발언에 놀라워하고 당혹해할 것이다. 하지만 사도 바울이 똑같은 말을 했을 때 대체 누가 놀라고 충격을 받고 당혹스러워했단 말인가?

"일하기 싫어하는 사람은 먹지도 말라."

사도 바울은 데살로니가인들에게 보낸 두 번째 편지에 그렇게 적었다. 바울이 기독교의 이웃 사랑에 대해 어떻게 이해했는지 이제 알 수 있을 것이다.

허울 좋은
약속들

일하지 않으면 안 된다는 사실을 어떻게든 민중에게 명확히 밝혀 둘 필요가 있었다. 그런데 그런 가르침은 별 매력이 없었으므로 여러 종교들은 추종자를 끌어모으기 위해 멋진 공약을 만들어 내야 했다. 그래서 천국, 하늘나라 또는 다음 생에 수고한 보답을 두 배, 세 배로 받게 될 것이라는 교리가 생겨났다.

일은 하지 않고 많이 먹을 수 있다! 이 낙원과 같은 상황에 들어가기 위해서라면 일을 할 만했다. 흘러넘치는 추수, 그것도 힘들여 수확할 필요 없이 저절로 곳간에 쌓이다시피 할 것이라는 희망찬 약속은 모든 종교가 비슷하게 내세우는 공약이다. 다만 '금술을 단 침대'를 약속한 것은 오직 하나, 코란뿐이다. 이슬람교야말로 인간에 대한 이해가 가장 깊다는 것을 알 수 있다.

반면에 여러 종교가 현세에 지키라고 명하는 법규들은 따분하기 그지없다. 욕심을 절제하고 신을 두려워하며 지금 갖고 있는 것에 만족하라는 설교는 세계 어디에서나 똑같다. 욕망은—순종도 하늘 나라에 가고 싶은 욕망에 기초하고 있을 뿐인데도—거의 모든 곳에서 나쁜 것으로 생각된다. 성경은 이 모순을 간단한 속임수로 풀었다. 노동과 의무를 이행하는 것은 바람직하지만, 낙원을 창조하는 문제로 신과 겨루는 지나친 명예욕은 그렇지 못하다!

온갖 노력과 성취는 바로 사람끼리 갖는 경쟁심에서 비롯되는 것임을 나는 깨달았다. 그러나 이 수고도 헛되고, 바람을 잡으려는 것과 같다. 또는 바람을 먹고 사는 것과 같다. 어리석은 사람은 팔짱을 끼고 앉아서, 제 몸만 축낸다고 하지만, 적게 가지고 편안한 것이, 많이 가지려고 수고하며 바람을 잡는 것보다 낫다. (전도서 4:4~6)

다시 말해서 손안에 든 참새에 만족하고, 지붕 위에 있는 비둘기는 쳐다보지도 말라는 뜻이다. 지붕 위에 있는 비둘기까지 잡으려고 하면 고생만 하고 돌아오는 것은 실망뿐이다.

언뜻 보면 카우치 포테이토에 걸맞은 추론 같지만 실제로는 절제를 하라는 말이다.

너는 들어라, 너무 많은 일에 뛰어들지 마라. 일이 많으면 실수가 따른다. (집회서 11:10)

이런 말은 게으름을 피우며 빈둥거리라는 뜻이 아니라, 부자가 되기 위해 너무 탐욕스럽게 달리지 말라는 것이다. 그런 탐욕은 흔히 범죄 에너지, 다시 말해 신의 계명을 충분히 존중하지 않는 마음과 연결되기 때문이다.

게으름은 그런 탐욕보다 더 심한 비난을 받는다.

게으른 자는 똥덩어리와 같아서 손에 닿으면 누구든지 손을 턴다. (집회서 22:2)

게으름의 정의가 의문스러울 뿐, 명확하게 입장을 표명한 말이다. 집회서의 작가는 게으름을 '일하지 않는 것'으로 정의하지는 않았을 것이다. 왜냐하면 일하지 말라고 요구하기도 했기 때문이다.

학자가 지혜를 쌓으려면 여가를 가져야 한다. 사람은 하는 일이 적어야 현명해진다.(집회서 38:24)

유대교의 랍비나 기독교의 성직자들은 이 말을 오늘날까지 마음 깊이 새기고 있다. 또 많은 신들과 함께 완전히 다른 형식의 지혜에 이른 고대 그리스인도 한가로움만은 이들과 마찬가지로 이해했다.

시대를 막론하고 사상가들이 평범한 민중에게는 금하면서 스스로는 누리려고 요구한 것이 있다. 무(無)노동이 바로 그것이다. 하지만 민중은 그런 일에는 신경을 쓰지 않았고, 가능하면 쉽게 맡은 일을 마치려고 했다. 루터Martin Luther도 농부들에게 의무를 상기시켜야 한다고 주장하면서, "너희는 게으르지 말고 빈둥거리지 말며 행하고 일하라"라고 요구했다.

이렇게 루터가 서구에 도입한 '프로테스탄트적인 노동 도덕'은 오늘날까지도 개신교인, 가톨릭교인, 유대교인, 이슬람교인 할 것 없이 우리들의 삶을 피곤하게 만들고 있다. 요즘 많은 사람들이 석가모니의 가르침에 희망을 품는 것도 그런 이유 때문인 듯하다. 석가모니는 어리석은 민중과 영리한 학자들을 엄격히 구별하지 않았다. 그는 자신을 따르는 승려에게나 공장에서 일하는 직공에게나 똑같이 중도의 길, 다시 말해서 양 극단을 피해 구원을 얻으라고 가르쳤다. 그래서 불교에서는 너무 심한 노동도 너무 심한 게으름과 마찬가지로 비난을 받는다. 또 너무 심한 절제도 지나친 편안함과 마찬가지로 해롭다고 한다. 현대 카우치 포테이토들의 취향에 꼭 들어

맞는 것은 아니지만 매력 있는 이 가르침은 편안히 누워서 쉴 수 있는 시설을 이용하는 일을 금했다.

"감각의 문을 지키지 않고 아름다운 것만 보며 먹을 때도 절제하지 않아 게으름 때문에 나약해진 사람은 나약한 나무가 바람에 뒤집히듯 악에게 뒤집힌다."

상관없다. 카우치 포테이토들은 아무래도 소파를 통해 열반에 이를 수 있다는 확신을 버리지 않는다. 소파에 조용히, 그리고 안전하게 누워 있으면 쉽게 뒤집힐 수 없기 때문이다. 사실 회의적인 카우치 포테이토들은 어떤 교회나 종교도 설득력 있게 보여 주지 못했던 것, 즉 신성한 상태의 존재를 빈둥거리는 게으름을 통해 발견할 수 있었다. 오늘날에는 파문이니 뭐니 하는 흉측한 처벌을 각오하지 않고도 이런 말을 할 수 있어서 얼마나 좋은지 모른다. 교회가 더 이상 자동차 회사와 경쟁할 수 없게 된 이래 교회도 대단히 너그러워졌다. 교회세를 내는 어린 양들이 모두 파문을 당해서는 안 되겠기 때문이다.

하지만 볼테르Voltaire는 바로 그런 생각 때문에 무척 고생을 했다.

"신의 존재를 증명하는 증거를 산더미처럼 쌓으면서 어째서 즐거움은 빼놓았는지 놀라울 따름이다. 즐거움에는 신성한 무엇인가가 있다. 내 생각으로는 달콤한 헝가리산 포도주를 마시는 사람, 아름다운 여인에게 입을 맞추는 사람, 한마디로 기분 좋은 느낌을 받는 사람은 더 높고 선한 존재를 인정할 수밖에 없다."

하지만 가톨릭 교회의 의견은 달랐다. 그들은 볼테르가 반종교적인 세계관을 가졌다며 저주했고, 그의 글을 불태웠으며, 또 그를 감옥에 보냈다. 하지만 볼테르는 미신의 불합리성을 드러내고 신의 존재를 합리적인 이유로 설명했을 뿐이다.

논란의 여지가 있는 프랑스의 계몽주의자 볼테르가 즐거움과 쾌락을 한때 종교 문서에 국한된 단어로 설명한 유일한 사람은 아니었다. 그의 뒤를 이어 감각적인 즐거움을 천국의 환희와 똑같이 묘사한 사람들 가운데에는 한가로움을 천국의 선물로 꼽은 사람도 많았다. 세련된 소파 생활을 열렬히 감싼 대목은 슐레겔의 《루친데》에서도 찾아볼 수 있다.

오, 한가로운 여유여! 너, 순결과 열정이 숨쉬는 공기여.
성스러운 자들은 너를 숨쉰다.
너, 성스러운 보배를 소유하고 아끼는 자는 복되도다.
단 하나 남은 신을 닮은 조각, 낙원의 유산이여.

프랑스Anatole France도 같은 생각이었지만 슐레겔처럼 문학적인 표현을 찾기에는 너무 게을렀다. 그래서 그는 간단히 이런 경구만 남겼다.

"노동은 부자연스러운 것이며 게으름만이 신성하다."

이런 표현들은 카우치 포테이토들에게 즐거움을 줄 뿐만 아니라 성경의 사상을 가르치는 데—한가로움이 안고 있는 위험을 계속 경고하는 것보다 훨씬 더—적합하다. 아담과 이브가 게으르게 누워만 있었다면 과연 낙원에서 쫓겨났을까? 아니다. 그들은 무위를 포기하고 해서는 안 될 일을 했기 때문에 타락한 것이다.

하지만 몇 천 년의 세월이 흐르면서 노동에 대한 이해가 180도 바뀌었다. 노동은 이제 더 이상 처벌이 아니라 신성한 것으로 받아들여지니까 말이다. 지금 우리는 노동을 성스럽게 여긴다는 단 한 가지 점에서만 기독교 정신을 드러낸다. 예전에는 노동이 벌이었지만, 그래도 신이 내린 벌이었기에 성스러웠다. 그러나 오늘날은 노동이 돈을 많이 벌 수 있는 사람, 그래서 천국까지도 별로 부러울 게 없는 사람들에게 특히 성스럽다. 하지만 노동이 어쩔 수 없는 밥벌이일 뿐 지상의 행복을 더해 주는 수단이 될 수 없는 그 외의 모든 사람들은 노동에 대해 애정과 증오를 동시에 느낀다. 작가인 몽테를랑Henry de Montherlant은 이 또한 '배제 기저'일 뿐이라고 심리학적인 전문 용어까지 사용해서 설명했다.

"사람들이 노동을 증오하는 건 당연한 일인데, 그러면서도 노동을 성스럽다고 하는 건 무슨 이유일까요? 인간은 어쩔 수 없이 해야 하는 일을 무슨 미덕처럼 꾸미고 싶어 합니다. 하지만 그런 미덕이야말로 정말 끔찍한 것이지요."

19세기에 들어서면서 노동과 기도, 그리고 금욕을 통해서만 갈 수 있는 '하늘나라'에 대한 의문이 제기되었다. 불신자를 엄격히 처벌했던 중세에 비하면 안전이 보장되었기 때문이기도 하다. 하이네 Heinrich Heine 도 1844년에 정치 권력층과 성직자들을 조롱하는 기발한 작품 〈독일, 한 편의 겨울 동화〉를 발표했다.

이곳 지상에는 빵이 충분하여
인간의 모든 아이들이 배불리 먹을 만하네.
장미도 월계수도 아름다움도 쾌락도
그리고 꿀콩도 부족함이 없다네.

콩깍지만 터진다면
누구나 꿀통을 먹을 수 있다네.
하늘의 일은

천사와 참새들에게 맡기겠네.

　꿀콩 요리는 독일 사람보다는 프랑스 사람들이 잘했다. 하이네가 독일을 떠나 프랑스에서 망명 생활을 한 것도 아마 그 때문이 아닐까 싶다. 하이네가 이 작품으로 조국인 독일의 얼굴에 먹칠을 한 것도 물론 용서하기 어렵지만, 그보다는 공산주의적 유토피아를 그려 보여 줌으로써—그것이 유토피아일 뿐임을 분명히 하긴 했지만—마르크스주의와 사회주의의 온상을 어느 정도 마련해 준 일은 더더욱 용서할 수 없을 것이다.

　아무리 일벌레라도 언젠가는 자신이 벌레가 아니라 인간, 개인임을 알아낼 것이고, 노동이 개인의 발전을 가로막는다는 사실을 깨달을 것이다.

　"아침 일찍부터 저녁 늦게까지 고단하게 일하는 근면성은 사람에게 고삐를 매 주고 이성과 욕망, 그리고 창의력의 발전을 확실히 가로막기 때문에 최상의 경찰이다."

　이는 니체의 말이다. 노동은 피로를 가져오기 때문에 곰곰이 생각하고 따지며 몽상하고 근심하며 사랑하고 미워할 힘을 없앤다. 노동하는 사람들은 언제나 작은 방의 휴식만을 생각하므로 손쉽게, 또 정기적으로 만족시켜 줄 수 있다.

게으를 수
있는 권리

이상한 일이다. 노동자의 편에 선 사람들까지도 노동을 없앨 줄 모른다. 아니, 그럴 생각도 없다. 마르크스 같은 사람도 처음에는 노동 시간을 줄여 노동자도 인간다운 삶을 살 수 있도록 하자는 주장으로 세력을 얻었지만 장기적으로는 전혀 다른 목표, 즉 노동을 의미 있게 만들어 인간의 근본 욕구가 되도록 해야 한다는 목표를 설정했다. 마르크스의 글은 쉽게 이해할 수는 없지만 간략히 요약해 보면 다음과 같다.

공산주의 사회의 더 높은 단계에서는 노동의 분업 아래 개인이 머슴처럼 굴종된 상태가 사라지므로 정신노동과 육체노동의 대립도 사라진다. 노동은 삶의 수단일 뿐만 아니라 가장 중요한 삶의 욕구이다. 개인이 여러 측면에서 발전하면서 생산성도 높아지고 공동체의 부의 원천도 풍부해진다. 그때가 되면 협소한 시민적 법규의 지평은 완전히 초월할 수 있으며, 사회는 다음과 같은 기치를 세우게 된다. 누구나 능력대로, 누구나 마음대로!

아이러니컬한 운명의 장난일까? 오늘날에는 자본주의자가 이런 시각을 가장 좋아할 것이다. 그들에게는 노동이 가장 중요한 삶의 욕구가 되었으며, 노동의 충동 속에서 만족을 찾고 자아를 실현할 뿐만 아니라 부의 원천을 연다는 행복한 감정을 느낀다. 물론 여기서 부는 공동체의 부가 아니라 개인의 부라는 차이가 있다. 공동체의 재산은—아무 벽에나 스프레이로 그림 그리기를 좋아하는 말썽꾸러기를 제외한다면—이제까지 어느 누구도 자극하지 못했다.

아무튼 노동자가 주식 매매를 통해 자본가가 될 수 있고, 자본가가 기계 옆에 선 노동자가 될 수 있게 된 뒤로 계급 사이의 경계는 허물어지고 있다. 하지만 이 점도 너무 편협하게 생각할 필요는 없다. 마르크스도 자신의 이론에 늘 충실하지는 않았다! 예를 들어 돈 한 푼 없는 사회주의자 라파르그 Paul Lafargue 가 그의 딸에게 청혼했을 때, 그는 자신이 비판했던 '협소한 시민적 법규의 지평'을 심각하게 고려했다. 미래의 사위에게 쓴 마르크스의 편지를 보자.

105

자네와 로라의 관계가 더 확고해지기 전에 자네의 경제 상황을 분명히 알아야겠네. … 자네도 알다시피 나는 전 재산을 혁명 투쟁에 바쳤네. 그걸 후회하지도 않네. 오히려 정반대이지. 내가 다시 산다고 해도 똑같이 할걸세. 다만 결혼은 하지 않을 것이네. 내 딸이 어머니의 삶을 걸어 넘어뜨린 암초에 또 부딪히는 걸 내 힘이 닿는 한 막고 싶네.

라파르그는 마르크스가 원했던 것처럼 그의 경제적 능력을 명확히 증명할 수는 없었지만, 로라 마르크스와 결혼했다. 결혼 비용은 엥겔스Friedrich Engels가 마련했다. 마르크스는 딸의 결혼 비용을 마련할 수 없었지만, 그런 사실을 라파르그에게 숨기려고 했다.

집에 물건을 대주는 상인들이 협박해 왔고, 일부는 외상값을 독촉하며 재판을 걸겠다고 위협한다. 이런 상황은 라파르그가 계속 함께 살고 있었고, 또 실제 상황을 숨겨야 했기 때문에 악화되었다.

마르크스의 편지에 나오는 대목이다. 아무튼 라파르그는 그런 상황에도 별 불편을 느끼지 못했던지 유머를 잃지 않았다.

라파르그가 남긴 가장 위대한 작품은 물론 1883년에 출판된 풍자물 《게으를 수 있는 권리》이다. 이 글의 목표는 "노동자들이 노동에 대해 지닌 지나친 열정을 누그러뜨리고, 그들이 생산한 상품을 소비하도록 의무를 갖게 하는 데 있다." 그리고 이 목표로 가는 길은 게으름이다. 프롤레타리아는 "자연스러운 본능으로 돌아가 게으름의 권리를 외쳐야 한다. … 노동자들은 나머지 낮 시간과 밤 시간을 한가롭고 멋지게 살기 위해 3시간 이상 일하지 못하도록 스스로를 억제해야 한다." 라파르그는 일을 구걸하는 고집 센 프롤레타리아에게 노동 시간을 단축하는 달콤한 맛을 가르치기 위해 고용주나 피고용주가 추구할 만한 가치 있는 생산성 높이기를 근거로 제시한다.

영국의 위대한 경험이 우리 앞에 놓여 있다. 또한 몇몇 지적인 자본가들의 경험이 이를 증명한다. 이들은 인간의 생산을 증가시키기 위해서는 노동 시간을 단축하고 유급 휴일 수를 늘려야 한다는 것을 반론의 여지 없이 증명했다. … 영국의 경우 노동 시간을 겨우 2시간 줄였을 뿐인데, 생산은 10년 동안 3분의 1이 높아졌다. 프랑스가 하루 법정 노동 시간을 3시간으로 줄인다면 얼마나 엄청난 생산의 증가를 얻을 수 있을까?

라파르그는 노동자가 겪는 고통이 어리석은 탓이라고 설명하면

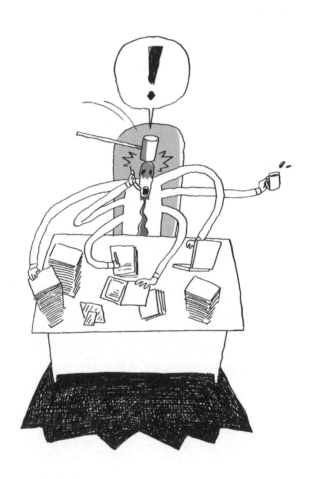

서, 마리가 한 유명한 발언을 풍자적 의미에서 첨예화했다. 마리 앙투아네트는 라파르그보다 적어도 100년 전에 배고픈 민중에게 이런 충고를 했다.

"빵이 없거든 과자라도 먹어라."

마리 앙투아네트는 이 말 덕에 목이 잘렸지만, 라파르그는 명성을 얻었고 프랑스 사회주의의 영웅이 되었다. 하지만 그도 결국은 노후에 대한 불안 때문에 자살하고 말았다. 로라도 남편의 뒤를 따랐다.

그동안 노동 시간 단축과 생산성 높이기는 성취되었다. 저 기발한 사상가가 요구했던 1일 3시간 노동도 이젠 더 이상 웃음거리가 아니다. 언젠가는 정말 자본주의 덕에 1일 3시간 노동제가 도입될 것이다. 단 하나 장애물이 있다면 노동을 성스럽게 여기는 우리의 믿음이 누그러지지 않고 있다는 것이다. 일을 적게 하면 할수록, 돈을 많이 벌면 벌수록, 우리는 일을 신성하게 여긴다.

오늘날까지도 우리는 라파르그가 설정한 중요한 목표, 즉 노동을 '게으름의 즐거움을 돋우기 위한 양념'으로 받아들이지 못한다. 기술적인 성취는 노동을 근본적으로 변화시켰지만, '노동은 좋고 게으름은 나쁘다'는 통상적인 노동 윤리는 변화시키지 못했다. 그리고 이 윤리의 적절한 해석과 잘못된 해석 사이에는 엄청난 차이가 있다. "일하지 않는 자는 먹지도 말라"고 한 스탈린이나 "노동은 자유를 준다"고 말한 히틀러의 치명적인 강제 수용소를 생각하면, 사람들이 좋다고 하는 것이 지옥이 될 수도 있다는 사실을 알 수 있다.

자, 이제 간단히 요약하자. 오늘날 노동은 사회주의자든 자본주의자든, 민주주의 사회에서든 독재 사회에서든 성스럽게 여겨져 종교와 대치하게 되었다. 현대인들이 가지고 있는 정치에 대한 실망과 무관심도 물론 여기에 뿌리를 두고 있다. 어떤 형태의 국가도 우리가 진정으로 원하는 것, 즉 더 안락한 생활, 노동은 적게 하고 소득은 높은 상태를 이루지 못한다면 국가에 대해 관심을 쏟을 이유가 무엇이란 말인가. 차라리 소파로 피신하는 게 현명한 일이다.

이것은 매우 자연스런 과정이다. 혹시 근동 지방이나 발칸 반도의 갈등에 아무런 도움이 되지 못해 부끄럽게 생각하는 사람이 있는가? 혹시 그런 사람을 만나면 세네카를 인용하면서 이렇게 위로하라.

여러 국가들을 하나씩 살펴보니, 현자를 참고 견디는 국가도, 현자가 참고 견딜 만한 국가도 없다. 우리가 이상적으로 생각하는 국가를 현실에서 찾을 수 없다는 것은 모든 사람이 한가롭게 지내야 한다는 뜻이다. 왜냐하면 한가로움보다 우선할 만한 유일한 것이 세상 어디에도 존재하지 않기 때문이다.

이상적인 국가가 실현되지 않았기 때문에 정치에 관심을 가져야 한다는 사람의 논리에 세네카는 이렇게 역공을 가한다.

배를 타고 가는 것이 가장 좋다고 말하는 사람이 바다로 나가면 암초에 걸릴 위험이 있고 갑작스런 태풍이 불어와 뱃사람이 원했던 것과는 정반대 방향으로 가게 될 수도 있다고 한다면, 그는 항해를 칭송하긴 해도 출항을 금해야 하는 것 아닌가!

그래도 너무 복잡해서 골치가 아프면 아리스토텔레스처럼 "고귀한 학문들은 부분적으로, 그리고 어느 정도까지만 아는 것이 좋다"고 생각하라. 너무 지나치게 몰두하면 몸의 상태가 나빠질 수도 있고, 생각하는 데 방해를 받아 해롭기 때문이다. 당신의 생각을 방해하지 않기 위해서는 좀 덜 생각하기만 하면 된다.

게으름뱅이 나라,
술라라펜란트

덜 생각한다고 해결될 일은 아니다. 우리는 어른이 되기 훨씬 전부터 노동, 그리고 노동의 가치를 알게 된다. 어린이들에게도 의무, 약속, 스트레스가 있다. 그래서 부지런한 사람들이 이기는 동화가 그렇게 많은 것이다. 서양의 아동 문학을 보면 게으르고 빈둥거리는 사람은 거기에 맞는 벌을 받고, 고분고분하고 부지런한 사람은 왕자나 공주를 얻는 이야기가 많다. 언제나 겸손하고 부지런하며 마음이 깨끗한 신데렐라 이야기는 당신도 분명 알고 있을 것이다. 하지만 홀레 부인의 동화는 어떤가?

한 과부에게 두 딸이 있었다. 한 명은 아름답고 부지런했으며, 다른 한 명은 못생기고 게을렀다.

바로 그렇다. 사실 이 동화는 더 읽을 필요도 없다. 하고 싶은 말 전체가 바로 이 첫 구절에 다 나와 있다. 그래도 이 이야기를 잘 알고 있는 사람이 별로 없을 테니 좀 더 소개하겠다.

아름답고 부지런한 딸은 우연히 이상한 나라로 가게 되었는데, 그녀는 일 욕심이 많아서 그곳 사람들이 무척 좋아했으며 상으로 황금 비를 주었다. 그러자 못생기고 게으른 딸은 황금 비가 너무 샘이 나서 언니가 했던 여행과 똑같은 길을 떠난다. 하지만 부지런을 떨며 감동을 주어야 할 장면마다 그냥 스쳐지나가, 결국 귀갓길에는 커다란 양푼에 가득 든 역청을 뒤집어쓰고 만다.

그 역청은 그녀에게 달라붙어 죽을 때까지 떨어지지 않았다.

동화의 마지막 문장이다. 세상 무서운 줄 모르는 어린 소녀에게 그런 벌을 내리다니, 정말 참혹한 일이다. 우리 어린이들은 〈톰과 제리〉를 보기 전부터 이런 이야기들을 들으며 자란다. 하지만 그게 뭐 그리 대단한 일인가? 어린이들도 일찍부터 이 거친 세상에서 그들을 기다리고 있는 게 무엇인지 알아야 하지 않을까? 세상에는 공짜가 없다는 사실을 말이다. 부지런하지 않으면 상을 받을 수 없다! 홀레 부인의 못생기고 게으른 딸은 그것을 배우기 위해 비싼 수업

료를 치른 것이다.

〈헨델과 그레텔〉의 동화도 매우 극적인 방식으로 이와 같은 도덕성을 보여 준다. 남의 과자는 아무리 맛있게 보여도 그냥 먹을 수 없고, 또 벌을 받지 않고 지나칠 수도 없다! 남매는 마녀의 집을 사각사각 갉아먹은 대가로 곧바로 감옥에 갇히고, 마녀를 죽이고 나서야 비로소 풀려난다. 하지만 굶주린 어린아이들이 맛있는 과자집의 유혹을 어떻게 이길 수 있단 말인가? 빵으로 만든 담장, 과자가 붙은 외벽, 사탕으로 만든 창문이 있는 마녀의 집을 본 헨델과 그레텔은 꿈이 모두 이루어졌다고 생각했다.

그곳에는 식탁에 맛있는 음식이 차려져 있었다. 우유와 케이크, 사탕, 사과, 호두도 있었다. 게다가 두 개의 예쁜 어린이 침대에는 깨끗한 이불까지 덮여 있었다. 헨델과 그레텔은 침대에 몸을 눕히고 생각했다. 하늘나라에 왔나 봐!

하지만 그들이 도착한 곳은 실제 하늘나라와는 전혀 다른 곳, 슐라라펜란트Schlaraffenland였다. 슐라라펜란트는 일종의 대안 낙원으로 가장 게으른 사람이 가장 출세하는 곳, 수고하지 않아도 누구나 맛있는 음식을 먹을 수 있는 곳, 놀고 먹으며 진짜 인생에서는 허용되지 않는 모든 것을 할 수 있는 곳이다. 이 꿈의 나라는 원래 아동 문학이 아니라 성인의 오락용, 또는 실현 가능성이 전혀 없는 꿈만 꾸는 어리석은 사람을 경고하기 위해 개발되었다. 아무튼 슐라라펜란트는 에스파냐, 이탈리아, 프랑스, 영국, 네덜란드 등 유럽 문학에서 확고한 자리를 잡았다.

독일도 예외는 아니었다. 1530년 뉘른베르크의 가수 한스 작크스Hans Sachs는 〈슐라라펜란트〉로 엄청난 인기를 누렸다. 작크스의 〈슐라라펜란트〉는 맛있는 음식, 놀라운 이야기뿐만 아니라 게으름을 자세히 다루었다는 점에서 독특했다. 사실 슐라라펜란트는 중세 독일 고지대의 언어로, 게으름뱅이를 뜻하는 'slur'에서 나온 'sluraffe'가 1500년경 '나라, 땅'을 뜻하는 'Land'와 합쳐져서 생겨난 개념이다. 슐라라펜란트는 어떤 나라인지, 한스 작크스의 발라드 하반부를 읽어 보자.

그 나라에는 권태라곤 없다네.
그곳의 주민들은 과녁을 맞힐 때도
과녁에서 가장 멀리 맞힌 사람이 일등상을 받네.
달리기를 할 때는 꼴찌가 이기네.
쿠션 위에서 자는 건 기본이네.

주요 사냥감은 벼룩과 이, 빈대와 쥐.

그 나라에서는 돈을 벌기도 쉽네.

게으른 사람은 잠만 자도 되네.

많이 자든 적게 자든

시간당 동전 두 닢을 준다네.

방귀 한 번에 동전 한 닢,

트림 세 번에 동전 한 닢.

그러다 노름으로 돈을 날리면

두 배로 다시 받는다네.

게다가 빚을 천천히 갚는 자는

부채가 일 년이 되면

채권자가 덤을 얹어 갚아야 한다네.

잘 먹고 잘사는 사람은

술 한 잔에 동전 두 닢을 받고

남을 잘 속여먹는 사람은

그 공으로 동전 세 닢을 받는다네.

거짓말을 잘하면 큰 상을 받네.

하지만 이성적인 행동은 어떤 것이나 외면하도록

누구나 조심해야 한다네.

식견과 통찰력을 사용하려는 자는

어떤 사람도 좋아하지 않네.

열심히 일하기를 좋아하는 자는

슐라라펜란트에는 입국할 수 없네.

예의 바르고 정직한 자는

아예 추방감이라네.

아무 쓸모도 없는 사람, 아무것도 배우고 싶지 않은 사람,

그런 사람은 커다란 명예를 얻게 되네.

가장 게으른 사람은

나라의 왕이 된다네.

못되고 버릇없고 비합리적인 자,

그런 자로 제후를 삼네.

전쟁터에 나갈 때 소시지를 챙기는 자,

그런 사람은 기사로 책봉되네.

지저분하고 아무런 노력도 하지 않는 자,

먹고 마시고 자는 것만 아는 자,

그런 사람으로 백작을 삼네.

미련하고 아무것도 할 줄 모르는 자,

그런 자가 귀족이 되네.

이렇게 살면,

슐라라펜란트에 딱 어울리지.

옛날 사람들이 지어낸 슐라라펜란트,

늘 게으르고 먹는 것만 좋아하고

어리석고 말 안 듣고 게으른 청소년,

그렇게 하면 슐라라펜란트에 간다고

꾸짖기 위해 만들어 낸 나라라네.

아무 쓸모 없는 버릇을 탓하기 위해서.

게으른 습관은 좋은 결과를 맺을 수 없으니,

앞으로는 일에 정진하라고!

　결론을 이끌어 내는 방법이 너무도 비합리적이다. 게으름뱅이 십대라면 이 노래를 듣자마자 슐라라펜란트로 당장 이민 가겠다고 나설 것이다. 하지 말라면 더 하는 것이 십대들의 특성 아닌가! 하지만 불행하게도 그런 십대들은 소원을 이룰 수 없다. 건강한 이성을 눈곱만큼이라도 갖고 있는 자는 어차피 슐라라펜란트에서 받아 주지 않는다.

　한스 작크스가 슐라라펜란트를 노래한 뒤 약 200년이 지나서 골도니 Carlo Goldoni 는 〈Paese di Cuccagna〉라는 작품에 슐라

119

라펜 왕을 등장시킨다. 슐라라펜 왕의 대사를 들어보자.

세상에는 두 종류의 사람이 있다. 일을 해서 먹을 것을 버는 사람이 있고, 아무것도 하는 일 없이 양식을 얻는 사람이 있다. 전자는 쾌락과 탐닉의 적이고, 후자는 경솔한 식충이다. 이 두 부류의 특성이 조금이라도 섞인 욕망을 가진 자는 우리 편이 아니다. 심각한 생각을 하는 자는 우리와는 거리가 멀다. 터무니없고 어리석은 사람만이 우리와 한 패가 될 자격이 있다.

여기서 말하는 무의미의 뜻은 유감스럽게도 세월이 흐르면서 잊혀져 갔지만, 슐라라펜란트만은 상상력이 풍부한 어린이의 생각에 계속 날개를 달아 주고 있다.

슐라라펜란트는 결국 케스트너 Erich Kstner에게 와서야 비로소 맨 처음의 사회 비판적 국면을 회복하고 어른들에게 가까이 다가간다. 1931년에 발표한 작품 〈5월 35일 또는 콘라드가 말을 타고 남쪽 바다로 간다〉에서 슐라라펜란트를 구경하러 온 한 관광객이 모든 실업자를 이 놀라운 나라 슐라라펜란트로 보내자고 제안한다.

"우리나라에는 할 일도 없고 먹을 것도 없는 사람들이 많습니다."

하지만 슐라라펜란트에서는 그들을 받아들이려 하지 않는다.

"그런 사람들은 안 돼요. 그 사람들은 일하고 싶어 하잖아요! 그런 사람은 필요 없어요."

무질서한 식충이 사회도 매우 엄격한 이민 정책을 갖고 있고, 심지어는 법규까지 있다. 물론 믿을 수 없는 사람이 되어야 지킬 수 있는 법규지만… 부지런한 사람, 정확한 사람, 정직한 사람, 영리한 사람, 주의 깊은 사람은 슐라라펜란트에 끼여들 수 없다.

전혀 유식하지 않고 아무리 생각하기 싫어하는 사람이라도 어려서부터 들은 동화, 성경 이야기, 학교 생활 때문에 부지런해야 한다는 교육을 받았다.

독일의 유명한 작가 실러의 시 〈종 Glocke〉의 한 소절을 읽어 보자.

노동은 시민의 자랑,
축복은 노력의 대가.
왕은 위엄을 가져야 하고
우리는 손이 부지런해야 한다.

물론 열두 살 때는 이게 무슨 뜻인지 전혀 몰랐을 테지만, 부모님과 선생님들의 군밤을 맞아 가며 부지런해야 한다는 걸 배웠을 것이다. 그래서 일찍부터, 크게 고민하지 않고도 게으름뱅이를 욕하게 되었을 것이다.

우리가 게으름이 무엇인지를 알게 된 것은 아마 부지런하라고 가르쳤던 선생님들 탓이 아닐까? 독일 수상 슈뢰더가 니더작센 주의 총리로 있을 때, "교사들은 게으름뱅이"라고 말한 적이 있었다. 교사가 아닌 국민들 대부분이—적당한 노동 시간, 긴 방학, 훌륭한 보수, 공무원의 지위 등에 대한 시기심 때문에—동감을 표했던 그 말에, 교사들이 왜 그렇게 격렬하게 저항했는지 나로서는 잘 이해가 되지 않는다. 교사나 교수의 게으름이야말로 학생의 도덕적 성숙을 자극하지 않는가? 학생들은 각자의 능력에 맞게 발전할 수 있는 자유를 누려야 하지 않는가? 그런 능력을 '게으른', 다시 말해서 교과 진도표를 엄격히 따르지 않는 비권위적인 교사보다 더 잘 전달할 수 있는 사람이 있을까?

느림보 학생들에게는 훈육이 능사가 아니다. 때로는 저절로 해결되기도 하고, 또 훌륭한 결실을 맺을 수도 있다. 아인슈타인은 전혀 서두르지 않고 사고 능력을 천천히 발전시켜 성공한 대표적인 예이다.

평범한 어른들은 공간 또는 시간 문제에 대해 거의 생각하지 않습니다. 하지만 나는 정신적으로 매우 느리게 발전해서 어른이 된 다음에야 비로소 공간과 시간에 대해 알고 놀랐습니다. 그래서 나는 이 문제에 평범한 어린이보다 깊이 몰두할 수 있었습니다.

4

세상 사람들은 일을 너무 많이 한다.
노동이 미덕이라는 믿음 때문에
엄청난 손해가 생겨났다.

– 버트란트 러셀 *Bertrand Russell*

노동은
밥벌이 수단이 아니다

사냥하고 채집하며 살았을 때는 노동과 여가를 잘 구분하지 못했
다. 양식을 마련하고 자식을 돌보기 위해 할 수 있는 일은 무엇이든
다 했는데, 그것도 아침 9시~오후 5시까지 정해진 시간에만 하는
것이 아니라 적절하고 또 필요할 때는 언제든지 했다. 그래 봤자 전
체 노동 시간은 대부분 8시간이 못 되었으며, 그것도 사무실에서
어리석기 짝이 없는 과제로 보내는 시간처럼 그렇게 고통스럽지도
않았다.

원시 시대에(그리고 이른바 원주민들에게는 오늘날까지도) 살아가기
위해서 했던 대부분의 활동들, 즉 사냥, 고기잡이, 과일 채집, 불 가
에 앉아서 하던 바비큐, 지붕 수리 등은 오늘날 여가 활동이 되었
다. 그러나 약 8천 년 전에 농업이 발달하면서 이런 즐거움도 끝이
났다. 이제는 창고에 식량을 모아 둘 수 있어 겨울 나기가 한결 쉬워

졌지만, 그 대신 질투심(이웃집 밭이 더 크다!)과 잘못된 농경 정책(예를 들어 고추의 과잉 생산 등)으로 말미암아 고통이 생겨났다. 가장 큰 스트레스는 이제 모든 것을 미리 계획해야 한다는 점이다. 예전에는 필요한 것만 추수하면 됐지만, 이제는 재배한 것은 모두 추수해야 한다. 그래서 일손이 바쁜 계절에는 어쩔 수 없이 남의 손을 빌리게 되었다. 처음에는 친척이나 짐승을, 그리고 나중에는 노예를 그렇게 이용했다.

언제부터인가 노예 노동이 부역으로 이름이 바뀌었다. 부역은 주로 가난한 농부들이 떠맡았는데, 지주나 귀족 또는 교회를 위해 품삯도 받지 않고 농경지를 개간했으며, 작물을 수확하고 타작도 했다. 강제 노동이 그렇듯이 부역도 농부들의 지나친 열정을 일깨우지는 못 했고, 따라서 생산성은 만족할 만한 수준에 미치지 못했다. 대부분 시간만 때우며 빈둥거릴 뿐, 필요 이상으로 일찍 밭에 나가 필요 이상으로 늦게까지 일하는 건 상상도 할 수 없었다.

그러다 19세기가 되어 농지를 개혁하면서 부역이 사라졌다. 하지만 발전은 계속되어도 인간의 노동은 줄어들지 않고 늘어만 가니, 역설이 아닐 수 없다. 전기 램프의 발명이 노동 시간을 연장시킨 것처럼, 이런저런 기계들이 발명되면서 사람들은 광기 어린 경쟁에 빠져들었지만 아무리 노력해도 기계의 속도와 정확성에 이를 수 없으니 승리는 언제나 기계의 몫이었다. 비인간적인 노동 조건, 아동 노동 등 이른바 맨체스터 자본주의의 기괴한 양상은 소름이 끼칠 정도였다.

그렇지만 이 모든 잘못이 기계 탓만은 아니다. 고대부터 사람들은 인생을 좀 더 편안하게 해 줄 기계를 꿈꾸었다. 레오나르도 다 빈치나 베른Jules Verne 등의 몽상가들이 수천 년 동안 꿈꾸었던 기계들, 그때마다 유토피아일 뿐이라고 배척받던 기계들을 오늘날 우리들은 너무도 당연하게 사용하고 있다. 예를 들어 1891년에 오스카 와일드가 꿈꾸었던 희망이 이제는 현실이 되었다.

날카로운 동풍이 부는 날, 하루 8시간 동안 더러운 횡단보도를 빗자루로 쓰는 일은 역겨운 노동이다. 나는 정신적·도덕적·육체적 품위를 지키며 그런 노동에 종사하는 것은 불가능하다고 생각한다. 즐거운 마음으로 더러운 도로를 쓸 수 있을까? 소름 끼치는 생각이다. 인간은 더러운 때를 벗기는 것보다는 좀 더 나은 일을 하기 위해 존재한다. 이런 류의 모든 노동은 기계가 해결해야 할 것이다.

오늘날에는 이런 류의 노동을 대부분 기계가 맡고 있다. 그리고 기계가 인간을 불필요하게 만들 수 있다는 걱정도, 사람들이 자동화로 점차 이득을 보면서, 대부분 사라졌다. 더욱이 도로 청소용 기계는 그 기계를 운전하고 작동할 사람을 필요로 한다. 그리고 그 기계가 투입되면서 실직한 10명의 거리 청소부가 재활용 공장이나 도시 미화부 내근부에 고용되었다.

구조 조정이 대량 실직으로 이어지는 경우, 희생자는 입맛이 쓸 수밖에 없다. 과잉 생산을 하는 현대 사회에서 실직이 의미하는 최악의 사태는 생존의 위협 같은 건 아니다. 예전이나 또는 가난한 나라들과는 달리 오늘날 우리 사회에서는 누구도 굶어 죽거나 얼어 죽지 않는다. 물론 예외는 있다. 취로 사업도 못 나갈 정도로 무능력하거나 마약에 빠져 다리 밑 생활을 찾는 경우도 있으니까. 아무튼 실업으로 겪어야 할 최악의 사태는, 적어도 실업자들의 느낌에 따르면 할 일이 없다는 것이다. 할 일이 없다는 것, 그것은 휴가를 떠날 수 없거나 새옷을 살 수 없거나 외식을 할 수 없는 것보다 훨씬 더 괴롭다고 한다.

실업자가 되면서 자신이 쓸모없는 사람으로 느껴진다고 고백하는 사람들이 많다. 그렇게 고백하는 순간, 성실한 인간이 되는 느낌을 받는 것일까? 아무튼 이제 노동은 더 이상 밥벌이 수단이 아니다! 노동은 오히려 한없이 치켜세운 이상, 인생에 의미를 주는 기준이 되었다. 노동은 너무도 신성한 것이 되어 아무리 어리석은 짓이라도 변명할 수 있게 되었다. 예를 들어 오늘날 고용 창출 효과가 있다고 하면, 아무리 어리석은 계획이라도 허가를 받을 수 있을 뿐만 아니라 재정 지원까지 해 준다. 그 돈을 실업자들에게 직접 나누어 주어 소파에서 근심 걱정 없는 삶을 즐길 수 있도록 하면 안 될까? 그런 일은 없을 것이다. 현대인은 할 일이 없다는 사실을 별로 느끼기 때문이다.

우리는 낙원에 살고 있다. 그런데도 창조사를 왜곡시켜 가면서까지 스스로를 낙원에서 추방했다. 기억해 보라. 아담과 이브의 원죄에 대해 하나님이 내린 징벌은 여자는 고통스러운 가운데 아이를 낳고 남자는 땀을 흘리며 농사를 지어야 한다는 것이었다. 하나님은 아담에게 이렇게 말씀하셨다.

네가 아내의 말을 듣고서, 내가 너에게 먹지 말라고 한 그 나무의 열매를 먹었으니, 이제, 땅이 너 때문에 저주를 받을 것이다. 너는, 죽는 날까지 수고를 하여야만, 땅에서 나는 것을 먹을 수 있을 것이다. 땅은 너에게 가시덤불과 엉겅퀴를 낼 것이다. 너는 들에서 자라는 푸성귀를 먹을 것이다. 너는 흙에서 나왔으니, 흙으로 돌아갈 것이다. 그 때까지, 너는 얼굴에 땀을 흘려야, 낟알을 먹을 수 있을 것이다. 너는 흙이니, 흙으로 돌아갈 것이다. (창세기 3:17~19)

오늘날 우리들은 출산을 행복한 행위로 묘사하며 노동도 신이 내린 벌이 아니라 상, 표창, 축복으로 보고 있다. 따라서 논리적으로 볼 때 일을 못하게 하는 것이야말로 가장 가혹한 처벌이다. 요즘에는 직원이 못마땅해서 쫓아내고 싶으면 고전적인 훈육 방법 대신 심리 테러 방법을 쓰는데, 그 요점은 일거리를 주지 않는 것이다. 못마땅한 직원의 사무실에서는 컴퓨터나 전화도 치워 버린다. 또 회의에도 참석하지 못하게 하고, 동료들과도 만나지 못하게 한다. 물론 월급은 계속 지불한다.

이런 벌을 받는 직원은 어떤 기분일까? 좋아서 춤이라도 덩실덩실 추어야 하지 않을까? 하는 일 없이 월급을 받을 수 있으니 행운아 아닌가? 이 놀라운 기적을 만나는 사람마다 붙들고 자랑해야 하지 않을까? 그런데 사실은 전혀 그렇지 않다. 백발백중 부끄러워 어쩔 줄 모르며 치욕감에 부들부들 몸을 떤다.

누가 많이
일하나

요즘에는 귀족도 일을 하는 세상이 되었다. 옛날 귀족이 들으면 뒤집어질 일이다. 옛날에는 일을 할 필요가 없는 사람은 더 많은 시간을 한가롭게 보냈다. 그게 사치였다. 하지만 오늘날에는 일이 사치가 되었다. 젊은 귀족들까지도 이런 미신에 빠져 있다.

부유한 공주가 매일 사무실에 나가 답답한 일을 하며 돈을 벌어도 아무도 미쳤다고 하지 않는다. 오히려 겸손하고 성실한 진짜 귀족이라고 칭찬을 아끼지 않는다. 젊은 백작도 마마보이라는 선입견에서 벗어나려고 밤 늦게까지 광고 회사나 변호사 사무실에서 일을 한다. 일을 하지 않는 귀족은—영국 왕실의 구성원 대부분이 그렇듯이—수많은 하인, 서기, 승마 교사, 기념품 판매상들이 오직 왕실 덕분에 먹고 사는데도 불구하고, 국민 경제에 전혀 도움이 되지 않는 무리로 치부된다.

일을 많이, 그리고 오래 하는 사람일수록 사회의 훌륭한 구성원이 될 자격을 갖추는 것이다. 이런 형편이니 우리가 얼마나 많은 일을 했는지 즐겨 자랑하는 것도 놀라운 일은 아니다. 일 중독자들은 연민의 대상이 되거나 그것을 치료하기 위한 처방을 권고받기는커녕 칭찬을 받고 승진을 한다. 일 중독은 사회적으로 완벽하게 받아들이는 유일한 중독 증상이다. 그 이유는 아마도 이혼 전문 변호사들에게 확실한 수입을 보장해 주기 때문일 것이다. 일을 많이 하는 것이 자랑거리라니, 정말 여기에 대해 한 번쯤 곰곰이 생각해 볼 필요가 있다. 일을 제일 많이 한 사람이 정말 영웅일까? 혹시 바보는 아닐까?

"나는 오늘 12시간 일했어"라는 주장은 "나는 이번 주말 내내 삽질을 했어"라는 주장으로나 빛을 바래게 할 수 있다. 그런데 이런 주장들은 아직까지 한 번도 비판적인 분석을 받아 보지 못했다. 정해진 시간보다 더 많이 일했다고 뻐기는 사람, 그는 두뇌 회전이 남들보다 느린 탓에 정해진 시간 안에 과제를 완수할 수 없었고, 그 때문에 그렇게 오래 일했을 수도 있다. 일요일에도 회사 서류를 들춰보는 사람, 그는 아마 지난 주 내내 빈둥거렸는지도 모른다. 그렇지만 그런 사정이야 아무래도 상관없다. 오래 일하는 사람은 많이 일하는 사람, 그리고 가치 있는 사람과 동일시되기 때문이다. 길게 말

할 필요도 없다.

하루에 할 일을 3시간 동안 마치고 나머지 시간은 카우치에 누워 보냈다고 자랑하는 사람은 거의 없다. 또 그렇게 할 수 있는 직업도 거의 없다. 대부분의 직장에서는 아직도 자리를 지키고 앉아 있으라고 요구한다. 대부분의 경우 능력이 시간 때우기보다 중요시되지는 않는다. 똑같은 과제를 남들보다 짧은 시간 안에 끝낼 만큼 영리하고 능력 있는 사람은 다른 일을 더해야 하거나 또는 떠맡는다. 그래서 남들보다 빨리 일을 끝낼 수 있다는 사실을 숨기거나, 또는 아무리 찾아도 더 할 일이 없는 사람은 나머지 시간 동안 지겨운 권태감에 몸을 떨어야 한다. 사무실에 앉아 바쁜 체하면서 멍하니 시간을 때우고 에너지를 소모하며 활기를 낭비하는 것보다 더 나쁜 일이 또 어디에 있을까? 아무튼 그런 하루를 보내고 집에 돌아갈 때면 10시간이나 사무실을 지키느라 완전히 지쳤다는 위로는 받을 수 있을 것이다.

집 밖에서 돈을 버는 사람들은 그런 점에서 볼 때 집에서 일하는 사람들에 비해 확실히 유리하다. 집에서 일하는 사람들의 경우는 하루에 일을 얼마나 했는지 점검하기가 어렵다. 그뿐만이 아니다. 도대체가 믿어 주지를 않는다. 대학생이 아침부터 저녁까지 공부만 했다고 주장해도 못 믿겠다는 듯이 빙긋 웃기만 할 뿐이다. 전업 주부가 하루 종일 커튼을 빠느라고 힘들었다고 말하면 남편은 귓가로 스쳐 들으며 1시간 정도 걸렸을 것이라고 생각한다. 그런 남편의 태도는 직접 커튼을 빨아 본 적이 한 번이라도 없다는 사실을 드러낼 뿐만 아니라(한 번이라도 커튼을 빨아 보았다면 그것이 얼마나 힘든 일인지 알 것이다), 그 의심 자체가 스스로 거짓말쟁이라는 사실을 증명하는 것이다. 그 자신이 이따금씩 그런 거짓말을 하지 않았다면, 아내가 거짓말을 했을 거라는 생각을 대체 어떻게 할 수 있을까?

또 정말로 주부가 집안일을 하는 데 그렇게 오랜 시간이 필요하지 않았고, 9시간이 아니라 6시간만 걸렸다고 하자. 설령 그랬다 하더라도 주부의 그런 거짓말을 나쁘게 생각할 수는 없다. 집에서 일하는 사람들은, 그 과제가 얼마나 중요하고 의미가 있는지와는 상관없이 주위 사람들에게서 홀대받기 일쑤이기 때문이다. 그들은 보통 방해에 그대로 노출되어 있다. 예를 들어 이웃집 여자가 미안하지만 소포가 오면 대신 받아 달라고 부탁할 때도 "어차피 집에 계시잖아요"라고 이유를 댄다. 대부분이 "달리 할 일도 없잖아요"라는 말을 생략할 뿐이다. 또 뻔뻔스럽게 남의 차고 앞에 자동차를 주차하고도 "오늘 외출 안 하시죠?"라고 변명한다.

어디 그뿐인가? 심심하고 하릴없는 온갖 사람들이 다 전화를 걸어와 쓸데없는 이야기를 늘어놓는다. 한 10분쯤 참고 견디다 "지금 좀 바빠서요"라고 말하며 전화를 끊으면 불쾌해한다. 사무실에 근무하는 사람이라면 그런 쓸데없는 이야기는 1분 안에 중단시킬 수 있을 것이며, 그래도 친절하고 사려 깊은 사람이라는 칭찬까지 받을 수 있을 텐데….

집에서 일하는 사람들 중에도 돈을 버는 사람은 비교적 나은 대우를 받는다. 예술가, 자유 기고가, 발명가, 유모, 과외 교사, 웹 디자이너, 전화 판매원 등등. 이들 중에는 직장의 근무 조건이 마음에 들지 않아서, 또는 집에 있는 것을 좋아해서, 또는 가정적인 이유에서 의식적으로 이런 직종을 선택한 사람들이 많다. 이들은 그 대가로 (확고한 자아 통제력에도 불구하고) 남들에게서 별로 존경을 받지 못하거나, 남들의 시기심을 불러일으켜 늘 스스로를 변호해야 할 처지가 된다. 남들은 집에서 일하니까 얼마나 좋으냐며 부러워하지만, 그런 칭찬의 말속에는 은근히 상대를 끌어내리는 심술도 적지 않다. "넌 참 좋겠다. 나도 평일에 10시까지 자 봤으면" 하는 말은 이런 뜻이다. "넌 게으름뱅이야. 날 보고 좀 배워. 난 6시면 일어나거든."

일찍 일어나기만 하면 그것으로 이미 시민의 의무를 다하는 것일까? 또 밤을 새우고 일을 했다는 말은 애초부터 아무도 믿지 않는다. 집에서 하는 일 중에서도 그 과제가 돈이나 감사 또는 시기심의 형태로라도 보수를 받는 일인 경우는 좀 낫다. 하지만 그렇지 못한 일인 경우에는 특히 잔인하다. 병든 할머니나 앙앙 울어 대는 갓난아기를 돌보는 일은 사회적인 유용성 또는 성인으로 추대될 수도 있다는 기대감 때문에 아름답게 꾸밀 수도 있지만, 구석구석 쌓인 곰팡이 먼지나 세무 신고서를 들고 치르는 전쟁은 한마디로 좌절 그 자체이다. 귀찮기 그지없는 일을 끝내고 나면 뿌듯하지만, 그런 마음이 채 가시기도 전에 또 다음 일이 터진다.

집 밖에서 하는 일도 물론 다를 바 없지만, 그래도 돈을 받지 않는가! 하지만 그것이 자유로운 시간 분배, 특히 소파에서 즐기는 낮잠을 포기할 만큼 중요한가?

집에서 하는 일은 사회적으로 소홀히 여겨지기 때문에 많은 사람들이 '제대로 된 직장'을 꿈꾸는 것도 놀라운 일은 아니다. 게다가 이들이 모두 돈 때문에 직장을 원하는 것도 아니다. 기저귀를 갈아 주는 일에서 얻을 수 없는 사회적인 인정과 관계도 돈과 마찬가지로 중요시된다. 여성 잡지에 실린 수많은 테스트를 살펴보라. 그 테스트의 질문들을 읽어 보면 모두가 사무실에서 일하며 상사와 동료들이 있다는 전제에서 출발한다. 소속감이 그처럼 중요한 것일까?

한시적인 동맹 관계,
동료

정규직 근로자는 가족이나 친구보다 동료와 보내는 시간이 더 많다. 그런 경우 도피처는 단 하나, 정면 돌파뿐이다. 이 비극적 상황의 문제점을 극복하기 위해서는 동료를 우연히 같은 회사에서 일하게 된 사람이 아니라 가족 대신으로 보고 돈독한 우정을 맺어야 한다. 아니면 적으로 삼거나….

직장에서는 일보다는 권력 다툼이나 간계에 더 힘을 쏟는다. 한 번 상상해보라. 오후 3시쯤 퇴근해서 더 밀도 있는 소파 생활을 즐길 수 있다면…, 이 얼마나 멋진 아이디어인가! 하지만 일이 많아서가 아니라 당신에게 한 방 먹여 주려고 오래전부터 복수의 칼날을 갈고 있는 사장실의 바보 같은 비서 때문에 그럴 수가 없다. 점심 시간을 2시간 정도 연장한다면 또 얼마나 신날까? 하지만 그렇게 한다면 벌써부터 당신의 자리를 탐내고 있는 새 동료가 얼씨구나 하며 그 기회를 이용해 먹을 것이 뻔하다. 오랜만에 정시에 퇴근하려던 참에 문득 중요한 프로젝트 서류가 눈에 띄지 않는다. 방금 전까지만 해도 책상 위에 있었는데….

이런저런 일들 때문에 우리는 직장에서, 일이나 여가를 위해 더 훌륭하게 투자할 수 있는 귀한 시간을 쓸데없이 낭비한다. 그러니 모든 사람과 골고루 잘 지낼 수 있다면, 아무도 우리를 골탕 먹이려 들지 않고 함정에 빠뜨리려 하지 않아 좋을 것이다. 바로 그런 이유 때문에 엄청난 시간을 인간 관계와 우정을 돈독히 하기 위해 투자한다. 동료의 생일이면 케이크를 사 주고, 미주알고주알 온갖 사적인 이야기를 털어놓으며, 퇴근 후에도 맥주나 한잔 하자는 약속을 잊지 않는다. 특히 기가 막힌 것은 우정을 빌미로 일까지 떠맡기는 짓이다.

"저기 있잖아, 오늘 저녁에 우리 시부모님이 오신대. 그래서 나 오늘 정시에 퇴근해야 돼. 근데 사장님이 이 리스트를 내일 아침 일찍 보신다는 거야. 나 대신 이 리스트 좀 끝내 줄 수 있을까? 그럼 정말 고맙겠어. 내 나중에 한턱 낼게, 응?"

이런 부탁을 거절하기란 불가능하다. 그것도 특히 오늘 저녁에는 혼자 카우치에서 빈둥거릴 계획이라는 사실을 동료에게 자세히 이야기해 준 실수를 저지른 다음에는 더더욱…. 으음, 속은 쓰리지만 어쩔 수가 없다.

시부모님의 방문이 소파에서 보내는 느긋한 저녁 시간과는 비교도 안 될 만큼 중요한 일임을 누가 부정하랴? 당신의 동료가 이번 일로 진 빚을 받아 내려면 자타가 공인하는 카우치 포테이토로서는 거짓말을 할 수밖에 없다.

"나 대신 이 출장비 명세서 좀 만들어 줄래? 오늘 8시 15분에 내가 제일 좋아하는 드라마를 시작해서 집에 일찍 가야 하거든." 이런 부탁은 누구라도 거절할 수 있다. 그러므로 뻔뻔스럽더라도 보험 설계사와 약속이 있다거나 개가 아프다거나 동창회가 있어서 퇴근해야 한다고 거짓말을 해야 한다.

동료란 괴로움을 함께 나누는 사이로 한시적인 동맹 관계를 맺는다. 하지만 평범한 진실도 마음 놓고 털어놓을 수 없으니, 떻게 친구라고 할 수 있을까? 누가 더 부지런한지, 누구 월급이 더 많은지, 누가 더 인정을 받는지 등등으로 늘 경쟁하는데? 또 어쩔 수 없이 그의 약점을 숨겨 주는데…. 그렇지 않으면 친한 동료가 오늘 결근을 했는데 아파서가 아니라 놀러 간 것이라고 사장에게 고자질이라도 해야 할까? 동료애가 없다고 손가락질을 받으니 두 배로 늘어난 작업량과 싸우는 편이 낫다.

직장을 바꾸고 나면 옛 동료의 우정이 얼마나 가벼운 것이었는지

실감할 수 있다. 공동의 관심사인 일이 사라지자마자 그 동료와는 더 이상 할 이야기가 없다. 그래도 한두 번은 만나서 커피를 마시겠지만 그 뒤로는 가끔 전화나 하는 사이가 될 것이고, 결국은 서로를 잊어버릴 것이다. 그런 동료를 위해 대체 왜 그토록 엄청난 불편을 감수해야 한단 말인가?

언제 이 일을
다 끝내지?

그러므로 순교자처럼 휴일 한때도 함께 즐기고 싶지 않은 사람의 업무까지 맡지 말라. 꾀병쟁이가 상을 받을 필요는 없다. 꾀병쟁이에게 알맞은 유일한 벌은 '병이 나은 뒤' 책상 위에 산더미처럼 쌓여 있는 서류이다. 신속하게 처리해야 할 업무이고, 또 여러분밖에 그 일을 처리할 사람이 없다면 어쩔 수 없다. 하지만 그 대신 덜 급한 업무를 모두 모아 결석한 동료의 책상 위에 정리해 둬라. 그런데 동료가 정말 병이 나서 오랫동안 사무실에 나오지 못한다면? 그럴 때는 어떻게 해야 할까? 말없이 연장 근무를 해 가며 긴급한 사안만 처리하면서 하루 12시간 이상 일을 해야 할까? 절대 안 된다! 업무를 줄일 수 있는 방법은 많다.

첫번째 조처는 책상 정리이다. 1미터 이상 높이 쌓인 서류 더미를 보면 맥이 풀린다. "언제 이 일을 다 끝내지?" 오랫동안 쌓여 있는 서

류들은 문서 보관실이나 쓰레기통으로 보내자. 책상 위에 파일 서랍을 마련하고 '긴급 업무'와 '업무'로 구별한다. 이 두 서랍에 들어가지 않는 것은 눈앞에 두고 있을 필요가 없다. 이미 읽은 메일도 마찬가지로 정리한다. 모니터에서는 중요해 보이고 또 그 때문에 장식 효과도 있지만, 불필요한 혼란만 보탤 뿐이다.

다음 단계는 책상 위에 널려 있는 포스트잇, 메모 쪽지, 명함을 정리하는 일이다. 그것들 가운데 아직도 중요한 것이 있는가? 세탁기가 이미 배달된 지금, 가전제품 판매점의 전화번호가 아직도 필요할까? 3개월 전에 실습을 끝내고 나간 인턴 사원의 전화번호는? 마지막 날 감상적인 기분 때문에 메모를 해 두었지만 그 뒤 한 번도 연락이 없는데…? 필요 없다! 장식품들도 마찬가지다. 가족사진은 그냥 둬도 좋지만, 재작년 크리스마스 파티에서 받은 초콜릿 돼지는 빨리 처리해야 한다.

이렇게 정리를 마치면 기분이 한결 좋아진다. 어깨를 무겁게 짓눌렀던 짐의 무게도 어느새 줄어든다. 그리고 다시 생각할 여유가 생긴다. 하나 더 버려야 할 것이 있다. 책상 위가 텅 비어 있으면 게으른 사람이라는 선입견이 그것이다. 그런 선입견이야말로 난센스, 사실은 정반대이다. 누구라도 바보 같은 소리로 당신을 약 올리려 한다면 "난 내가 할 일을 벌써 다 마쳤습니다!"라고 똑똑히 말해 줘라.

자신이 게으름뱅이라는 생각을 버리고 유능한 시간 관리자라고 생각하면, 시기 질투하는 자들 앞에서도 단호히 대처할 수 있다.

"그래, 그래, 당신 말이 다 맞아. 그럴 거야. 하지만 대체 언제 정리까지 한단 말이야? 업무량이 너무 많아서 책상 정리는 생각뿐이지."

이런 경우는 참으로 유감이지만, 그렇다고 아직 희망을 버릴 정도는 결코 아니다. 틀림없이 일을 줄일 곳이 있을 것이다. 망설이고 기다리고 희망하거나 실망하는 순간을 모두 합쳐서 일하는 시간에서 빼봐라. 정말 시간이 얼마 남지 않을 것이다. 집중적인 노동은 근무 시간의 3분의 1 이상을 차지하지 않는다. 대부분의 시간은 회의, 업무의 소관 구분, 기술적인 문제, 관료주의에 투자된다. 아르바이트 학생의 예를 들어 보자.

이 학생은 복사하는 일을 맡고 있다. 그런데 실제로 복사하는 시간은 하루에 약 2시간뿐이다. 그보다는 복사기 속에 말려 들어간 종이를 빼내고 토너를 채우고 새 종이를 준비하는 데 시간을 더 많이 쓴다. 다시 말해서 복사실에 늘 준비되어 있던 종이가 바닥이 나면 아르바이트 학생은 담당 직원에게 달려가(이때 누가 담당인지 알아내는 데 1시간 정도 걸린다) 종이를 부탁한다. 그러면 담당 직원은 물론 정말로 종이가 없는지를 확인한다. 어리석은 학생을 그냥 믿을 수야 없지 않은가! 또 그 전에 몇 군데 전화를 해야 하므로 그럭

저럭 시간이 흐른다. 담당 직원은 마침내 아르바이트 학생의 말이 옳다는 걸 확인하고 복지사 보관 창고에서 필요한 종이를 찾는다. 하지만 DIN A3, 컬러 복사 용지, 편지지 등 수많은 종이 박스 중에 평범한 DIN A4는 없다. 담당 직원은 복사지를 배달해 달라고 전화를 건다. 거기서는 또 무슨 장애 요인이 얼마나 많을까? 그동안 아르바이트 학생은 하릴없이 빈둥거릴 수밖에 없고, 덤으로 아직도 복사를 못했냐는 꾸중까지 들어야 한다. 그렇게 기다리는 동안 다른 일을 시킬 생각은 아무도 못한다. 가르치고 설명하며 나중에 점검까지 해야 하니까, 그 또한 일이기 때문이다.

업무를 진행하는 데 이런 장애가 있다는 사실은 누구나 알고 있다. 사내 위계질서에서 아래 있는 사람들은 말발깨나 있는 윗사람들보다 더 잘 알고 있다. 하지만 지도층에도 그런 일이 없지 않아서 그들과 다른 사람의 시간을 쓸데없이 빼앗아 간다. 하지만 현대적인 사무실 환경의 진정한 적은 무엇보다도 의사소통을 방해하는 회의, 미팅, 상담이다.

그렇다! 이런 류의 회의들은 대부분 원래의 목적을 잃어버렸다. 오늘날에는 서로 이야기를 나누고 의견을 주고받으며 함께 문제 해결책을 생각하는 것이 중요하다는 사실을 누구나 알고 있기 때문에 정말 구역질이 날 정도로 회의를 많이 한다. 하지만 결과는? "앞으로 슈미트가 내 말을 자르지 않도록 할 묘책이 없을까?" 또는 "일단 말을 시작하면 끝낼 줄을 모르는 바그너의 입을 누가 다물게 할 수 있을까?" 등 해결책이 아니라 더 많은 질문과 문제가 생겨날 뿐이다.

회의를 하면, 사실 대부분은 딴전을 피우는 데 더 많은 시간을 보낸다. 새로 부임한 여자 부장님의 블라우스가 너무 꼭 낀다는 사실은 물류 비용 절감에 관한 토론보다 훨씬 매력적이지만, 회의 참석자들은 대부분 자신의 업무를 특히 중요하게 묘사하는 데만 정신이 팔려 있다. 회의 주제에 관해 발언할 수 있는 시간은 30초도 채못 되는데, 그 발언을 하기 위한 자화자찬은 30분씩 이어진다. 또누가 무슨 말을 하든 꼭 끼어 별 상관도 없는 자신의 의견을 밝혀야하는 사람들도 있다. 주제와는 별 관계없는, 하지만 흥미로운 에피소드를 이야기하거나 자신의 교양이나 유머 감각, 효율성을 자랑하는 사람은 회의에는 기여한 바가 없더라도 상사의 호의는 확실히 얻을 수 있다. 사장들이란 대부분 수다쟁이에게 너그러운 편인데, 그건 그들도 객관적인 주제에만 국한된 건조한 회의보다는 흥겨운 회의를 좋아하기 때문이다.

그러므로 자화자찬에 능하지 못하거나 뛰어난 화술을 빛낼 수 없는 사람, 또는 그럴 마음이 없는 사람은 손해를 봐야 한다. 회의실에서 하릴없이 보낸 3시간 동안(10분이면 충분했을 회의였다!) 더 의미심장한 업무를 엄청나게 해결할 수 있었을 것이며, 이따금씩은 아마 일찍 퇴근할 수도 있었을 것이다. 하지만 이처럼 끔찍한 회의의 공포를 막을 사람이 대체 누굴까?

한 가지 좋은 수가 있다. 여러분의 제안을 리스트로 만들어 믿을 만한 동료에게 회의 시간에 읽어 달라고 부탁하는 것이다! 그다음에는 사장에게 해결해야 할 업무가 너무 많으니 회의에 참석하지 못하더라도 양해해 달라고 부탁한다. 하지만 이것 또한—거실에 있는 카우치를 즐길 기회를 제공하지 않으므로—좋은 아이디어라고 할 수는 없다. 회의를 끝내고 나온 사장이 당신이 사무실에서 긴급한 업무에 몰두해 있는 것이 아니라 집에 갔다는 사실을 알면 어떤 표정을 지을지 한번 상상해 보라!

회의실 의자에 불편하게 앉아 있는 것보다는 소파에 드러누워 있는 편이 창의력을 키우는 데 훨씬 도움이 된다는 걸 솔직하게 말할 수 있는 용기를 가진 사람은 별로 없다. 사실은 그런 상황을 이해하는 사장 밑에서 일한다는 것만도 큰 행운이다. 다행히 요즘 들어서는 그런 사장의 수도 점차 늘어 가고 있다. 일주일에 3일만 일을 하는 사장, 그러면서도 그것이 사치가 아니라 반드시 필요하다고 생각하는 사장이라면 직원들의 근무 시간 분배와 운용에 대해서도 너그러울 가능성이 높다. Work-Life-Balance, 이 새로운 경영 전문 용어의 뜻이 바로 그것이다. 일이 삶과 사고를 완전히 지배하는 것이 아니라, 개인적인 발전이나 욕구를 위한 공간을 허용할 때 일과 삶이 균형을 이룬다는 것이다. 최근에는 경제 신문들까지도—이들 신문은 카우치 포테이토의 대변지와는 거리가 멀다!—일과 여가 사이의 균형을 강조하는 추세이다.

사람은 일하기 위해 사는 것이 아니라 살기 위해 일한다는 아주 오래된 지혜가 있는데도 불구하고 출세욕과 근무 시간 단축은 조화를 이루기 어려운 개념이다. 여전히 일찍 퇴근하는 사람은 게으름뱅이라는 의견이 지배적이다. 그러므로 일찍 퇴근하고 싶은 사람은 미리 정확하게 계산을 해야 한다. 월급 인상, 승진, 심장 질환은 내게 별로 중요하지 않은가? 오후 8시 퇴근 대신 오후 4시 퇴근을 감행할 만큼 내게 여가가 중요한가? 명예욕이 있는 사람이라면 그렇지 않다고 대답할 것이다. 무능력자로 낙인 찍히고 싶지 않다면 사무실에 남아 있을 수밖에 없다.

그것은 또한 그토록 많은 시간을 직장에서 빈둥거리며 보내는 이유이기도 하다. 하루에 12시간을 일할 수 없는 사람이 12시간을 직장에서 보내야 한다면 무슨 수를 내야 하지 않겠는가? 그러고 보니 앞에서 설명한 회의 장면이 떠오른다. 회의에서 수다를 떠는 사람들 대부분이 간부급인 것도 이제 이해가 된다. 사무실에서 신문 읽기, 발을 책상 위에 걸쳐 놓기, 점심 시간 길게 늘리기, 그리고 혼 자만 쓰는 사무실도 간부 직원이 갖는 특권이다. 이런 특권을 주는 이유는? 어떻게든 기분을 살려 줘야 하기 때문일 것이다. 그래서 사 무실은 점차 거실 분위기를 갖춰 가며, 사무실의 주된 목적도 이사 진과 긴밀한 전화를 하는 장소라기보다는 아무도 엿듣는 사람이 없는 곳에서 말썽꾸러기 아들 녀석과 사적인 전화를 마음 놓고 나 눌 수 있는 장소가 되어 간다. 이사급이 되면 사무실에 편안한 소파 나 카우치까지 가질 만한 특권을 누릴 수 있다. 또 사장이 되면 급 히 복도를 뛰어다녀야 하는 일은 전혀 생각하지 않는다. 대신 남들 을 뛰어다니게 할 수는 있지만….

움직일 필요가 없는 것, 그것이 권력의 징표이다. 평판이 중요하 다면 이 점을 명심해야 한다. 명령할 수 없는 사람, 또는 명령을 받 아야 할 사람이 된다는 건 괴로운 일이다. 그런 사람은 여가 시간을 망칠 뿐만 아니라, "현재도 과로에 시달리고 있다"며 업무를 거부할 수 있는 사람보다 홀대를 받는 법이다. "인생이 제공하는 아름다운 것들을 조금이라도 즐기고 싶다면, 사업상의 업무에서 양보하지 않 는 것이 중요하다." 오스카 와일드의 통찰이 빛난다. 또 조금이라도 출세하고 싶다면 수고는 많이 하고 명예는 거둘 수 없는 추가 업무를 거부하는 것도 중요하다.

직업에 별다른 야심이 없고, 그래서 24시간 근무할 수 있는 대기 상태로 사는 사람이 아니라면 근무 시간을 좀 달리 고르거나 협상을 통해 타협점을 얻어 내면 일상적인 직장생활이 가져오는 짜증을 피하는 데 큰 도움이 된다. 당신은 혹시 아침 7시에 최고의 능률을 올리는 '아침형' 아닌가? 그렇다면 일찍 출근하고 일찍 퇴근하도록 해 보라. '올빼미형'이라면 거꾸로 하는 것이 좋겠다. 직장에서 인정 받고 있는 사람, 또 시간과 관계 없는 업무를 맡고 있는 사람이라면 사장도 분명 그런 제안에 응할 것이다. 직원의 만족도, 그리고 높은 동기는 회사의 이익과 직결되기 때문이다. 아침마다 교통 정체에 시달릴 필요도 없고 지하철이나 버스에서 짐짝 취급을 받지 않게 된 직원은 상큼한 기분으로 출근하게 될 것이다. 또 붐비는 시간을 피할 수 있고, 아침 일찍 또는 저녁 늦게 텅 빈 사무실에서 조용히 일을 할 수도 있다. 한마디로 인생이 한결 편안해진다.

가족이 있는 사람들은 물론 융통성이 떨어진다. 그들은 남편이나 아내, 특히 자녀들과 함께 여가를 보내려 하기 때문에 규격화된 시간대에 일할 수밖에 없다. 휴가 계획도 학생들의 방학을 고려해야 한다. 한편 가족이 있는 사람들, 특히 자녀가 있는 여자들은 독신자들보다 규칙적인 생활을 좋아하는 경향이 있다. 퇴근 시간을 앞두고 추가 업무를 떠맡을 바보를 급히 찾는다면 독신자를 잡는 것이 좋다. 이들은 학부모 회의나 굶주린 자녀들처럼 그럴듯한 핑계를 대는 일이 쉽지 않기 때문이다.

독신은 그래서 대부분 자신이 없어서는 안 될 존재라는 착각을 하며 산다. 하지만 그런 사람이 어디 있단 말인가? 당신이 갑자기 사라진다면 어찌될지 한번 상상해 보라. 회사가 부도날까? 물론 아니다. 이런 상상이 불쾌한가? 당신이 사라지자마자 곧바로 회사가 문을 닫기를 바라는가?

우리는 쓸모 있는 사람이 되고 싶어 한다. 쓸모 있는 사람, 사랑받는 사람? 하지만 유감스럽게도 당신이 없어도 회사는 움직인다. 우리가 대체할 수 있는 존재라는 깨달음은 직업과 자신을 동일시하는 사람일수록 고통스런 진실이다. 그리고 충성심이 강하고 부지런한 직원들은 대부분 회사와 자신을 동일시한다. 회사를 위해 자신의 정체성을 부인하는 사람들도 있다. 그런 사람들은 자신을 소개할 때도 "안녕하세요? 삼각 산업의 이철영입니다"라고 말한다. 그러니 다른 사람들이 그를 회사와 일치시켜 생각하는 것도 놀라운 일은 아니다. 이철영? 이철영이 누구지? 이철영을 생각하면 코가 큰 것도 개를 좋아하는 것도 생각나지 않는다. 이철영 하면 삼각 산업이 먼저 생각난다. 이철영! 아! 삼각산업의 이철영! 그렇지, 그 이철영!

아!
사랑스런 돈이여!

그런 열정으로 일을 하는 사람은 물론 자신의 일을 사랑한다고 주장할 것이다. 하지만 그게 사실일까? 일을 통해 주어지는 사회의 인정을 사랑하는 것은 아닐까? 아니면 돈을? 돈 때문에 일하는 게 아니라고 뻐기는 사람은 믿지 말라. 자신의 일을 좋아하고 즐기는 사람들도 보수가 없거나 앞으로 이익을 얻을 전망이 없다면 하던 일도 그만둔다. 무급 실습도 미래의 직업을 관망하기 위한 투자, 재정적으로 더욱 많은 것을 되돌려줄 투자로 여긴다. 단 하나, 자원봉사만은 돈과 관계가 없다. 하지만 그런 봉사 활동에 열성인 사람들은 이미 돈이 충분하거나 비물질적인 가치를 가지고도 만족하는 아주 드문 경우에 속한다.

　돈을 벌기 위해서 일하는 것은 일을 사랑해서 하는 것보다는 비난받을 일이 아니다. 살기 위해서는 돈이 필요하지만, 일은 그렇지 않다. 일이 필요한 것은 오직 한 가지 이유, 즉 돈을 벌기 위해서지 일 자체가 사는 데 꼭 필요해서는 아니다. 그런데 월급만으로도 걱정 없이 살 수 있는 사람들이 더 많은 일, 더 많은 돈에 매달린다. 대체 왜 그럴까? 이유는 간단하다. 돈은 거의 모든 사람에게 부족하다. 수입이 증가하면 눈도 기대도 높아지며, 그와 함께 지출도 증가한다. 가사 도우미 인건비, 더 커다란 승용차, 더욱 아름다운 집, 더 우아한 옷, 신분에 걸맞은 취미, VIP를 위한 휴가 여행 등등. 이는 물론 가사 도우미에게 집안일을 맡기거나 자가용을 가질 수 없는 사람들에게서는 비웃음만 자아낼 이야기이다.

하지만 우리 한번 솔직히 이야기해 보자. 일요일날 목욕탕 하수구를 청소하는 사장의 모습을 상상할 수 있는가? 여러분이 사장이라면 침침한 반지하에 살고 싶을까? 여러분은 잔뜩 녹이 슨 봉고를 타고 다니는 치과의사에게 치료받고 싶은가? 점점 더 많은 것을 가져야 하고 점점 더 많은 돈을 써야 하니, 점점 더 많이 벌어야 하고, 결국 점점 더 많이 일을 해야 하는 것이다. 우리들의 현대적인 복지 사회는 이 도식에 따라 움직인다.

노동자든 기업가든, 정규직 직원이든 프리랜서든 우리 모두는 누구나 돈으로 실현할 수 있는 꿈을 안고 산다. 그건 요트일 수도 있고 작은 돛단배일 수도 있으며 어쩌면 작은 고무 보트일 수도 있지만, 어쨌든 원칙은 언제나 같다. 아무것도 원하는 것 없이 행복한 사람은 아무도 없다. 따라서 더 많이 일하고 더 많이 벌어서 더 많이 써야 한다!

이 악순환의 고리를 끊을 수 있는 사람은 자의식이 강한 카우치 포테이토뿐이다. 카우치 포테이토를 행복하게 만들기 위해서는 골프 클럽 회원권도 테니스 레슨도 세계 여행도 휴양림 캠핑도 비싸고 멋진 수입 자동차도 필요 없다. 그건 그들이 소비에 적대감을 갖고 있기 때문이 아니다. 사실 비용이 꽤 드는 생활 습관을 가진 카우치 포테이토들도 있다. 다만 그들은 이런 것들을 별로 중요하게 생각지 않을 뿐이다. 그들도 훌륭한 포도주를 즐길 줄 알지만 포도주가 없어도 느긋하게 누워서 긴장을 풀 수 있다. 구두를 새로 살 수 있으면 기분이 좋겠지만, 유행하는 액세서리를 갖고 싶어 스트레스를 받지는 않는다. 편안한 소파 외에 필요한 것은 단 하나, 시간뿐이다. 그리고 시간은 돈 한 푼 들지 않는다.

여가는 소파에서 보내는 한 절약 효과까지 있다. 책 한 권, 텔레비전, 뜨개질감이나 끌어안고 쓰다듬어 줄 애완동물만 있으면 카우치 포테이토는 다른 모든 것을 잊어버릴 수 있다. 소파에 누워 있으면 바쁘고 분주한 천성을 지닌 사람들이 꼭 필요로 하는 온갖 종류의 값비싼 신분을 상징하는 것들이 하나도 필요 없다. 사정이 이러하니 카우치 포테이토들이 소비 생활에서 대체 만족을 추구하지 않는 것도 자연스러운 일이다. 예를 들어 그들은 좌절감을 모르기 때문에 쇼핑으로 스트레스를 푸는 일도 없다. 그들은 이미 오래전에 "게으름은 영혼의 안식, 어떤 손해도 위로하고 어떤 보물도 대신해 준다"는 진리를 깨달았던 것이다. 따라서 진정한 소파의 예술가는 일이 적은 것을 손해나 결핍으로 느끼지 않고 오히려 이익으로 생각한다.

그는 소파 생활을 즐기는 데 필요한 비용 이상의 돈은 벌려고 하지 않으므로 자연스럽게 오늘날 일반적으로 생각하는 노동의 광기에서 벗어날 수 있다. 물론 소파도 단순한 것부터 사치스런 것까지 다양한 품격의 제품들이 나와 있지만, 다른 생활 양식과 비교하면—수준에 관계없이—대단히 저렴하게 해결할 수 있다. 카우치 포테이토는 어느 정도 수준 있게 빈둥거리는 데 필요한 돈만 있으면 그뿐, 더 이상의 돈은 원하지도 않는다. 사실 돈이 많으면 투자를 해야 하는데, 그렇게 하려면 귀찮기 짝이 없는 금융 전문가, 부동산 카운슬러, 투자 상담가들을 만나야 한다. 그러므로 돈이 너무 많으면 그 자체가 일이 되고 걱정이 되며, 소파까지 쫓아와 괴롭힐 문젯거리가 된다. 게다가 카우치 포테이토들이 가장 높이 평가하는 보물, 즉 자유로운 시간은 돈으로는 살 수 없다.

도저히 믿기지 않는다고?

아무래도 일을 더 많이 하고 돈을 더 많이 벌어야 여유를 부릴 수 있는 시간도 많아질 것 같다고? 시간도 살 수 있다고? 그렇다면 시장에서 시간을 파는 아줌마를 한번 상상해 보자. "아줌마, 2시간 만 주세요. 한 덩어리로요." 또는 "아줌마, 4시간 주세요. 썰어 주세요." 아니면 "저기 저 뒤의 반짝이는 아름다운 것으로 6시간 주세요." 당신은 얼마나 사려고 하나? 물론 많이 사고 싶을 것이다. 또한 사려는 양은 가격과도 관계가 있을 것이다.

만일 당신이 한 달에 4백만 원을 번다면 1시간의 여가를 위해 2만 5천 원 정도는 쉽게 지불할 수 있을 것이다. 또는 그 이상도? 그렇다면 우리 한번 계산을 해 보자. 월급에서 이런저런 세금, 공과금을 빼고 나면 1시간에 대체 얼마를 버는가? 2만 원 정도일 것이다. 그렇다면 이 얼마나 손해나는 장사인가! 차라리 2만 원을 포기하고 더 값진 여가를 공짜로 얻는 편이 훨씬 낫다.

하지만 이 책의 목적은 결코 노동을 거부하라고 부추기려는 데 있지 않다. 이 책은 기껏해야 정도에 맞게 일하라고 권할 뿐이다. 그래도 내 말에 고개를 끄덕이지 않는 독자를 위해 캐스트너의 (사회주의적이어서) 약간 불순한 시 한 구절을 준비했다.

많은 걸 한다는 건 많은 걸 참는다는 것

가능하면 바람처럼 살아라.

일은 피하기가 쉽지 않지만

뼈 빠지게 일하는 건 철면피이다.

그리고 결국은 병든 철면피가 된다. 몸이 여기저기 아플 뿐만 아
니라 영혼까지 시든다. 정신과 병원의 대기실은 스트레스, 왕따에
시달리는 사람들로 언제나 만원이고, 카우치에 누워 한번 울고 나
면 엄청난 계산을 치러야 한다. 이것이야말로 미친 짓이 아닐까? 소
파 생활에 조금만 더 충실했더라면 그런 지경까지는 이르지 않았
을 것이다. 카우치에 편안히 누우면 세상의 어떤 직장도 몸과 마음
을 망가뜨릴 만큼 귀중하지 않다는 깨달음을 저절로 얻게 되기 때
문이다.

5

—

어찌된 일인지 질서는 살인 욕구로 이어진다.

– 로버트 무질 *Robert Musil*

인생을 지옥으로
만드는 것들

모든 것이 넘쳐 나는 현대 사회는 수단과 방법을 가리지 않고 카우치 포테이토를 들볶고 있다. 그들이 가장 좋아하는 활동, 다시 말해서 누워 있지 못하도록 하려는 것이 목표이다. 그 음모는 의무적으로 참석해야 하는 스포츠 교실부터 시작해 풍속을 어지럽히는 근무 시간에 이르기까지 끝이 없다. 우리의 일상은 피할 수 없는 역겨움, 카우치 포테이토들을 괴롭히는 일들로 가득 차 있다. 어마어마한 음모가 아닐 수 없다. 자타가 공인하는 카우치 포테이토들의 무리는 대략 짐작해도 인구의 많은 부분을 차지하는데, 이들이 왜 이런 불의에 항거하지 않는지, 정말 풀리지 않는 수수께끼이다.

추측컨대 우리에게는 그런 일에 저항할 시간도 에너지도 없는 것 같다. 밥벌이도 힘든데 여가 시간이 나면 어학 공부까지 해야 한다. 그뿐만이 아니다. 꼬집어 일이라고도 여가 활동이라고도 말할 수 없는 것들, 그것들이야말로 정말 인생을 지옥으로 만들고 있다. 인생의 이 회색 영역이야말로 최대한의 부담, 최소한의 기쁨을 만들어내는 것이 분명하다. 우유 포장업체, 진공청소기용 봉투 생산업체, 수공업자, 공무원, 슈퍼마켓의 판매원들, CD 플레이어 사용 설명서, 꽃병 디자이너, 소시지 포장업체 할 것 없이 모두가 가능하면 오랫동안 소비자를 붙들고 귀찮게 만들어 소파에 누워 빈둥거릴 시간을 뺏으려 한다.

움직이면
복이 와요?

이 사실은 서 있어야 하는 곳에서 가장 분명하게 드러난다. 그런 곳은 언제나 쉬는 곳도 일하는 곳도 아니다. 지하철역에서는 빈 의자가 없거나 너무 더러워서 서 있어야 한다. 버스 안에서도 옆에 선 사람이 펼쳐 든 신문, 들쳐 멘 배낭에 시달리며 서 있어야 한다. 마이카족들까지 교통 정체 때문에 대부분의 시간 동안 서 있다.

어떤 상점에 가도 발바닥이 아프도록 서 있어야 한다. 앉아서 쇼핑할 수 있는 화장품 상점을 보았는가? 립스틱을 발라 보거나 이런저런 향수 냄새를 맡을 때 꼭 품위 있게 똑바로 설 필요는 없다. 사실 고객에게 안락한 소파를 제공해서 느긋하게 구경하도록 한다면 그 많은 립스틱, 향수, 파우더, 아이라이너 들을 더 많이 팔 수 있을 것이다. 게다가 함께 따라온 남자들에게도 몇 가지 남성용 화장품을 권한다면 기꺼이 우리의 지갑을 헐겁게 만들 것이다.

하지만 우리의 현실을 보자. 화장품 가게에 함께 따라온 남자들은 하릴없이 서 있어야 하니, 빨리 가자고 여자들을 재촉하는 것도 당연한 일이다. 아주 드물지만 가끔은 구석에 (팔걸이도 등받이도 없는) 보조 의자가 있을 때도 있다. 물론 다리 아픈 고객을 배려해서가 아니라 임신부나 노인을 위한 조처이다. 타파 웨어, 휘슬러 압력솥은 이 기가 막힌 상황을 역으로 이용해 초기 마케팅에 성공할 수 있었다. 아늑한 거실, 소파에 앉아 우아하게 커피를 즐기며 (판매액에 따라 배당을 받는) 열성적인 매니저의 설명을 들으면, 슈퍼마켓에 서서 무심한 판매원이 가리키는 플라스틱 용기를 바라볼 때와는 전혀 다른 구매 욕구가 생기기 때문이다. 일단 편안히 누우라고 권하는 요즘의 수많은 의료 기업체들의 판매 전략도 같은 원칙에 따른 것이다.

편안히 앉고 싶은 고객의 욕구를 그토록 무시하지만 않는다면, 백화점도 급격하게 매출액을 늘릴 수 있다. 온갖 안내 표지판이 다 있지만, (카페나 가구점을 제외하고는) 의자 찾기가 정말 힘들다. 하지만 패스트푸드점에서와는 달리 잠시 쉬고 싶은 사람들은 언제나 있다. 아무튼 오랫동안 찾은 끝에 앉아서 쉴 수 있는 의자를 발견해 냈다고 하더라도 대부분은 엘리베이터 앞이나 주차장으로 가는 계단 옆, 한마디로 조용히 쉴 수 있는 곳과는 거리가 먼 곳에 있다. 그런 서비스로 매출액을 늘릴 수 있을지, 글쎄…, 의문스럽다.

의자를 찾아내지 못한 사람은 조용히 앉아서 쉴 수 있는 곳을 찾아 가능하면 빨리 백화점을 나갈 것이고, 어렵사리 의자를 찾아 쉬는 사람들도 화려한 백화점의 뒷면에 실망해 구매 의욕을 잃어버릴 것이다. 그런 쉼터를 설치한 목적이 씩씩하지 못한 게으름뱅이에게 제대로 한 방 먹이는 것이라면, 그 목적은 이루었다. 사실 씩씩하지 못한 게으름뱅이는 벌을 받아야 한다는 데 이의를 제기할 사람은 별로 없다. 게으름뱅이부터가 그렇다. 발이 붓고 기운이 빠져도 이를 악물고 백화점 매장을 돌아다닐 뿐, 앉아서 쉬고 싶다는 너무도 정당한 욕구를 솔직히 드러내지 못한다. 노인들까지도 정신 차리고 바짝 긴장해야 한다고 생각할 뿐, 앉아서 잠시 쉬고 싶다는 말은 입 밖으로 꺼내지도 않는다. 하지만 그것도 놀라운 일은 아니다. "움직이면 복이 와요!"라는 격언을 이미 오래전에 내면화했으니 말이다.

미국은 앉고 싶은 인간의 자연스런 욕구에 대해 좀 더 유연한 태도를 보인다. 거대 도시를 제외하고는 도로망이 매우 잘 짜여 있어 사실 걸을 필요도 별로 없고, 결혼식을 포함한 서비스 산업 전체가 드라이브 인 구조를 택하고 있으므로 차에서 내릴 이유도 거의 없다. 또 공항과 같이 비교적 긴 거리를 걸어야 하는 곳에는 의자형 엘리베이터가 충분히 배치되어 있다. 이곳에서는 의자형 엘리베이터

가 장애인을 위한 설비이기 때문에 신체적으로 건강한 사람이 이를 이용하면 수치스런 일이지만, 미국에서는 절대로 그렇지 않다. 미국인들은 의자형 엘리베이터를 발의 부담을 덜어 주는 장치로 받아들이기 때문에 특별히 허약하거나 병들어 보이는 사람이 아니더라도, 방금 면세점에서 신이 나 펄펄 뛰던 사람이라도 점잖은 유니폼을 입은 젊은 사람이 태워 주는 의자형 엘리베이터에 앉으며 걸을 필요가 없는 사실을 수치스럽게 받아들이지 않는다. 물론 잘못 사용하는 것을 막기 위해 이 서비스를 이용할 수 있는 최저 연령을 쉰 살로 한정하고 있기는 하다. 쉰 살이 안 된 카우치 포테이토들은 국제적인 공항들 사이의 엄청난 거리를 걸어서, 또는 서서 극복해야 한다. 그래서 비행기를 자주 이용하는 승객들에게는 컨베이어 벨트로 이동하는 동안 깔고 앉을 수 있는 튼튼한 여행 가방을 휴대하도록 권하고 있다.

일상의 다른 영역에서는 배달 서비스를 철저히 이용해 줄을 서는 괴로움을 피하고 있다. 다행히도 오늘날에는 어디서나 거의 모든 것을 전화, 인터넷으로 주문할 수 있다. 슈퍼마켓, 할인점, 피자 가게, 중국집, 꽃가게, 책방, 레코드 가게, 비디오 가게, 가구점 등 거의 모든 상품이 직접 또는 택배로 배달된다. 배달 서비스는 편리할 뿐 아니라 외출할 필요를 줄여 주기 때문에 결국 저렴한 효과까지 있다.

적어도 상업 부문에서는 고객이 왕이라는 인식이 점차 받아들여지고 있다. 왕은 일을 하지 않고 하도록 시킨다. 영국 여왕이 쇼핑 카트에 아이스티, 판탈롱 스타킹, 쿠킹 호일을 가득 싣고 슈퍼마켓 카운터에서 줄을 서 있는 모습을 상상할 수 있는가? 왕의 대우를 받고 싶으면 왕처럼 처신해야 한다. 다시 말해서 배달을 시켜야 한다. 또 어쩔 수 없이 집을 나서서 직접 물건을 사야 하는 경우에는 품위와 위엄을 잃지 않으면서 온갖 서비스를 다 고집해야 한다. 느긋하고 위엄 있는 고객은 부끄러운 듯 수줍어하는 고객보다 늘 나은 대우를 받는다. 큰소리치는 고객은 말할 것도 없다.

솔직히 슈퍼마켓 카운터에서 줄을 서 있을 때 바로 앞에서 붙들려 기다리게 될 경우 품위를 유지하는 것이 쉬운 일은 아니다. 카운터의 종업원이 시금치 가격을 모르거나(김 부장님, 김 부장님! 시금치요!), 신용카드 승인이 안 되거나, 근무 교대를 하거나, 입력을 취소해야 하거나, 또는 통조림이 새서 다른 것으로 바꿔야 할 수도 있다. 물론 붐빌 때만 피한다면 이런 스트레스에서 쉽게 벗어날 수 있다. 하지만 그러기 위해서는 또 남들과는 다른 근무 시간에 일하거나 매우 일찍 일어나야 한다.

게다가 밀고 당기고 달리는 군중 속에 자발적으로 들어가고 싶어하는 사람도 있다. 또 여름방학이 시작되는 날 공항이나 기차역, 고

속버스 터미널로 소풍을 즐기러 가는 사람도 있다. 군중과 하나가 되고 싶은 것이다. 이것은 정말 이중으로 슬픈 일이다. 인간을 그리워하는 이들의 외로움이 슬프고, 또 소매치기 범죄율이 하늘 높은 줄 모르고 치솟는 것이 슬프다. 이 두 문제를 한꺼번에 해결할 수 있는 좋은 수가 있다. 군중을 그리워하는 실업자들에게 스트레스에 시달리는 시민들을 위한 서비스를 맡기는 것이다. 예를 들어 바겐세일을 하는 백화점 정문 앞에서 애완동물이나 어린아이 또는 무거운 쇼핑백을 지키게 한다면, 이들은 분명 군중에 둘러싸여 환호성을 지를 것이다. 또 소매치기들도 유모차 장벽을 뚫고 들어가기가 쉽지는 않을 것이다.

애들은
가라

이타적인 마음으로 납세자를 세상에 태어나도록 하는 훌륭한 사람이라는 칭찬은 부모들에게 비싼 대가를 치르게 한다. 어린이집 종일반은 찾기도 어렵고 가격도 비싸기 때문에 많은 엄마들이 자녀의 교육을 위해 직장을 포기할 수밖에 없다. 이로써 국가는 세입의 손실을 입고, 젊은 가정은 수입원이 감소해 가난해짐으로써 이상적인 소비자가 되지 못하는 것은 물론 경기의 발목까지 잡게 된다.

그런데도 자발적으로 자녀를 낳는 사람들이 있다. 설득력은 별로 없지만 이들이 도덕적 우월감을 자랑하는 이유는 새로운 생명의 기적 때문이다. 이건 그래도 자녀가 인생에 의미를 준다고 주장하는 것보다는 낫다. 자녀가 없으면 인생이 무의미하다니, 대체 누가 자신의 인생이 무의미하다는 걸 받아들일 수 있을까? 자녀를 원하는 가장 깊고 또 가장 널리 퍼져 있는 이유는, 아마도 자신의 직업을 싫어하기 때문일 것이다. 아이를 낳는다는 건, 특히 여자들에게 는 어리석은 일을 한동안 하지 않을 수 있는 완벽한 핑계이다. 또 사실이 그렇다. 유감스러운 점은 갓난아이와 함께라면 집에 있는 것이 그 전에 멋지게 꿈꾸던 것과는 많이 다르다는 사실이다.

먹이고 기저귀 갈고 엉덩이 닦고 눕히고 얼러 주고…, 잠이 깨면 처음부터 다시 시작해야 한다. 그렇게 되면 가장 바라는 것이 옛 직장으로 돌아가는 일이다. 젖먹이는 엄청난 잠을 자야 하기 때문에 그래도 다루기 쉬운 편이다. 걸음마를 시작하면 훨씬 힘들어진다. 귀엽던 갓난아이는 정신을 빼놓는 개구쟁이, 예의범절이라고는 모르는 말썽꾸러기 또는 반항아로 성장한다. 나이가 들수록 감사할 줄 모르며, 일은 더 많이 만든다.

아이가 좀 크면 소파를 점령한 채 만화 영화 볼륨을 귀가 터져라 높여서 부모들의 화를 돋운다. 집에만 있는 아이나 밤새 나돌아다 니는 아이도 부모의 느긋한 소파 생활을 방해하기는 마찬가지다. 부모의 안식은 자녀가 이성적인 인간으로 자라서 독립할 때 비로소 시작된다. 하지만 빈둥거리는 즐거움을 다시 탐닉할 때까지 20여 년을 기다리고 싶은 사람이 어디 있겠는가!

물론 한 가지 도피처는 있다. 가능하면 자녀를 그들에게 호의적인 사람들에게 맡기는 것이다. 대부분의 경우 친척이나 아주 가까운 친구가 그 대상이 될 수 있을 뿐이며, 이들의 호의도 물론 지나치게 이용할 마음은 없다. 하지만 이들이 불평하지 않는 한, 가차 없이 서비스를 이용하는 것이 좋다. 자녀들이 잘 지내고 있다는 사실을 알면서 카우치에 편안히 누워 빈둥거리는 것보다 더 멋진 일이 또 어디 있겠는가?

집짓기 나무토막이나 바비 인형들이 널브러져 있지 않은 거실을 바라보는 기분은? 카우치 탁자 위에 다시 놓인 멋진 포도주 잔, 때 묻은 작은 손가락 자국도 없는 포도주 잔을 바라보는 기분은 어떨까? 파괴욕에 불타는 꼬마 악마가 갈가리 찢어 버리기 전에 평화롭게 신문을 읽을 수도 있다. 그리고…, 딸애도 이모네 시골집으로 보냈으니 전화도 할 수 있다! 얼마나 멋진가! 하지만 유감스럽게도 대부분의 부모들은 자녀가 없는 날이 예외일 뿐이다. 물론 어린 자녀들과 함께 어울리는 시간을 가져야 한다는 사람들도 있다. 그런 사람은 아마도 예의 바른 자녀들이 있을 것이다.

소파 중독증인 부모들이 자녀를 소파에 어울리는 인간으로 교육할 가능성은 다양하다. 먼저, 가족 구성원 모두를 위해 카우치나 적어도 발판이 달린 안락의자를 하나씩 준비한다. 아빠가 소파를 점령하고 다른 식구들이 불편한 자세로 앉아 있어야 한다면 건강한 아이의 반응은 물론 테러일 것이다. 아이는 왜 자기가 아빠보다 권리가 적은지, 또 왜 아빠가 자기보다 더 푹신하고 텔레비전도 잘 보이는 자리를 차지해야 하는지 이해할 수 없다. 이 문제가 해결되면 텔레비전과 사귀는 방법을 조심스럽게 가르친다. 다시 말해서 어렸을 때는 매일 최소 2시간, 최대 5시간 텔레비전을 보도록 이끈다. 채널 선택은, 아이들도 어른들이 흥미진진해하는 것을 보고 싶어 하게 마련이므로 민주적인 방법으로 쉽게 합의할 수 있다. 이는 또 자녀들에게 일찍부터 민주주의의 기본 원칙을 익히도록 해 준다는 의미에서 교육적으로 가치가 있다. 자녀의 성장에 따라—자신만의 텔레비전을 갖고 싶어 할 때까지—텔레비전 보는 시간을 조심스럽게 늘린다.

어린이는 어른 흉내 내는 것을 좋아하므로 다혈질이 아닌 사람, 보다 조용한 활동을 좋아하는 사람들의 자녀들은 성격이 대체로 차분하다. 그러므로 부모가 텔레비전보다 독서를 좋아한다면 그 자녀들도 일찍부터 혼자 책을 읽을 확률이 높은데, 이는 자녀와 함께 소파의 세계를 체험할 수 있는 이상적인 전제 조건이다. 그렇지만 책이 많으면 자녀가 독서를 많이 할 것이라고는 생각하지 말라. 오히려 그 반대이다. 어린이들은 책이든 장난감이든 많이 가진 것에 쉽게 싫증을 낸다. 처음의 열광은 곧 무질서한 파괴욕으로 변한다. 당황한 부모는 계속 이것저것 사들이고, 결국 자녀는 평화롭고 조용하며 집중력이 필요한 놀이나 독서를 가까이할 기회를 잃어버린다. 한 걸음 더 나아가 부모까지도 신경쇠약 등 몰락의 징후를 보인다. 장난감으로 포장된 방바닥은 현대적인 주부가 마주칠 수 있는 최대, 최악의 도전이기 때문이다.

배은망덕한
가사 노동

신화 속의 시시포스가 따로 있는 것이 아니다. 퍼즐 조각, 레고 부스러기, 인형의 팔다리를 치운 뒤 진공청소기를 돌리고 걸레질을 하고 나면 몇 시간도 안 되어 모든 것이 전과 조금도 다름없이 엉망진창이 된다. 정말 엉엉 소리라도 지르며 울고 싶다! 가사 노동은 일상생활 가운데 가장 배은망덕한 영역에 속한다. 가족이 있든 부부만 살든 아니면 독신이든, 젊은 사람이든 늙은 사람이든, 돈을 버는 사람이든 실업자든, 부자든 가난뱅이든, 남자든 여자든 마찬가지다.

아무리 옳지 않게 나누어도 누구나 자기 몫의 가사 노동에는 얼굴을 찌푸린다. 직장에서 가뜩이나 기분 나쁜 하루를 보냈는데 집에 오자마자 믹서기를 고쳐야 하는 남편, 집에 돌아와 보니 가사 도우미가 와이셔츠를 제대로 다림질해 놓지 않은 것이 눈에 띈 독신, 책상 서랍이 깔끔하지 않으면 기말 리포트에 집중할 수 없는 여대

175

생…, 하지만 가사 노동이야말로 조금만 너그러워지면 짜증을 피할 수 있는 일이다.

일단 소파에 누워라. 그리고 이제 막 하려고 했던 일의 의미를 생각해 봐라. 믹서를 고치는 건 합리적인 일일 것이다. 하지만 그 일은 2시간이 넘게 걸릴 것이므로, 이런 경우 새 믹서기를 구입하는 편이 더 경제적일 것이다. 다림질이 엉망인 와이셔츠? 재킷 속에 입을 와이셔츠인데 등과 소매에 주름이 잡혔다고 누가 볼까? 가사 도우미에게 다시 다림질을 하라고 메모를 해 놓거나, 최악의 경우 (아무래도 다림질 솜씨가 없다면) 해고하는 것이 낫지 않을까? 병적인 정리욕? 그것은 기말 리포트를 쓰기 싫어서 둘러대는 핑계가 분명하다. 그렇다면 곧바로 소파로 가는 편이 훨씬 낫다. 소파에서는 빈둥거리기 위해 핑계를 댈 필요가 없다.

사물을 올바로 보기 위해서는 공정한 제삼자의 눈이 필요할 때가 있다. 예를 들어 손님을 맞을 때 "집 안이 지저분해서 미안합니다. 정리할 시간이 없었어요"와 같은 말을 건네며 변명을 하곤 하는가? 손님은 이해할 수 없다는 듯이 이렇게 말할 것이다. "웬걸요? 이렇게 깔끔한데, 그럼 평소에는 이보다 더 깨끗한가요?" 그런 말은 당신의 눈을 열어 줄 수 있다. 너저분하고 지저분하다는 당신의 판단 기준(커튼 위의 먼지, 똑바로 개지 못한 양말, 세면대의 물 얼룩 등)이 완전히 과장된 것이 분명하기 때문이다. 속옷까지 다림질하고, 먹고 난 그릇을 윤이 나게 설거지해야 직성이 풀리는 습관을 던져 버리면 인생이 한결 편해진다. 전기밥솥에 붙은 밥알을 보고 곤두서던 신경도 새롭게 얻은 소파 시간이 2배, 3배로 보상해 줄 것이다.

말도 안 되는 소리, 그게 아니다! 이건 엉망진창으로 돼지우리처럼 해 놓고 살라는 얘기가 아니라 정도와 이성에 관한 이야기이다. 그리고 대체 우리의 자존심이 양념장의 청결 상태에 따라 달라진단 말인가? 그렇다면 당신은 참으로 딱한 사람이지만, 그래도 아직 희망을 포기할 수준은 아니다.

일단 양념장 청소를 계획했으면 제대로 해라. 오래된 양념통, 한 번도 쓰지 않은 물건은 집어던져라. 뉴욕 델리카트슨에서 산 예쁜 유리병 속에 든 향신료, 언젠가 친구가 가져다준 선물이지만 한 번도 사용하지 않았고 어차피 유통 기한이 지난 지도 오래다. 이런 것들은 모두 없애 버린다. 아니면 양념병 위에 정기적으로 생기는 기름과 먼지로 이루어진 부엌 특유의 끈끈한 찌든 때와 평생 싸울 작정인가?

한번 가차없이 정리하고 나면 큰 짐을 덜게 된다. 아니면 친구의 반응이 두려운가? 친구가 몇 년 뒤에 당신 부엌을 감찰하고 자신이 준 선물을 잘 보관하고 있는지 점검하리라고, 정말 그렇게 믿고 있

는가? 그런 불가사의한 일이 정말 일어난다면, 그 '친구'를 폐기해야 하지 않을까? 아니 그보다는, 당신이 무엇을 중요시하는지 반성해야 할 것이다. 다른 사람(예를 들어 오랜만에 찾아온 친구)의 의견은 당신의 휴식만큼 중요하지 않다.

우리가 느끼는 죄책감의 약 99퍼센트는 잘못된 것이다. 정말 범죄를 저지르지 않았다면, 예를 들어 노동으로 소파를 더럽히지 않았다면, 양심의 가책이나 그와 관련하여 앞으로는 더 나은 사람이 되겠다는 맹세는 우리에게 아무런 도움도 되지 않는다. 하지만 우리 주위의 사람들에게는 도움이 될 수도 있다.

유감스러운 일이지만, 남들에게서 좋은 평판을 듣기 위해 어리석기 짝이 없는 짐을 계속 지는 사람들이 꽤 있고, 이런 사람 덕분에 짐을 더는 사람들도 있다. 예를 들면 가사 도우미가 오기 전에 집을 청소하는 사람들이 있다. 가사 도우미가 '이 집 주인은 정말 불결해!'라고 생각할까 봐 걱정스러운 것이다. 물론 가사 도우미에게 아무런 거리낌없이 온갖 역겨운 노동을 떠맡길 필요는 없다. 하지만 힘든 일은 자기가 다 하고 편한 일만 가사 도우미를 위해 남겨 둔다면, 그건 뭔가 잘못된 것이다.

물론 스스로 해야 할 일이 있기는 하다. 예를 들어 냉동실 정리를 가사 도우미에게 맡길 수는 없다. 냉동실에 들어 있는 온갖 종류의 음식, 양념류, 고기…, 벌써 10년도 지난 할머니 장례식 때 만든 찹쌀떡까지…. 그것을 정리할 수 있는 사람은 당신뿐이다. 요즘에는 냉동고용 용기까지 나와 남은 음식의 보관 및 재활용 열기를 가뜩이나 부추기고 있다. 물론 전쟁 때문에 궁핍과 허기를 체험했던 사람들의 경우는 예외적으로 이해가 된다. 하지만 그 외 사람들의 경우는 부적절한 태도, 대부분의 경우 병적인 인색함을 증명할 뿐이다. 그리고 그런 인색함이 이익을 낳는 경우는 드물다.

인색한 사람은 닭 가슴살을 살 때도 500원을 아끼려고 대형 포장을 사서 여러 개의 플라스틱 용기로 나누어 냉동실에 보관한다. 하지만 결국에는 바겐세일에서 특별 가격으로 산 돈가스 20개 포장을 집어넣기 위해 다시 꺼내게 된다. 그런 경우 닭 가슴살은 신속하게 처분해야 하는데, 아무리 대식가이고 또 3일 동안 계속 닭고기(닭고기 돈가스, 닭고기 샐러드, 닭곰탕)만 먹는다고 해도 산더미 같은 닭 가슴살을 다 처리할 수는 없다. 결국 일부는 쓰레기통으로 들어가고 만다. 그렇다면 비교적 짧은 기간 안에 먹을 수 있는 실속 쇼핑이 일도 짜증도 피하는 길일 것이다. 게다가 조금씩만 쇼핑하면 무겁지 않아서 배달을 시키지 않아도 운반하는 데 문제가 없다.

악몽의
우유팩

무거운 쇼핑백은 그래도 견딜 만하다. 가격표를 떼다가 손톱을 부러뜨리고 콜라병을 따다가 새로 산 실크 원피스에 얼룩을 만드는 건 훨씬 끔찍한 체험이다. 어디 그뿐인가? 라면 봉지는 이로 뜯기에 도전하는 것이고, 참치 통조림 뚜껑은 벗겨 낼 때마다 기름이 튄다. 포장 디자이너가 되려면 가학적 쾌감을 먼저 익혀야 하나?

플라스틱 칫솔의 포장은 매우 점잖아 보이긴 한다. 하지만 우리의 지능과 손재주를 꼭 그런 식으로 실험해야 할까? 좀 더 간편한 방법은 없을까? 예를 들어 평범한 종이 박스 포장에다 칫솔을 원래 크기로 그려 넣으면? 디자인적인 의미의 장난은 아무리 해도 상관없다. 가격과 무게 또는 신체 역학적인 차이가 소비자의 정당한 분노를 감수할 만큼 그렇게도 엄청나단 말인가?

그 기이한 플라스틱 포장에서 칫솔을 꺼낼 수 있는 방법을 단번에 알아낼 수 있나?

분명히 먼저 손톱을 다 망가뜨리고 나서야 가위로 포장을 갈가리 조각낼 것이다. 글쎄, 이 포장법을 고안한 사람은 아마 소비자를 끙끙거리게 만든 자신의 '뛰어난 아이디어'에 뿌듯한 자긍심을 느꼈을 것이고, 그 독특한 아이디어의 유용성을 점검해야 했던 생산업자와 실험에 참가한 소비자들도 포장을 어떻게 뜯어야 좋을지 모르겠다고 솔직히 인정하고 싶지는 않았던 것 같다. 그렇지 않았다면 그 기발한 우유팩 포장이 어떻게 전 세계적으로 승리를 거둘 수 있었겠는가!

"이곳을 펼치고 양 끝을 누르면서 여세요!" 대략 이런 식이다. 하지만 그 방식대로 따라했을 때 대체 몇 번이나 제대로 열린 적이 있는가? 기껏해야 열 번에 한 번쯤? 대부분은 억지로 찢어야 하고, 그 결과 냉장고 안은 문을 열 때마다 흔들리며 쏟아진 우유로 더러워진다.

소비자에 대한 배려라고는 찾아볼 수 없는 포장 디자인 때문에 우리의 귀중한 여가 시간을 도둑맞거나 소파 생활의 즐거움을 망친다. 새로 산 스테레오 박스와 오후 내내 씨름한 결과, 카우치 위에 널린 정전기가 가득한 스트로폼 조각보다 더 신경질나는 것도 없을 것이다. 비디오 로봇을 화성까지 보내 산책시킬 수 있는 인류가 단순하기 짝이 없는 일상용품 하나 제대로 만들어 내지 못하다니, 웃기는 일 아닌가? 처음 20장은 접착제로 얼룩진 화장지, 뜯기 힘든 쌀 봉지, 곧잘 손을 베게 만드는 통조림 뚜껑, 이 모든 것이 집에서 보내는 시간을 꺼리게 만드는 일을 돕고 있다.

수리공이 초인종을
두 번 울리면

자기 돈으로 기술자를 불러 집을 수리하는 사람은 대부분 직접 타일을 깔거나 양탄자를 붙이거나 창문을 끼우거나 부엌 싱크대를 설치하는 것보다 더 나은 결과를 기대한다. 또 자신이 할 일을 전문가가 대신해 주었으니 그만큼 돈을 쓴 보람이 있을 것이라고 믿는다. 하지만 현실은 그와는 거리가 멀다. 사소한 집 수리를 해도 뒤처리해야 할 것이 많은데, 유감스럽게도 기술자는 그런 일은 하지 않기 때문에 엄청 신경을 써야 한다. 예를 들어 전기 케이블과 나사들이 거실에 나뒹굴고(진공청소기를 가져와야 한다), 낡은 등이 한쪽에 놓여 있으며(창고로 가져가야 한다), 종이 박스와 사용 설명서가 카우치 탁자 위를 어지럽히고 계산서가 소파에서 휘날리는데(정리해야 한다) 어떻게 거실에 새롭게 단 등을 바라보며 즐길 수 있을까?

페인트칠을 하거나 목수 일을 하고 난 뒤의 청소 작업은 더욱 극적이다. 하지만 그에 관해서는 대부분 아무 말도 하지 않는데, 그것은 슈퍼 말썽꾼이 사라진 것만 해도 좋아서 죽을 지경이기 때문이다. 우리가 보통 집 수리를 하려고 집에 들이는 기술자들은 언제나 사람들이 그들의 작업에 관심을 집중해야 한다는 강박관념에 시달리고 있다. 그러므로 우리는 그냥 소파에 드러누운 채 배관공에게 부엌 하수구를 고쳐 달라고 부탁할 수가 없다.

수리공은 쾅쾅 소리가 나게 거실을 걸어다니며 화장실이 어디냐고 묻고 부엌의 라디오를 틀기도 한다. 그러고는 '잠깐 공구를 가지러' 밖으로 나갔다가 다시 초인종을 누르고 들어와서는 또 나간다. (점심 시간) 물론 적극적인 협조까지 부탁하는 경우도 있다. "하수 파이프가 정확히 어디로 나가야 할까요?"

그렇기 때문에 "집에 수리공이 있어요!"라는 비명보다 더 절망적인 건 기껏해야 "집 앞에 수리공 차가 주차해 있어요"일 것이다. 보통 수리공들이 끌고 다니는 봉고가 거리 한복판에 주차해 있으면, 지나가려던 자동차들이 경적을 울리게 마련이다. 대부분의 수리공들은 직업상 그런 일에 둔감하다. 혹시라도 한마디 한다면 "충분히 지나갈 수 있는데 웬 수선이야!" 정도랄까? 결국 잘못 주차해서 온갖 혼란을 일으킨 수리공이 아니라 고객이 미안해진다. 그리고 그런 느낌을 고객 혼자만 받는 것이 아니라는 점도 유감이다. "글쎄

말예요. 지난번에 이 집에 왔던 수리공이…. 아휴, 이 집 수리가 빨리 좀 끝나면 좋겠어요." 이웃집 아줌마도 수리공이 아니라 수리공을 부른 사람이 미안해해야 한다는 데 동감이다.

글쎄, 그런 이웃에게는 어떤 말을 해야 좋을지…. 집 수리는 시간이나 비용이나 견적대로 이루어지는 경우가 거의 없다. 별로 위로가 되진 않겠지만 18세기부터 그래 왔다.

"기술자들 사이에는 거짓말하는 나쁜 습관이 널리 퍼져 있다. 그들은 지킬 능력이나 지킬 마음도 없는 약속을 하며 정해진 기한 안에 처리할 수 있는 것보다 더 많은 양의 일을 떠맡는다."

크니게 남작의 말이다. 그래서 견적보다 수백 억이 더 들어간 정부청사가 생기기도 하는 것이다. 비슷한 일을 당한 개인은 분노와 신경쇠약에 시달리며 기술자에 대한 증오는 커지기만 한다.

물론 정직하고 믿을 만하며 가격이 저렴한 업체도 있다. 대부분은 나이가 지긋한 장인이 직접 운영하는 소규모 업체로, 엉뚱하게 부풀린 계산서를 작성하기에는 자존심이 너무 센 사람들이다. 하지만 그런 가게도 아들이 물려받으면 그 즉시 가격은 두 배로 뛰고 서비스는 절반으로 줄어든다. 그 때문에 'Do-it-yourself'를 외치는 조립식 상품이 늘어 가고 카우치 포테이토까지도 조립식 상품을 사고 있다. 그렇다. 목수를 집에 들이느니 손수 책장을 짜는 것이 한결 편하다.

방황의 끝,
소파

드디어 해냈다. 일이 끝나고 기술자가 갔으며, 집도 완벽하게 깨끗하고 아이들은 잠자리에 들었으며 저녁 식사까지 마쳤다. 이제 소파에 몸을 눕히고 축 늘어져 즐기는 시간, 어제 녹화해 둔 영화를 볼 때가 왔다. 운 좋게 텔레비전 리모컨도 단번에 찾아 비디오 채널을 맞출 수 있었다. 이제 시작! 비디오가 덜커덕, 텔레비전은 물소리를 내며 흔들리는 불빛을 뿜어낸다. 그러고는 줄, 흑백 줄, 샤론 스톤, 옆으로 간 줄이 번개처럼 스쳐 지나간다.

옛날에 녹화해 둔 장면들이다. 비디오테이프는 이 장면들을 도저히 지울 수 없나 보다. 하지만 이제는 3분쯤 지났으니 비디오테이프도 안정을 되찾았을 것이고, 영화를 재생할 때가 되었다. 그런데 대체 이게 웬일인가? 흘러간 가요? 맙소사! 벌써 지나갔나? 혹시나 하는 마음에 비디오테이프를 이리저리 돌려보지만 기대했던 영화는 흔적도 없다.

오늘 저녁도 망친 것이다. 텔레비전에도 볼 만한 프로그램이 없다. 하지만 그래도 당신은 수준급, 비디오를 마음대로 작동시킬 수 있다니, 자부심을 가질 만하다. 요즘 기계들이 대부분 그렇듯이 비디오도 기능이 너무 많아 대부분의 사람들은 비디오테이프를 집어넣고 재생만 시킬 수 있어도 다행으로 생각한다. 사용 설명서를 읽고 작동법을 익히는 게, 일부러 시간을 내서 노력해도 장난이 아니기 때문이다. 그래서 영리한 사람들은 기능이 최대한 4가지를 넘지 않는 비디오를 구입한다.

다른 기계를 살 때도 마찬가지다. 34가지 종류의 전자동 세탁 프로그램이 있는 세탁기는 일을 덜어준다기보다는 만든다. 디지털 화면 구성이 없는 구형 세탁기가 일은 훨씬 더 잘 도와준다. 또 대체 무엇 때문에 그렇게 복잡한 전화기가 집에 필요하단 말인가? 단축 다이얼을 입력하는 데 하루가 채 안 걸린 천재라도 그 모든 단축 다이얼 번호를 어떻게 다 암기하란 말인가? 친정집이 3번이던가 4번이던가? 큰삼촌댁은? 구식 주소록이 스트레스는 훨씬 덜 받는다. 전화기에 누렇게 바랜 다이얼 판과 수화기 하나만 덜렁 있을 때가 좋지 않았던가. 액정 화면도 작은 단추들도 이해할 수 없는 상징도 없던 그때는 히스테리도 적었다. 이른바 개선이라는 것이 우리에게는 두통밖에 가져다준 게 없는 것 같다.

불평 불만은 이제 그만두자. 영화 한 편 못 봤다고 기가 죽을 필요까진 없다. 진보적이며 낙관적이고 미래 지향적인 우리는 계획을 수정해 컴퓨터 앞에 앉아 웹 서핑이나 채팅을 결심한다. 토요 영화가 시작할 때까지 적어도 2시간은 남았으니까 말이다. 그 많은 아이디와 패스워드를 다 기억해 내다니, 스스로 생각해도 자랑스럽다. 요즘에는 인터넷에 접속할 때부터 적어도 서너 개는 되는 온라인 뱅킹 은행들, 메일 서버 등등 들어가는 웹페이지마다 아이디와 패스워드를 입력해야 한다. 여기에 신용카드, 은행계좌 비밀번호까지 있으니 사기꾼도 쉬운 장사는 아니다.

아무튼 인터넷 접속에 성공, 메일 서버에 들어가니 새로 온 메일이 5개나 있단다. 와! 신난다. 하지만 다음 순간, 자세히 들여다보니 반가운 메일은 하나도 없다. 이런저런 소식지, 인터넷 서점의 책 주문 확인, 고등학교 동창회 모임 초대장뿐이다. 좋다, 게임이나 하자.

재미있는 게임이나 다운로드받으려고 결심한다. 하지만 컴퓨터의 용량이 부족한 때문인지, 먼저 설치해야 했던 어떤 프로그램의 오류인지 제대로 되질 않는다. 에이, 게임은 무슨 게임…, 그만두고 정보 고속도로를 한번 달려나 볼까? 갑자기 요리법을 찾아보고 싶다. 다음 주말로 다가온 남편 생일에 무슨 요리로 손님들에게 깊은 인상을 남길 수 있을까? 인터넷에서 풍부한 아이디어를 얻을 수 있다는 생각에 갑자기 신이 나고 입 안에 침까지 괸다. 검색란에 돼지고기를 써 넣고 엔터를 치니 49만 5,678개의 검색 결과가 나온다. 그리고 593번째 검색 결과를 여는데 컴퓨터가 다운된다. 마침내 나의 무능함을 현대 문명의 잘못으로 돌릴 수 있는 순간이다.

현대적인 문명 세계를 이만큼 방황하고 나면, 말할 것도 없이 소파에 드러누워 심야 영화 한 편 즐기고 싶은 마음이 간절할 것이다. 그런데 오늘은 영화도 안 한다. … 절망한 그대는 잠이 든다. 소파에서 담요를 덮고 쿠션을 끌어안은 채…. 그리고 진정한 행복은 콘센트를 필요로 하지 않는다는 진리를 깨닫는다.

6

진정 자유로운 사람이란 언젠가 한 번쯤은
그냥 아무것도 하지 않고
빈둥거릴 수 있는 사람이다.

— 키케로 *Cicero*

시간을 죽이는
행동들

하지만 이젠! 근무도 마쳤고 일상의 의무도 끝냈으니 여가 시간을 최대한 느긋하게 보내고 싶을 것이다. 그런데 그것이야말로 중대한 실수다! 발터 벤야민Walter Benjamin은 "우리는 시간을 보낼 것이 아니라 우리에게 오도록 초대해야 한다"는 말로 정곡을 찔렀다.

그러나 오늘날에는 그런 기술을 가진 사람이 거의 없다. 대부분의 사람들은 숨 돌릴 틈도 없이 헐떡이며 살고, 또 그렇게 살면서 시간을 벌기는커녕 잃고 있다는 것도 느끼지 못한다. 특히 비극적인 것은 여가 활동을 구상하는 일인데, 이는 피할 수도 있는 영역이어서 그 비극성은 더욱더 크다. 결정하기 어려울 만큼 수많은 가능성 중에서 우리는 될 수 있으면 많은 것을, 그리고 대부분은 너무 많이 고른다. 식당에 갔을 때, 아무리 배가 고프고 모든 음식이 다 맛있어 보인다고 해도 20가지 음식을 한꺼번에 시키지는 않는다.

하지만 여가 계획에서만은 포만감을 비롯해 과식에 따른 불쾌한 동반 현상들을 배려할 필요가 없으므로 욕심이 끝없고, 주말이면 가히 절정에 이른다.

토요일 11시 수영, 1시 시부모님과 점심 식사, 3시 친구 집에서 커피, 5시 30분 영화관, 8시 친구 집에서 브리치 게임(선물을 잊지 말 것!), 11시 VIP에서 약속. 일요일 12시 친구 집에서 아침 겸 점심, 2시 백화점 화랑의 회화 전시회(마리에게 우산 돌려줄 것), 4시 피트니스 클럽, 6시 명상, 6시 45분 엄마에게 전화할 것, 7시 집안 청소하고 정리정돈(나탈리가 손수 그린 수채화를 다시 걸 것), 8시 두 친구를 초대(잊지 말고 사진 찍을 것).

현대를 사는 우리의 주말 계획은 대략 이런 식이다. 물론 어린 자녀가 있으면 스트레스는 더 심하다. 일요일마다 아이들을 동물원이나 신나게 놀 수 있는 곳으로 데려가야 하고, 미치광이 짓을 막으려면 특정한 시간에 특정한 텔레비전 프로를 보여 주어야 한다. 시계도 볼 줄 모르는 아주 어린 꼬마까지도 이젠 시간 약속이 어떤 것인지 알고 있기 때문이다.

"젊은 사람들은 너무 일찍 흥분하고, 그다음에는 시간의 소용돌이 속으로 휘말려 들어간다."

괴테가 일찌감치 이렇게 꿰뚫어 보았다.

시간 약속들이 우리의 삶을 규정한다. 우리는 자유로운 여가마저도 평소에 하지 못했던 일을 할 계획으로 부자유스럽게 만든다. 시간의 코르셋 속에 영원히 자신을 가두는 사람들을 보면, 그들이 가득 찬 스케줄 북을 가득 찬 인생으로 혼동하고 있다는 의심이 치밀어오른다. 치밀한 계획일수록, 예를 들어 약속이 하나 취소되어 스케줄이 비면 더욱 신경질이 난다. 그럴 때면 멍하게 앉아 갑자기 생긴 시간을 어떻게 해야 할지, 아무런 계획을 짜지 않았을 때보다 더 어찌할 바를 모른다.

이렇게 시간을 혐오하는 사람들은 시간을 '죽이는' 일까지도 서슴지 않는다. 그럴 때면 기분이 나쁘긴 하지만, 그건 그들이 저지른 폭행에 비하면 정말 아무것도 아니다. 그들은 뉘우치는 마음으로 앞으로는 집에서 혼자 보내는 시간을 더욱 줄이려고 한층 더 노력한다. 쇼펜하우어가 언젠가 말했듯이 '자유로운 여가'는 그것을 채울 감각적인 즐거움이나 어리석음이 없을 때 대부분의 사람들에게 '권태와 막막함'만을 주기 때문이다.

건강에 관한
진실

그때 가장 적합한 처방은 스포츠이다. 온갖 고문 기구를 다 갖춘 피트니스 클럽보다 더 기쁜 마음으로 벌을 받을 수 있는 곳이 또 어디 있을까? 러닝머신에 오른 채 시내를 돌아다니며 웃음거리가 되는 것보다 더 어른을 기죽이는 동작이 있을까? 또 첫 점프를 앞둔 번지 점퍼의 식은땀만큼 독한 냄새를 피우는 것은 무엇일까? 소독약이 지나치게 많이 들어 있는 물 속으로 풍덩 뛰어들어 수영을 즐기는 것보다 더 복된 고난이 또 어디 있겠는가?

건강을 위해서… 이렇게 굳게 믿으며 기막힌 고통도 참아 낸다. 스포츠를 좋아하는 사람들은 스포츠를 좋아하지 않는 사람들에게 육체를 단련함으로써 얻는 장점을 지칠 줄 모르고 설명해 준다. 특히 자긍심과 스테로이드로 부풀어오른 가슴을 내밀며 "건강한 정신은 건강한 신체에"라고 외칠 때면 각별한 인상을 심어 주었다고 믿는다. 하지만 그건 반쪽짜리 진실일 뿐이다!

카우치 포테이토들은 건강한 몸을 위해서는 정기적인 보살핌, 충분한 휴식, 맛있는 음식, 그리고 훌륭한 포도주가 필요하다는 사실을 누구보다도 잘 알고 있다. "건강한 정신은 건강한 신체에"라고 외친 옛 로마인들도 아마 수긍할 것이다. 배가 고픈 사람, 기가 죽고 피곤한 사람은 철학 문제에 집중할 수 없다는 것을 말이다.

사실 오늘날 신체를 '보살피는 데' 어떤 수단이 사용되고 있는지 안다면, 로마인들은 아마 기가 막혀 까무러칠 것이다. 스텝 매스터 위에서 가상의 계단들을 정복하는 사람, 러닝머신 위에서 먼 길을 달리는 사람, 노 젓는 기계 위에서 존재하지도 않는 강들을 억압하는 사람…. 기어가 자동으로 조절되는 트림 자전거 위에서는 건장한 청년이 산을 오르며 거울에 비친 자신의 모습과 디지털 액정 화면에 나타난 시간, 거리, 심장 박동, 칼로리 소모량 등을 번갈아 바라보고 있다. 그러니까 움직임이 주는 즐거움이 아니라 움직임의 결과가 중요한 것이다. 그렇게 처참한 육체 속에 사는 정신의 건강은 정말 의심할 만하다.

조금이라도 건강한 이성이 남아 있는 사람이라면 자전거를 타고 달리면서 신선한 공기를 마시며 페달을 밟을 것이다. 또 온몸이 근질근질 쑤셔서 움직이지 않고는 도저히 견딜 수 없을 때는 계단을 오르거나 자동차를 타고 가야 할 곳을 걸어갈 것이다. 하지만 그렇게 하는 사람들은 거의 없다. 그러니까 운동과 관련해서 절대적으로 중요한 점은 두 가지로 요약된다. 첫째, 아무도 보지 않고 또 경탄하지 않으면 재미가 없다. 둘째, 돈이 들지 않으면 쓸모가 없다. 이때 중요한 것은 움직임 자체가 아니라 남들에게 보여지는 효과이기 때문에, 샐러리맨들은 오늘날의 일상에서도 누릴 수 있는 의미 있는 육체 활동을 접어 두는 것이다.

그 외에는 못할 짓이 없다. 개똥처럼 생긴 녹지 공간을 이리저리 헤매고 다니며 비바람이 불어와도 반바지 차림으로 축구장에 서서 악의에 찬 11명의 거인들이 거는 태클과 발길질에 몸을 맡긴다. 또 골프 공이 그린이 아니라 연못 속으로 몇 번이고 떨어지면 못마땅해하는 눈총을 고스란히 받아야 한다.

아무리 그래도 이런 운동들은 피트니스 트레이닝보다는 낫다. 피트니스 트레이닝은 자발적으로 낯선 사람들과 한 공간에 갇혀서 숨을 헐떡이며, 또 도저히 자연스럽다고는 할 수 없는 고통스런 동작들을 해야 한다. 게다가 게임이나 경쟁처럼 이기고 싶은 충동도 느낄 수 없다. 오직 고통뿐이다.

피트니스가 끝나면 사우나실이나 공동 샤워장에서 벌거벗은 몸을 그대로 드러내는데, 이는 더 이상 늘씬한 배도 팽팽한 젖가슴도 갖고 있지 않은 열일곱 살 이상의 모든 사람을 엄청나게 기죽일 수 있는 잠재력을 지닌 예식이다. 그보다 더 나쁜 것은 낯선 벌거숭이들이 몸을 씻는 장면을 바라보며 그들이 뿌려 대는 코를 찌르는 브랜드 향수 냄새에 둘러싸이는 일이다.

이런 노출증에 대체 무슨 매력이 있단 말인가? 군복무를 개성 말살이라고 주장하는 사람들이 대체 무슨 이유로 피트니스 트레이너의 휘파람에 맞춰 춤을 춘단 말인가? 이른바 미를 추구하는 사람들이 땀을 뻘뻘 흘려 가며 숨을 헉헉거리는 사람들 틈바구니에서 박자에 맞춰 몸을 움직이는 이유, 다시 말해 에어로빅 강사를 따라 움직이는 이유는 무엇인가? 또 평소에는 인정 많은 사람들이 신체 기능을 기계 기능처럼 측정하는 이유는 무엇일까? 대답은 단 하나, 그렇게 하면 현대의 이상형인 강자(强者)가 될 수 있다고 믿기 때문이다.

동물의 세계에서는 다윈의 주장처럼 강한 자만이 살아남는다. 물론 오늘날 인간의 세계에서는 사정이 전혀 다르다. 예를 들어 은행에서 번호표 87번을 뽑았는데 전광판에는 13번이 반짝거릴 때, 근육의 힘이 아무리 센들 무슨 소용이 있는가. 그런데도 육체적으로 강한 자가 우월하다는 믿음은 어쨌든 유지되고 있다. 하지만 오늘날의 일상에서는 대부분의 경우 육체적인 힘보다는 정신적인 힘이 더 필요하다. 그리고 정신적인 힘을 얻기 위해서는 소파가 고문 기구보다 훨씬 유용하다.

스포츠 액세서리가 스포츠보다 훨씬 더 중요해진 것도 대부분의 사람들이 몸을 움직이고 싶어 하지 않는다는 사실을 증명해 주는 증거이다. 피트니스 잡지를 읽고, 좋은 것도 없는데 턱없이 비싸기만 한 라이크라Lycra 제품을 입으며, 적당한 클럽의 회비를 내면 벌써 월급의 절반이 날아간다. 운동을 한답시고 그 야단을 떠는 사람들이 느끼는 이 변태적 만족 덕분에 스포츠용품 산업은 전설적인 매출액을 올리게 되었으며, 스포츠 백화점들은 쓸모없는 잡동사니들로 가득 차 있다.

한 할아버지는 히말라야 탐험에 나설 것이 아니라 가끔 개를 데리고 산책이나 하려는 것뿐인데, 대체 왜 실용적인 주머니와 이런저런 끈이며 고리가 수없이 많이 달린 공기 투과용 아웃도어 재킷이 필요하단 말인가! 그 손녀딸은 반나절은 학교에서 또 다른 반나절은 맥도널드에서 빈둥거리는데, 대체 왜 유선형의 공기층 완충 장치가 달린 운동화를 신는단 말인가!

이런 질문에 충분히 설득력 있는 답변을 해줄 수 있는 사람은, 유감스럽게도 아무도 없다. 또 얼마나 많은 산악 자전거와 인라인 스케이트들이 단 한 번 사용된 뒤에 그 매력을 잃어버린 채 다락방이

나 지하실 또는 차고 안에 그대로 처박혀 먼지만 뒤집어쓰고 있는
지를 밝혀 주는 통계 자료도 없다.

　게으름뱅이들은 그런 운동은 하지 않는 편이 훨씬 더 낫다는 걸
본능적으로 알고 있지만, 솔직히 털어놓는 사람들은 극소수뿐이다.
대부분은 스스로를 속여 가며 피트니스 클럽의 연회비를 내지만,
많아야 세 번 방문한 뒤에는 발길을 끊는다. 그래도 그 현명한 결
정에 기뻐하기는커녕 양심의 가책을 느끼며 오히려 괴로워하는데,
사실 이런 죄책감은 아무런 근거가 없다. 사실 그들은 그처럼 현명
한 결정으로 최고위 그룹에 속하게 되었으며(윈스턴 처칠의 명언 "So
sports!"를 기억하라), 또 편안하고 싶은 것은 인간적인 욕구이다. 그
렇다면 아름다움은? 아름다운 외모를 갖고 싶다는 소망 또한 인간
적이지 않은가? 물론 그렇다. 그리고 그 소망은 고문대에서보다는
소파에서 더 빨리 이루어진다.

성공하는 사람은
아름답다

오늘날 머리카락도 이도 없는 후줄근함은 갓 태어난 신생아만이 누릴 수 있는 모습이다. 백 살 된 노인에게도 그럴 권리가 주어지지 않는다. 아니, 사람들 사이에 있는 한 그들 스스로가 후줄근하게 보이려고 하지 않는다는 사실이 더 끔찍한 일일 것이다. 아름다움은 누구든 가장 갖고 싶어 하는 재화의 하나이기 때문이다.

아름다움은 '우리 마음을 먼저 사로잡는 공개된 추천장'이다. 쇼펜하우어도 알고 있었다. 갓난아기도 예쁘장한 아기가 어른들의 관심과 사랑을 더 받고, 나중에 학교에 다닐 때도 교사들이—대부분 무의식적으로—더 좋아한다는 사실을 말이다. 외적으로 매력이 있는 사람들은 다른 사람과 교제하기가 쉬우며, 특히 이성에게 호의적인 반응을 얻고, 다른 부서의 직원들이나 부서장들과 일을 할 때도 유리한 입장에 서게 된다. 그러므로 아름다움은 성공의 기반이다.

훌륭한 외모가 매우 중요하다는 것은 놀라운 사실이 아니다. 아름다움에는 모두가 탐내는 수많은 이익이 포함되어 있다. 타고난 아름다움을 갖지 못한 사람도 노력하면 조금 나아질 수 있다. 주름살을 막아 주는 하이 테크 크림, 배가 쏙 들어가게 만드는 트레이너 등이 있는 오늘날, 그런 것이 무슨 문제란 말인가? 화장품 제조업체, 여성 잡지사, 여행사, 미네랄 워터 업체, 패션 디자이너, 뷰티 센터들이 아름다움은 살 수도 있고 얻을 수도 있다는 달콤한 약속을 마구 해대고 있다.

하지만 그런 와중에 우리가 너무 쉽게 잊고 있는 것이 있다. 그들이 원하는 것은 우리가 더 아름다워지는 것이 아니라, 우리의 돈뿐이라는 사실이다! 또 우리가 지금 있는 그대로 충분히 아름답다고 생각하지 못하도록, 아무도 충족시킬 수 없는 불가능한 이상형을 만들어 내서 광고한다. 그 결과 열일곱 살짜리 소녀도 허벅지에서 셀룰라이트 피부병의 징후를 찾아내고, 회색 구레나룻을 가진 매력적인 신사들도 콜라겐 피하 주사를 맞을 만큼 기막힌 성공을 누리고 있다.

우리는 대체 왜 모두가 슈퍼모델이나 할리우드 스타처럼 보여야 한다고 생각하는 걸까? 그들은 아름다운 외모로 돈을 벌고 있으니까 외모를 유지하기 위해 노력을 아끼지 말아야 한다. 그들에게는 감자튀김을 마요네즈에 찍어 먹는 즐거움이나 술안주를 포기하는 것도, 피트니스 트레이닝을 늘리고 편집광적으로 치아를 관리하며 좋든 싫든 매일 낯선 사람들에게서 머리 꼭대기부터 발끝까지 검사를 받아야 하는 것도 직업의 일부분이다. 그 대신 다른 능력이나 관심사에는 게으를 수 있다.

클라우디아 시퍼는 아마도 당신처럼 요리를 잘 하지 못할 것이고, 브래드 피트는 뛰어난 회계사가 아닐 것이며, 나오미 캠벨도 정원을 잘 가꾸는 소질은 타고나지 못했을 것이다. 모든 일을 다 잘할 수 있는 사람은 아무도 없다. 또 특별한 아름다움을 요구하지 않는 직업을 가진 사람으로서 몇몇 친구들과 가끔 만나 몇 가지 취미 활동을 즐기는 사람이라면, 아름다움을 가꾸는 데 투자할 시간도 넉넉하지 않다.

그러므로 우리는 최소의 투자로 최고의 효과를 노린다. 뷰티 산업도 이 점에서는 매우 협조적이다. 샴푸와 린스를 동시에 처리할 수 있는 하나로 샴푸, 입 냄새와 치석 제거는 물론 잇몸 질환 예방까지 한꺼번에 해결하는 치약, 화이트닝 효과와 주름살 방지 기능을 하나로 모은 영양 크림, 주말을 이용한 요양 프로그램 등 짧은 시간에 많은 일을 했다는 충족감을 줄 수 있는 제품들이 새로운 트렌드를 이룬다. 하지만 이런 제품들이 주는 만족감이야말로 거짓인데, 그것은 바쁘게 서두르면서 살수록 아름다운 외모와는 거리가 멀어지기 때문이다.

또한 단기 요양의 효과도 의심스럽다. 매일 햄버거를 먹는 사람이 3일 동안 당근만 갈아먹거나, 늘 수면 부족에 시달리는 사람이 일주일 동안 잠만 자거나, 일 년 내내 선탠을 하러 피부 관리실을 쫓아다니던 사람이 쉰 살이 되어서도 복숭아 같은 피부를 원하거나, 줄담배를 피우는 사람이 10년에 한 번씩 3일간 금연을 한다면, 그런 노력은 애당초 실패로 돌아가게 되어 있다. 단기적인 교정 치료는 잠깐 양심의 가책을 덜어 주지만, 그 뒤에는 더 편안한 마음으로 '죄'를 짓게 만든다. 또한 그런 단기 요양은 효과가 별로 없기 때문에 극단적인 수단을 쓸 수밖에 없다.

화학 약품을 사용하는 피부 박피는 성형 수술에 비하면 그래도 해가 없는 편이다. 성형 수술은 외모에 아주 심각한 문제가 있을 경우에 현대 의학이 주는 축복일 수 있는데, 오늘날에는 대부분 더 아름다워지고 싶어 하는 망상이 만들어 낸 문제를 해결하는 데 사용되고 있다. 수술대에 누워 몸에 칼을 대게 하고, 그 대가로 거금을 선뜻 내놓으며, 나중에는 눈꺼풀이 조금 팽팽해진 자신의 모습을 보고 더 아름다워졌다고 좋아하는 사람은 그래도 낫다. 하지만 대부분은 자연스러운 모습까지 잃어버리는 대가를 치르고, 또 성형 수술을 많이 받은 사람들은 그것을 흠으로 느끼는 것 같다.

새로 만든 코나 가슴을 자랑하는 사람이 거의 없는 이유는 무엇일까? 주름살을 당기고 피하 주사를 맞고 실리콘 덩어리를 집어넣은 대부분의 사람들은 그 모든 것이 진짜라고 주장하고 싶어 한다. 아름다움에 관한 개인적인 이상에 이르기 위해 모든 수단과 방법을 가리지 않았지만 결국 괴물이 되고 만 마이클 잭슨을 보면, 고개를 설레설레 흔들게 된다. 하지만 마이클 잭슨은 시대를 막론하고 모든 문화권에서 거리낌없이 했던, 바로 그 행동을 했을 뿐이다.

그들은 주위 사람들의 눈에 예쁘게 보이기 위해 발을 불구로 만들고 목을 잡아 늘였으며 독성이 강한 표백제를 바르고 허리를 조여 맸다. 아름다움에 대한 당대의 이상에 억지로라도 굴복하고 싶은 욕구는 타고난 본능처럼 보인다. "예뻐지려면 아파도 참아야 한다"는 독일 속담도 있지 않은가! 하지만 아파도 참는다고 다 예뻐질 수 있을까?

아니다! 그래서 카우치 포테이토가 예뻐지려는 법은 고통이나 의무와는 아무런 상관이 없다. 아프거나 고생스러운 것은 모두 피한다. 신체 관리는 재미있어야 하고, 가능하면 누워서 할 수 있어야 한다. 예를 들어 욕조 안에서도 멋지게 헤어 마사지를 할 수 있다. 이와 동시에 오이 팩도 하고, 조금 졸다가 힘이 빠지면 몸을 소파에 떨

어뜨린다. 소파야말로 발 관리를 하는 데 이상적인 장소로 조명과 색채와 향기를 센스 있게 투입하면 긴장 완화 효과를 배로 높일 수도 있다. 자기 집 거실에서 스테이크 향기를 맡는 것이 더 즐거운데, 대체 왜 미래 지향적으로 설계된 뷰티 센터에서 값비싼 아로마테라피를 받아야 하는 걸까?

카우치 포테이토들에게는 우리의 몸과 영혼을 조화롭게 만들어 준다는 긴장 완화 기법들도 필요하지 않다. 그런 기법은 유감스럽게도 하이힐 속의 두 발이 타는 듯이 뜨거울 때도 천연스런 미소를 짓는 방법을 가르쳐 주지는 못한다. 다시 말해서 이른바 긴장 완화 기법들도 소파에서 빈둥거리는 것보다는 쓸모가 없다.

소파에서는 긴장을 풀고 자신과 하나가 되는 법, 그야말로 아름다워지기 위해 필요한 바로 그 특성을 배울 수 있다. 모르겐슈테른Christian Morgenstern은 "사랑스런 마음으로 바라보면 모든 것이 아름답다"고 말했다. 그리고 이는 거울에 비친 자신의 모습에 대해서도 마찬가지다. 거울 속의 자기 모습은 너무 자세히 살펴보지 말아야 한다. 거울 앞을 떠나지 못하고 주름살을 찾는 사람은 결국 찾는 걸 발견하고 마니까. 그러고 나면 백설공주의 계모처럼 "거울아, 거울아, 이 세상에서 가장 아름다운 여자는 누구니?"라고 묻게 된다. 화장을 지운 진실과 마주해야 한다. 백설공주가 가장 아름다운 여자가 된 것도, 아마 자신과의 갈등이 없었기 때문일 것이다. 다시 말해서 계속 여드름을 찾아 헤매지 않았기 때문이다.

물론 타고난 미인도 있다. 하지만 아름다운 인간이 성공하는 까닭은 아름다움 그 자체 때문이 아니라, 어려서부터 별다른 노력을 하지 않아도 남들이 사랑해주고 인정해 주었기 때문일 것이다. 그러니 타고난 미인이 아니라면 외모를 아름답게 만드는 노력에는 한계가 있으므로 다른 장점에 집중해서 성공하고, 성공을 통해 아름다워지는 것이 더 낫다. 마이크로 소프트사를 창립한 빌 게이트를 보라. 수십 억 달러의 재산을 가진 그는 20년 전보다 지금이 훨씬 잘 생기지 않았는가?

삶의 여유,
취미

빌 게이트는 취미, 그것도 방 안에 있어야 할 수 있는 취미를 직업으로 만들어 낸 사람들 가운데 하나이다. 아마 대부분의 사람들은 취미로 돈을 벌 생각은 하지 않을 것이다. 취미 활동의 목적은 일상을 보완해 주는 휴식이다. 숫자와 표를 가지고 일하는 직업을 가졌으면, 여가 시간에는 현대 시에 몰두한다.

하루 종일 이론 작업을 하는 사람은 퇴근하면 지하실에서 톱질을 하고 드릴로 구멍을 뚫으며 나사를 박거나 본드 칠을 하는 등 만들기를 한다. 육체적으로 힘든 노동을 하는 사람은 앉아서 하는 취미, 예를 들어 우표 수집을 한다. 또 하루 종일 사무실에 갇혀 사는 사람은 신선한 공기를 마시며 운동하는 걸 좋아한다. 어떤 활동이든 재미만 느낄 수 있다면 다 좋다.

하지만 취미 활동이 즐겁기보다는 고통스러워진다면? 아마추어

정원사의 활동이 멋진 장미꽃으로 보답받지 못하고 주말마다 잡초를 뽑는 데만 머문다면? 또 지하실에 있는 공작실이 아담한 작품들은 생산하지 못한 채 팔다리에 상처만 내고 못 쓰게 된 재료만을 토해 낸다면? 뜨개질하는 즐거움이 친척들의 겨울 스웨터와 갓난아기의 모자 여분을 늘려 놓는 데만 이용된다면? 사진을 찍는 즐거움이 아름다운 사진 외에 가계부의 적자를 가져오고, 또 목욕탕을 현상액과 플라스틱 그릇, 인화기 등으로 가득 채운다면?

이럴 때는 취미 활동에 엄격한 제한을 해야 한다. 이는 물론 쉬운 일은 아니지만, 나중에 추락해서 다칠 상처에 비하면 아무것도 아니다. 추락? 그렇다. 지나친 욕심과 기대, 엄청난 비용, 급한 속도, 불리한 환경이 이어지면 취미도 추락할 수 있다. 취미가 당신을 지배하는 것이 아니라, 당신이 취미를 지배하던 때를 기억해 보라. 행복했던 순간에 대한 기억들…. 사과나무가 첫 열매를 맺었을 때, 처음으로 튼튼한 책꽂이를 만들었을 때, 복잡한 무늬를 넣은 스웨터를 완성했을 때, 우연히 예술적으로 가치 있는 사진을 찍었을 때…. 그러한 성공은 즐거운 마음으로 부담 없이 했기 때문에 가능한 일이었다.

하지만 그 성공이 당신과 다른 사람의 기대를 높여 놓았고, 그래서 이제는 잘된 일에 기뻐하기보다는 잘못된 일에 화를 내게 된 것이다. 그야말로 함정 아닌가! 이럴 때 해답은 단 하나, 첫 마음으로 돌아가는 것뿐이다. 그것이 안 되면 새로운 취미, 소파에서 할 수 있는 비생산적인 취미를 찾아보라. 아무것도 만들어 내지 않으면 생산성을 높이라는 강요도 받지 않는다. 당신과 소파가 한 팀이 되어 즐길 수 있는 것들은 많다.

이때 한 가지, 반드시 조심해야 할 일이 있다. 어떤 경우에도 친구나 친척들에게 거짓 취미를 꾸며 대지 말라. 언젠가 소 그림이 있는 핸드백을 무척 좋아했다고 하자. 그때부터 사람들은 소 그림 모티프가 있는 물건을 계속 선물한다. 화병, 인형, 쿠션, 등갓, 머리핀, 아령, 벨트, 커피잔 등 모두가 소 그림이 들어 있는 것들이다! 그러다 보면 어느새 집은 소 우리처럼 보이고 당신도 서서히 젖소처럼 느껴진다. 그런 것들이 싫증나면 큰 소리로 불평을 해서라도(이때 소처럼 웅얼거려서는 안 된다!) 당신이 동물적인 것을 좋아한다는 미신에서 사람들을 해방시켜야 한다. 사람들이 '딱 들어맞는' 선물을 빨리 고를 수 있는 것보다는, 당신이 집에서 편안하게 쉴 수 있는 것이 훨씬 더 중요하다.

내 쉴 곳은
작은 집

아무리 구들장지기라도 이따금은 외출하고 싶을 때가 있다. 외출의
장점은 불을 보듯 뻔하다. 특별히 집안을 정리할 필요가 없고, 그동
안 약간 환기가 될 것이며, 집 밖의 다른 것을 보고 오면 그다음에
는 집안 생활의 즐거움이 배로 늘어난다. 집에서 입기에는 마땅치
않아 옷장에만 걸어 두었던 멋진 정장도 드디어 써먹을 수 있다! 집
에서는 만들 수 없었던 음료수도 마실 수 있다. 직접 요리할 필요도
없고, 맛이 없으면 그 잘못을 다른 사람에게 미룰 수도 있다. 그뿐인
가. 다 먹고 나서 설거지를 할 필요가 없다. 원한다면 새벽 6시까지
고함을 지르면서 춤을 출 수 있고, 그래도 이웃 사람들이 경찰에 신
고하지 못한다. 또 낯선 사람들을 수없이 흉볼 수 있으며, 보모나 할
머니를 제때에 구하면 마치 다시 독신인 것처럼 이성의 관심을 떠
볼 수도 있다. 그리고 정말 독신인 사람은 자신의 시장 가치를 실험

해볼 수도 있다.

　반면에 외출의 단점도 만만치 않다. 먼저 카페나 술집, 레스토랑이나 나이트클럽에 모임이 있어서 가는 경우를 생각해 보자. 외출의 고통은 주차장 찾기부터 시작된다. 모임이 있는 레스토랑의 정문 바로 앞에 주차할 곳이 있다는 터무니없는 미신 때문에 레스토랑이 있는 구역을 수없이 맴돈다. 낯선 곳이라면 그 과정에서 길을 잃기도 하기 때문에 스트레스 지수는 한층 높아진다. 고생고생 끝에 주차장을 발견해도 30분은 걸어야 목적지에 도착할 수 있다. 새로 산 멋진 옷에 얇은 스타킹만 신고 나선 여자들에게, 특히 겨울이라면 이는 참기 힘든 고문이 아닐 수 없다. 또 공공 교통수단은 여러 번 갈아타야 하고, 낯선 사람들의 시선에 노출되어 외출의 즐거움을 미리부터 망칠 수도 있기 때문에 진정한 대안이 되지 못한다. 택시는 장거리를 갈 때는 너무 비싸고 단거리일 때는 기사가 드러내 놓고 불평을 하기 때문에, 그러한 불평에도 기분을 망치지 않을 만큼 철면피인 사람들에게만 권할 만하다.

　이보다 더 끔찍한 일은 아무런 계획도 없이 그냥 외출해서 레스토랑을 찾는 경우에 일어난다. 정말 굳센 우정만이 이 고통을 이겨낼 수 있다. 이제 막 사랑에 빠진 커플이나 노부부라면 이곳저곳을 기웃거리기만 할 뿐 적당한 곳을 찾지 못해 헤어지거나 이혼을 할

수도 있다. 어떤 곳에는 손님이 너무 적고(음식이 맛이 없나 봐!), 어떤 곳은 너무 많으며(한 시간은 더 기다려야겠네!), 또 다른 곳은 너무 싸구려이고(맙소사, 기껏 외출해서 떡볶이야?), 또 다른 곳은 너무 고급이다. 그래서 결국 들어간 곳은 그의 마음에도 그녀의 마음에도 들지 않는다. 두 사람은 사실 같은 생각을 하고 있지만—집에서 그냥 피자나 시켜 먹을걸—솔직히 털어놓을 엄두가 나지 않는다. 특히 비극적인 상황은 낯선 도시로 여행을 떠났을 때인데, 그건 낭만적인 저녁 시간에 대한 기대는 그만큼 높고 실현 가능성은 그만큼 낮기 때문이다.

파리에서 우연히 들어간 식당이 합리적인 가격에 전통적인 프랑스 음식, 훌륭한 포도주, 낭만적인 분위기까지 돋보이길 바라는 사람은 위로해 줄 여지가 없다. 그런 식당은 돋보기를 들고 찾아야 하며, 그것도 여행을 떠나기 몇 달 전부터 예약을 해야 한다. 아무튼 제정신으로 식당에 도착했어도 또다시 화를 돋우는 일은 얼마든지 있다. 코트를 벗고 딱딱하고 삐걱거리는 의자에 앉아 무슨 일이 있어도 즐거운 시간을 갖겠다는 굳은 결심으로 눈을 빛내며 상대를 바라본다. 끈적거리는 식단표도 더러운 탁자보도 무시한다. 그렇게 30분쯤 지나 드디어 웨이터가 가까이 다가오면, 힘들게 자랑했던 유쾌한 기분이 싹 사라지고 만다. 운이 좋아야 맥없는 대학생이고,

아니면 남동 유럽 또는 가나 출신의 요리사가 직접 주문을 받기도 한다. 운이 나쁜 경우에는 공주병에 걸린, 손님보다 영리하고 세련되며 유행에 민감하다고 믿으며, 또 그것을 자랑하는 종업원이 나타난다. 그들은 대부분 외모가 번듯한 젊은이들로 스타일리스트나 배우 또는 디자이너로 출세할 꿈을 꾸며, 미래에 유명해지면 얻을 우월감을 미리 드러내 보이면서 가련한 손님들을 멸시한다.

특히 불쾌한 족속들은 프랑스나 이탈리아 전 지역에서, 그리고 고급 프랑스 식당이나 이탈리아 식당에서 흔히 마주치는 웨이터들이다. 그들의 아름다운 유니폼은—대부분 검은 바지, 흰 셔츠, 검은 나비넥타이, 그리고 직종을 말해 주는 흰 앞치마—지금 전문가를 상대하고 있다는 인상을 강요하기 위한 것이다. 하지만 사실 이런 의상은 거칠고 참을성이 없으며 잘난 척만 하는 종업원이라는 아주 분명한 증거이다. 그런 웨이터들은 발음할 수 없는 요리를 주문하면 즉시 주문 내용이라도 반복하는 양 눈썹까지 치켜뜨며 정확한 발음을 가르쳐 준다. 'Triglie al cartoccio.' 하지만 속마음은 그가 손님과는 달리 정확하게 발음할 수 있다는 사실을 내세우려는 것뿐이다.

신경계에 회복할 수 없는 손상을 입지 않은 채 여기까지는 참고 견딜 수 있었다고 해도 아직 안심할 수는 없다. 진짜 재앙은 이제부터 시작이다. 예를 들어 발음하기 어려운 요리를 주문하는 것부터. 도미 비슷한 생선을 쿠킹 호일로 싸서 오븐에 구운 이 요리가 아무리 맛있을지라도 생선 살을 발라 먹는 데 익숙하지 않은 사람으로서 배까지 고프면, 그야말로 재앙이다. 아무튼 레스토랑에서는 절대로 동물 해부학에 관한 포괄적인 지식을 요구하는 요리는 주문하지 말아야 한다. 그 불쌍한 시체를 서툴게 조각낼 때 당할 창피도 너무 크고, 접시 위에 있는 가시들도 너무 귀찮다. 집에서라면 모아 놓은 뼈나 가시를 중간에 슬쩍 치울 수도 있을 것이다. 하지만 레스토랑에서는 먹을 수 없는 조각들을 식사가 끝날 때까지 바라보고 단호하게 강요한다. 이때 초밥은 훌륭한 대안이 될 수 있지만, 젓가락질이 서툰 사람은 간장 접시에 초밥을 덥석 빠뜨리는 순간 양복저고리에 추한 얼룩이 생길 것이다.

좋다. 이 모든 불상사를 피할 수 있었다고 하자. 주차장이나 주차 서비스를 갖춘 식당에 들어가 창가에 놓인 아름다운 탁자에 앉았고, 친절하고 싹싹하며 유능한 웨이트리스의 헌신적인 봉사를 받았으며, 매혹적으로 장식된 탁자 위에 당신이 가장 좋아하는 요리가 놓여 별 수고 없이 먹을 수 있었다고 하자. 다시 말해서 저녁이 멋지게 시작된 것이다. 하지만 옆 탁자에는 분명히 술 취한 핀란드 관광객이 앉아 있을 텐데, 그들 특유의 웃음은 사람을 미치게 만든다.

아니면 젊은 연인들의 서툰 손장난을 보고 있어야 했을 것이다. 아니면…, 아니면…, 좋다. 이제 그만하자. 외식하러 나가는 외출의 단점이 장점보다 훨씬 많다는 건 충분히 증명되지 않았는가!

하하! 그러나 식사 뒤에 춤추러 가는 건, 그건 완전히 다른 문제 아닌가! 그건 사실이다. 그렇게만 된다면 말이다. 하지만 그건 대부분 의도에 그칠 뿐, 인기 있는 클럽 앞은 비가 오나 바람이 부나 적어도 1킬로미터는 줄을 서 있어서 그 줄을 더 길게 늘리고 싶은 마음이 싹 가신다. 먼저 먹고 마시고 몸단장까지 하며 파티 기분을 냈지만, 수천 명의 다른 사람들이 나와 똑같은 아이디어를 냈다는 단 한 가지 이유 때문에 들뜬 마음은 여지없이 무너져 내린다. 그래도 줄을 서서 기다리면 언젠가는 배가 고프고 목이 마르고 발이 아프고 술도 확 깬 채로 웨이터 앞에 서게 될 것이다. 그때 웨이터는 머리 꼭대기부터 발끝까지 훑어보며 클럽 안이 꽉 차서 더 이상 들어갈 수 없다고 한다. 그러면서도 야한 옷을 차려 입은 소녀 3명에게는 윙크를 보낸다. 이거야말로 모욕 중의 모욕이 아닐 수 없다. 정육점 앞에서 기다려야 하는 개 신세보다는 조금 나을까?

그래도 언젠가는 들어갈 수 있다. 그러면 귀가 멍멍한 소음이 우리를 기다린다. 답답한 공기, 이리 밀치고 저리 밀치는 사람들…. 춤을 추기에는 너무 좁고 시시덕거리기에는 너무 어두우며, 이야기를 나누기에는 너무 시끄럽다. 그래서 결국 30분쯤 지나면 밖으로 나오는데, 그 모든 것에도 불구하고 아직 외출한 기분을 유지할 수 있다면 좀 더 낭만적인 곳을 찾는다. 그리고 그런 곳은 사방에 널려 있다.

요즘 대도시에서는 등 없는 작은 의자가 있는 바 대신 편안한 소파와 안락의자가 있는 나이트클럽들이 인기를 더해 가고 있다. 여기서는 드디어 편안하게 빈둥거릴 수 있겠지만, 사실 집에서는 훨씬 더 멋지고 저렴하게, 그리고 고등학교도 졸업하지 못했을 DJ가 염소 수염에 피어싱을 한 채 틀어 주는 음악 대신 손수 고른 음악까지 들어 가며 즐길 수 있다. 그뿐인가! 집에서는 신발을 벗고 발을 높이 올린 채 힘겨웠던 저녁 시간의 피로도 풀 수 있다. 그리고 냉장고를 뒤져 맛있는 걸 찾아 먹으며 아직도 굉음으로 멍멍한 귓속의 소음을 떨쳐 버릴 수도 있다. 또 답답한 재킷을 벗고 화장을 지운 다음 남의 눈치 볼 것 없이 신나게 하품을 할 수도 있다. 집에 돌아온 것보다 더 좋은 일이 또 있을까? 이러한 맛을 보기 위해서라면 외출도 할 만하다.

삶을
유혹하는 것들

먹고 마시기 위해서만 외출하는 것은 아니다. 교양도 넓혀야 한다. 새 영화가 들어와서 상영되거나 외국의 발레 앙상블이 공연할 때, 또는 부녀회 연합에서 미술 전시회를 조직했을 때도 집에만 틀어박혀 있으면 할 말이 없다. 아니면 더 시끄러운 행사를 좋아하는가? 서커스, 놀이공원, 에어 쇼? 시끄럽고 복잡한 행사일수록 더욱 매력적인가? 그런 행사장에서는 자녀(아이스크림)와 스스로(맥주)의 건강도 위험을 감수해야 한다. 그리고 이 모든 것이 소파나 정원용 긴 의자에 누워 빈둥거리며 집을 저당 잡히고 받은 대출금이나 다리미질을 해야 할 빨래 더미, 자동차를 수리하는 데 골머리를 썩이지 않기 위해서일까? 정말 비극적인 상황이다. 왜냐하면 즐거운 행사장에서도 걱정거리는 사라지지 않고—당장 주머니를 가볍게 하는 돈 문제를 비롯해—스트레스는 계속 쌓이기만 하니까.

대표적인 집 밖의 놀이공간 가운데 하나인 영화관만 하더라도, 언제나 앉은뱅이 거인이나 이상하게 높은 헤어스타일을 한 여자들 뒤에 앉게 된다. 그뿐만이 아니다. 보지 못하면 듣기라도 해야 할 텐데 바로 뒤에 앉은 사람들이 쉴 새 없이 과자 봉투를 만지작거리며 부스럭대거나 코를 풀거나 이야기를 한다. 그들은 가능하면 큰 소리를 내지 않으려고 노력하는데, 이는 사태를 더욱 악화시킨다. 감자칩을 그냥 집어먹으면 그렇게까지 신경을 건드리지는 않을 것이다. 그런데 봉투 속에 손을 넣고 조심스럽게 천천히 휘저어서 찾은 다음 그것을 꺼내 먹는 각각의 동작들이 만들어 내는 소리 하나하나가 길게 늘어지며, 우리의 귓속에 특별히 날카로운 신호를 만들어 낸다. 돋보기로 확대시킨 듯한 이 소음들은 훨씬 더 거슬린다. 정말 운이 나쁜 사람은 여기에 덧붙여 불편한 의자 때문에 목이 아프고 허벅지에 쥐까지 나는 고통을 맛볼 것이다.

　이에 비하면 카우치 포테이토는 얼마나 행복한 사람들인가! 그들은 영화관에서 그 고생을 하기보다는 텔레비전에서 방송해 줄 때까지 기다렸다가(사실 요즘에는 오래 기다릴 필요도 없다!) 마음 편하게 즐긴다. 또 영화가 마음에 들지 않으면 전원을 슬쩍 눌러 문제를 간단하게 해결한다. 영화 중간에 몰래 나가느라 같은 열에 앉아 있는 다른 사람들까지 모두 일어서게 만들었다는 고통스런 죄책감에 시달릴 필요도 없다.

　여기에 대해 영화 매니아들은 요즘의 미술 애호가들과 똑같은 근거를 대며 반대할 것이다. 예술은 본래의 형식으로 감상해야 제대로 즐길 수 있다. 다시 말해서 우편엽서에 복제한 회화 작품이 본래의 메시지를 전달할 수 없는 것처럼, 영사막의 서사시는 영사막에서 제대로 빛난다는 것이다. 그럴 수 있다. 하지만 대체 누가 원작을 원하는가? 갤러리스트라면 너무도 잘 알고 있는 사실이다. 미술 전시회 개막식에 오는 사람들도 정말 미술에 관심이 있어서가 아니라 공짜로 먹고 마실 수 있는 기회에 끌린 것뿐이다. 하지만 현대적인 소파 포테이토들은 그런 유혹에 간단히 저항할 수 있다. 사실 집에서는 전시 작품들에 관심이 있는 척해야 할 필요가 없으니 훨씬 편하고, 그래서 훨씬 맛있게 먹고 마시며 즐길 수 있다.

　그렇다면 박물관을 찾는 사람들은? 그들이야말로 정말 예술 때문에 박물관에 가는 것 같다. 박물관에서는 먹고 마시고 담배 피우고 전화하는 것 등 감각적인 즐거움이 모두 금지되어 있지 않은가! 글쎄…, 정말 예술 작품을 보기 위해서 이 모든 금욕을 견디고 오는 사람들을 가끔은 찾아볼 수 있다. 하지만 대부분은 다른 이유가 있다. 미술 선생님 뒤를 맥없이 따라가는 학생들, 그날의 관광 프로그램을 다 보겠다는 관광객들, 비를 피하기 위해 들어온 주민들, 그리고 관내 상점에서 선물을 구입해 자신의 교양 지수를 자랑하려 하거나 평범한 카페보다는 관내 카페테리아에서 데이트를 약속함으로써 그녀에게 점수를 따려는 과시족들 말이다. 그런 특별한 이유가 없다면 예술에 대한 사랑은 소파에서 더욱 깊어질 수 있다.

요즘에는 현대 회화, 고대 청동 작품, 르네상스 조각을 주제로 한 방송 프로그램을 쉽게 접할 수 있다. 더 집중적으로 감상하기를 원하는 사람에게는 화집이 좋은데, 화집은 보는 즐거움뿐1 아니라 두 사람을 위한 아름다운 커피 테이블로도 손색이 없다. 바티칸의 시스티나 성당도 귀가 멍멍해질 정도로 울리는 확성기 소리를 들어가며(조용히 해 주십시오!) 줄을 서서 표를 구입해 구경을 하기보다는, 사진으로 감상하는 것이 100배나 즐겁다. 그렇지 않으면 가축들이 전염병 예방액을 통과하듯 바티칸을 통과해야 하니(주님의 어린 양인 우리로서는 물론 기쁜 마음으로 견뎌 내야 할 일이다!), 이보다 더 황당한 일은 루브르 박물관의 미로 속에서 안내인을 잃고 이리저리 돌아다녀 봐도 리슐리외 기념관 8번 홀로 나오는 경우밖에 없다.

카우치 포테이토는 끝없이 지혜로워서 사람들이 많이 모이는 곳을 꺼리고, 따라서 군중의 주목을 끄는 주요 부분을 피해 가기 때문에 그렇게 황당한 경우에 처하지는 않는다. 인기가 좋은 박물관이나 패션쇼, 연극, 오페라, 록 콘서트까지 텔레비전으로 보면 더 잘 볼 수 있고, 더 가까이 다가갈 수 있다. 물론 훨씬 안락하게 앉을 수도 있다.

그래 한번 솔직히 말해 보자. 그런 행사들을 라이브로 보면 무엇이 그렇게 다른가? 신경질적인 팬들, 헛기침을 해대거나 향수 냄새가 코를 찌르는 옆 사람들, 바늘귀처럼 작게 보이는 무대 위의 스타, 아니 가까이에서 보면 크게 실망하게 되는 대형 오페라 가수는 아닐 것이다. 라이브를 감상해서 좋은 점이 하나 있다면, 무슨 일이 일어났을 때 그 자리에 있었노라고 말할 수 있는 것, 지휘자가 오케스트라 박스로 떨어졌거나 록 스타가 혈액 순환 장애로 실신했을 때 다음날 아침 신문을 읽기도 전에 그 사실을 알고 있다는 것뿐이다. 하지만 그것도 입고 갈 옷을 고르는 일부터 그 많은 불편을 감수해야 할 만큼의 가치는 없다.

저건
사야지!

아름다운 옷은 즐거움이다. 하지만 그것을 사면 즐거움이 줄어든다. 시간도 돈도 넉넉한 사람이 날씨가 좋을 때 붐비는 시간을 피할 수 있으면, 쇼핑은 즐거움이다. 하지만 그럴 수 있는 사람이 몇이나 될까. 직업을 가진 대부분의 사람들은 토요일에 시내에 나가 전쟁 같은 상황을 겪어야 한다. 게다가 대부분은 재정에도 한계가 있어서 조용하고 여유로울 뿐만 아니라 정말 사고 싶은 옷이 있는 고급 부티크에는 들어가 보지도 못하고 세일을 하는 곳이나 기웃거리고 만다.

그렇게 해서 백화점을 나올 때까지 코트를 사지는 못했지만, 그래도 팬티 석 장과 티셔츠 한 장, 바지 두 벌에 평생 쓸 일이 없는 모자까지 하나 구입했다. 그것들은 모두 엄청 싸서 모자에서만도 4만 원이나 절약할 수 있었다! 잘했다. 지능적인 절약에는 비용이 드는 법이니까. 쇼핑 신드롬은 정말 널리 퍼져 구두쇠 노릇을 할 필요가 없는 사람들까지도 함정에 빠질 수 있다.

"브랜드 캐시미어 스웨터가 고작 8만 원이라고? 그렇다면 아예 두 벌을 사야지. 아냐. 저기 초록색도 같이 넣어서 포장해 주세요."

성공의 대차 대조표는? 카드 빚은 늘어만 가고 옷장은 쓸모없는 물건으로 넘쳐 나니 양심의 가책을 느끼지 않을 수 없다. 옷장이 꽉 찰수록 머리도 무겁다. 옷장 속의 싸구려 옷들을 입을 수 없는 사람은 또 새 옷을 사야 한다. 이것이야말로 정말 빠져나올 길이 없는 악순환이다. 구매욕은 어느새 전문가의 도움을 받아야 할 질병으로 분류되고 있다.

'쇼핑 중독증'이라는 말도 이제는 모르는 사람이 없다.

"나도 이제 피부 관리에 신경을 써야 할 나이야. 밤새 피부 노폐물을 없애 준다는 나이트 크림을 써 봐야지!"

시도는 좋았지만 대부분의 경우 실천하기는 어려운 일이다. 아름다운 용기에 담긴 나이트 크림은 화장대 한가운데 제일 좋은 자리를 차지하지만, 며칠 뒤에는 벌써 구입할 때의 매력을 잃고 우리의 어리석음을 교활하게 비웃는 애물단지가 된다. 그런 점에서 사치스런 화장품은 여름까지는 어쨌든 6킬로그램을 뺄 작정이니까 아예

한 치수 작은 옷을 산 것과 비슷한 효과를 보인다.

하지만 이 모든 것이 대체 소파의 세계와 무슨 상관이 있는가? 그런데 분명한 상관관계가 있다. 시내에서는 꼭 필요한 물건도 소파에서는 대부분 필요하지 않다. 그래서 쇼핑을 덜 하게 되고, 그럼으로써 인생이 한결 편해진다. 주말 내내 소파에서 뒹굴었다고 후회하는 사람은 별로 없지만, 쇼핑을 너무 많이 했다고 양심의 가책을 느끼며 스트레스를 받는 사람들은 믿을 수 없을 정도로 많다.

물론 여기서 금욕에 대해 설교하려는 것은 아니다. 카우치 포테이토도 소비를 사랑하며, 절약과는 거리가 멀다. 하지만 이들은 쇼핑을 할 때도 다른 방법을 취한다. 인생을 아름답게 만들어 주는 거의 모든 것을 인터넷이나 카탈로그에서 발견하기 때문이다. 이런 쇼핑에는 촉감과 후각이 자극을 받지 않으므로 환각 상태에 빠질 위험은 그다지 높지 않다. 구두라면 사족을 못 쓰고 사들이는 수집광도 가죽과 방수 스프레이가 섞인 냄새에 휩싸이지 않으면 구매 열정이 한결 식을 것이다. 그렇다면 결론은….

영어에는 'shop till you drop'이라는 훌륭한 표현이 있다. 똑바로 서지도 못할 때까지 쇼핑한다는 뜻이다. 정상적인 경우 카우치 포테이토들은 그런 지경에 이르지는 않지만, 두 가지 상황만은 예외이다. 그것은 크리스마스와 휴가 여행 때이다. 카우치 포테이토들은 크리스마스를 기다리는 강림절을 일 년 가운데 소파를 즐기기에 가장 적합한 시기라고 생각해 쇼핑센터와 보행자 구역 근처에는 얼씬도 하지 않는다. 하지만 늦어도 12월 24일이면 크리스마스가 코앞에 다가왔고, 선물은 한 가지도 준비하지 못했다는 사실을 알게 된다. 주문하기에도 너무 늦었으니 어쩔 수 없이 세일하는 곳을 찾아 나서서 닥치는 대로 사들인다.

낯선 여행지에서 산책을 할 때도 비슷한 일이 일어난다. 휴가지가 이국적일수록 고향에는 없는 물건, 고향에서는 쓸모도 없는 물건을 사고 싶은 욕구가 더욱 커진다. 그런 물건은 선물하기도 어렵다. 집에 돌아와 기념품 보따리를 풀 때면 정말 황당하다. 기내에 들고 타기도 불편한 이 잡동사니들을 사려고 공항에서 왜 그렇게 고집을 부렸을까? 정말 모르겠다.

집에 있자!
소파 위에!

우리는 드넓은 세상을 보고 느끼는 것을 좋아한다. 물론 이건 상징적인 말인데, 드넓은 세상은 대부분 티셔츠에 그려진 새벽 사원이나 주머니에 새겨진 'I love NY'로 체험할 수 있다. 사실 남들에게 뻐길 수 없다면 군이 먼 곳까지 여행을 떠날 필요가 있을까? 남들의 부러움도 사지 못한다면 무뚝뚝한 스튜어디스, 불친절한 택시 기사, 죽기 살기로 불법 운전을 하는 가미가제형 버스 운전사에게 몸을 맡긴 보람이 어디 있을까? 무심코 자동차 뒤에 던져 놓은 미국 번호판이 그렇게 멋지지 않다면 비좁은 이코너미 클래스에 갇혀 태평양을 건너는 생명의 위험까지 달게 받을 이유가 없다. 또 입맛에 맞지 않는 식사, 불편한 호텔, 함께 여행온 사람들의 끝없는 불평 불만을 대체 왜 참고 견딘단 말인가!

이 모든 불편을 감수하면서도 우리는 여행의 즐거움, 낯선 나라의 매력을 칭송한다. 다른 나라, 다른 풍습, 다른 사람을 만나고 배우면 인식의 지평이 넓어지고 고향에 대한 불만도 견딜 만한 수준으로 조정될 수 있기 때문이다. 도미니카 공화국에서 휴가를 보내고 돌아오는 길에, 아름다운 해변도 푸른 바다도 없지만 그래도 구걸하는 아이들이나 더러운 슬럼가를 보며 마음 아파할 필요가 없는 고향이 더 낫다고 생각하는 것은 멋진 일이다. 4킬로미터를 가는 데 하루를 잡아야 하고, 흙먼지 때문에 폐가 상하지 않을까 걱정해야 하는 방콕을 떠난다는 건 신나는 일 아닌가? 또 시내를 돌아다닐 때 진주 목걸이와 사진기를 내보여도 남아프리카의 요하네스버그와는 달리 목숨을 걸 필요가 없는 것도 또한 축복 아닌가?

그렇다. 정말 그렇다. 하지만 많은 관광객들이 여행에서 얻은 인식은 오직 그뿐, 거기서부터 한 발짝도 더 나아가지 못한다. 대부분의 사람들은 안전을 보장하기 위해 휴가지의 현실에서 거리를 유지한다. 사실 휴가지의 현실은 공항에서 숙소로 가는 길에 얼핏 눈에 띌 뿐이다. 미리 예약해 둔 리조트, 여관, 호텔에 일단 도착하면, 가이드를 앞세우고 창문마다 선탠 코팅을 한 관광버스를 타지 않고는 그곳을 떠나는 일이 거의 없다.

오늘날 대부분의 관광객들이 찾는 것은 '좋은 날씨'뿐이며, 그 밖의 것들은 고향에서와 비슷할수록 좋다. 음식도 입맛에 맞고 익숙한 것이 좋으며, 특히 어머니의 손맛이 느껴질 때 호텔 레스토랑을 한껏 칭찬한다. 바쁜 일상에서는 그렇게도 그립던 여가, 할 일 없는 시간이 열정적인 스포츠 활동과 해변에서 하는 부지런한 선탠, 그리고 스트레스뿐인 관광 프로그램으로 맥없이 사라진다. 호텔방도 집처럼 편하지는 못하고, 해변의 선탠용 긴 의자도 거실의 소파만큼 안락하지는 않다.

또 리조트의 긴 의자는―거실의 카우치와는 달리―서로 확보하려는 사람들 사이에서 치열한 경쟁을 불러일으키기도 한다. 이른 아침부터 '자기' 자리를 수건으로 표시해 두는 파렴치한들은 예외적인 존재가 아니다. 특히 전쟁놀이에 익숙한 기성 세대들은 이 점에서도 천재적인 수완을 보인다.

그들은 예를 들어 호텔 수건을 의자에 걸쳐 두는 것으로는 충분하지 않다는 사실을 알고 있다. 호텔 수건이야 누구나 자기 것이라고 우기면 그만이기 때문이다. 더 세련된 방법은 우연히 던져 놓은 듯한 잡지, 의자 밑에 조심스럽게 벗어 놓은 해변용 슬리퍼, 그리고 이건 특히 교활한 방법인데 눈에 확 띄는 수건 등으로 의자를 차지한 사람과 싸우지 말라는 표시를 분명히 한다. 이 의자를 차지한 사람은 여행 가방에 밑반찬을 골고루 챙겨 왔을 뿐만 아니라, 혼잡한 시장에서 내보이던 공격성까지 갖추었다!

좋다. 환경과 자기 자신을 보호하기 위해서는 차라리 그냥 집에 있는 편이 더 나았을 것 같은 이 현대적인 여행자 유형은 어쩐지 당신을 닮은 것 같지 않은가? 아! 당신이 개방적이고 너그러우며 세상 물정을 안다고? 단체 관광을 혐오한다고? 시끌벅적한 동향인을 피해 한적하고 조용한 곳에서 느긋하게 쉬는 것이 좋다고? 당신은 낯선 휴가지의 느린 속도에 곧 익숙해질 것이며, 그곳을 통해 완전히 새로운 여유를 체험한다고? 그래? 그렇다면 한번 당신이 묵는 리조트에 다른 한국인이 불쑥 나타났을 때 당신이 얼마나 불안하고 신경질적이며 초조한 반응을 보일지를 상상해 보라. 정말 볼 만한 광경 아닌가!

당신은 한국인이라는 오해를 받지 않기 위해 온갖 위험을 다 무릅쓸 것이다. 지역 신문은 보란 듯이 탁자 위에 펼쳐 놓고, 여행 안내서는 슬쩍 감춘다. 리조트의 주인 부부와 나란히 사진 찍는 것을 그렇게나 좋아하던 당신이 갑자기 카메라를 배낭 속에 감춘다. 그리고 오늘 아침에 한국 것이라는 사실을 분명히 나타내는 문양이 새겨진 티셔츠를 입지 않고 이곳 시장에서 산 티셔츠를 입은 것에 대해 안도의 한숨을 내쉰다. 또 평소에는 손도 대지 않았을 요리를 시켜서 당신이 평범한 여행자가 아니라는 사실을 분명하게 밝힌다.

그런 유형도 아니라고? 그렇다면 당신은 후진국의 '원주민'들을 더 가치 있는 사람으로 보기는커녕 무능하고 게으르며 느리고 어리석으며 교양 없고 고집스럽고 심술궂으며 범죄 성향을 가지고 있어서 채찍질을 해야만 움직이는 사람이라고 생각하는가? 일정이 조금만 틀어져도 신경질을 내는가? 그리고 예상할 수 있는 어려움을 피하기 위해, 어디나 똑같은 온도로 냉방이 되어 있고, 미니 바에는 언제나 18달러짜리 작은 위스키병이 있으며, 지지직거리는 화면 없이 CNN을 볼 수 있는 미국의 대형 호텔 체인에 머문다. 지난번 봄베이 출장이 매우 흡족했으므로 가족과 함께 보내는 이번 휴가의 숙소도 스리랑카에 있는 같은 그룹의 호텔로 예약하고 이번에야말로 느긋하게, 투자한 돈에 걸맞게 휴식을 취하리라 굳게 결심한다.

하지만 그런 계획은 헛일이 되고 만다. 경영인을 위한 긴장 완화 프로그램이 추천하는 가이드라인에 충실할수록 짜증은 더해 간다. 예외적으로 발코니에서 느긋하게 식사를 하기 위해 룸서비스를 주문했다. 웨이터는 너무 늦게, 그것도 주문하지도 않은 엉뚱한 음식을 들고 나타난다. 게다가 뻔뻔스런 얼굴로 당당하게 팁을 받는다. 어느새 차갑게 식어 버린 접시의 뚜껑을 열자 파리가 떼를 지어 음식 위에 앉아 있다.

어떻게 이럴 수가! 화가 솟구쳐 올라 매니저에게 전화를 걸어 따진다. 파리나 모기가 호텔의 손님을 괴롭히도록 내버려 두다니! 매니저는 수천 번이나 용서를 빌며 풀 바에서 공짜로 칵테일을 마실 수 있도록 해 준다. 물론 여기에도 함정이 도사리고 있다. 열대의 목재로 만들어 놓은 바에는 물방울이 여기저기 튀어 있다. 기가 막힌 풍경이다! 그래도 당신은 때로는 눈을 감아 주어야 한다는 긴장 완화 프로그램이 추천하는 가이드라인에 따라 종이 냅킨으로 물자국을 훔치고 구역질 난다는 표정(눈을 감았으니!)을 감춘다. 그런 식으로 몇 시간을 보내고 나니 완전히 기진맥진해서, 호텔방으로 돌아와 아주 팽팽하게 당겨 놓은 침대보 속으로 기어들어가서는 매트리스와 침대보 사이에 두 발을 끼워 놓는다.

자, 비관론은 이제 그만두자! 아이헨도르프Eichendorff의 소설 《방랑아 이야기 Aus dem Leben eines Taugenichts》을 보면, 소설 제목이자 주인공이 이렇게 노래한다.

하나님은 진정 아끼는 자는
넓은 세상으로 내보내
산과 숲, 강과 들에 드러난
그의 기적을 보여 준다.

감동적이다. 하지만 '방랑아'는 그가 노래했던 아름다운 경치를 가는 곳마다 파괴하는 현대의 단체 관광에 대해 알 수 없었고, 또한 그는—이 점이 그의 여행에서 가장 마음에 드는 부분인데—여행자 보험이 아니라 사랑의 하나님에게 온전히 의탁했다.

이렇듯 느긋하고 여유 있는 사람은 아주 소수에 불과한데, 이들이야말로 거실의 소파에서 휴가를 즐길 수 있는 사람들이다. '건달'도 텔레비전만 있었다면 분명히 그렇게 했을 것이다. 우중충한 날씨도 매연으로 대기를 오염시키고 산호섬에 쓰레기 더미를 더 높여 놓았다는 가책을 느낄 필요가 없으니 참을 만하다. 볼프 슈나이더와 크리스토프 파젤도 이미 몇 년 전에 이것이 호모 사피엔스가 걸어가야 할 유일한 길이라는 사실을 알아차렸다.

"현생 인류에 붙은 수식어 사피엔스, 즉 현명함에 가장 걸맞은 장소는 집에 있는 카우치이다. 자신의 집으로 돌아가는 사람이야말로 통찰력과 책임감이 있는 사람들이다."

유감스럽게도 그들이 함께 쓴 책《세상을 구하며 즐기는 방법》은 기대했던 만큼 성공을 거두지 못했고, 사람들을 집 안에 틀어박히게 자극하지도 못했다. 오히려 여행 산업은 계속 성장을 거듭하고 있으며, 이 붐이 언제나 끝날지 그 끝도 보이지 않는다.

여행사 카탈로그들은 쿠바와 감비아, 브라질에서 한번 제대로 놀아 보라고 덤핑 가격을 갖다대며 좌절감에 빠진 노동자들을 유혹하고, 일 년 내내 쌓인 피로를 한 번에 풀 수 있다며 피로 회복 프로그램을 들고 나와 대중을 설득하고 있다. 오늘날에는 보통 사람도 등산이나 하는 정도는 아니다. 그들은 스쿠버 다이빙, 스카이 다이빙, 극한 체험에 매력을 느낀다. 이때 생명은 아니더라도 건강을 해칠 수 있다는 점이 오히려 더욱 자극적이다. 그래도 서바이벌 트레이닝처럼 엽기적이고 변태적인 휴가는 없다.

실례가 안 된다면…, 사실 우리는 날이면 날마다 서바이벌 트레이닝을 받고 있지 않은가? 월급 인상 요구, 내 집 마련 대출액을 낮추는 정책, 동료들과의 권력 투쟁, 특수 코팅된 다초점 렌즈, 그리고 이따금씩은 자녀의 출산을 시도하면서 말이다. 우리는 지금 열대 우림 속에 사는 것이 아니므로 열대의 나무껍질에 사는 벌레나 느림보 똥을 유용하게 사용하는 법에 대해 배울 필요는 없다. 원시 생활을 하는 원주민에게는 당연하고, 또 생존하는 데 꼭 필요한 지식이라도, 산업 국가에 사는 인간에게는 돈과 에너지를 낭비하는 일에 불과할 수도 있다. 아마존의 인디오들도 비디오를 프로그래밍하는 방법은 모르지 않는가!

이런 모든 것을 다 경험하려는 욕심은 아마도 온전히 자유롭고 독립된 인간이 되고 싶어서, 오로지 자연의 한계에만 복종하고 싶어서일 것이다. 하지만 우리가 내면의 소리에 귀를 기울인다면, '누워서 다리를 높이 올려 봐. 그리고 기지개를 맘껏 켜고 온전히 너

자신이 되어 봐!'라고 속삭이는 우리 마음속 깊은 곳에서 들려오는 목소리를 들을 수 있을 것이다. 그리고 그 목소리에 따라 움직인다면 일상의 짐을 반 이상 덜어 낼 수 있으며, 그렇게 기발한 망상에 빠져들지도 않을 것이다.

그런 목소리는 들어본 적도 없다면 좀 더 귀를 기울여 들어라. 그러면 스스로를 참고 견디는 방법까지 배우게 될 것이다. 소파에서 참고 견디지 못하는 사람은 열대 우림 속에서는 더 큰 어려움을 겪을 것이 뻔하다. 열대 우림보다는 좀 편안한 여행을 택한 관광객들도 마찬가지다.

우리가 휴가지까지 끌고 가야 할 가장 무거운 짐은 바로 우리 자신, 그리고 턱없이 높은 우리들의 기대이다. 드디어 가족과 좀 더 많은 시간을 보내고, 몸을 단련하며, 거리낌없이 게으름을 피우고, 마음이 내키면 책도 읽고 춤도 추고 시시덕거리기도 해야⋯. 휴가가 마술봉이라도 되듯이 위기에 빠진 부부 생활, 지나친 체지방, 일상의 스트레스를 놓고 내려친다. 하지만 기대가 클수록 실망도 크다.

다이어트 휴가를 계획한 사람은 정상적인 생활 리듬에서 벗어났어도, 아니 바로 그것 때문에 칼로리 계산이 만만한 문제가 아니라는 사실을 곧 눈치챈다. 더운 지방에서는 입맛이 없을 것 같지만, 콜라나 아이스크림도 칼로리가 결코 '가볍'지는 않다. 또 일 년 동안

해야 할 운동량을 휴가 중에 해치우려는 사람은 미리 스키 학교라도 다녔어야 했다는 사실을 늦어도 병원에서는 깨달을 것이다. 책을 잔뜩 사들고 여행을 떠난 사람은 초과 운임을 지불해야 하고, 휴가가 끝난 뒤에는 대체 어디에 갔었는지, 그리고 왜 거실 소파에 편안히 누워 책을 읽지 않았는지 고개가 갸웃해질 것이다. 또 '건강한 브라운 색'으로 선탠하겠다고 잔뜩 기대했던 사람은 캠핑카 속에서 비오는 날들을 보낸 뒤 여행사를 고소하지도 못할 것이다.

또 낯선 나라와 낯선 사람들을 사귀려고 했던 우리의 계몽된 여행객들은 완전히 다른 문제에 부닥친다. 비참한 슬럼가를 산책하는 일은 안전하지 않고, 엠파이어 스테이트 빌딩에서 볼 수 있는 전망은 안개 때문에 바로 앞에 있는 일본인 관광객에게서 끊기며, 쇼핑 여행은 나라마다 다른 구두와 옷의 치수 때문에 좌절되고 만다. 나이지리아의 일반 노선 버스를 집어탄 용감한 여행은 악몽 같은 공업 단지에서 끝나고, 베트남 수프를 맛본 용기는 식중독으로 그 값을 치르며, 오스트레일리아의 에어즈 록을 등산한 결과는 일사병이라는 대가를 지불한다. 이런 목록은 끝없이 길게 이어질 수도 있다. 당신도 직접 경험했거나 친구에게 들은 몇 가지 사례가 떠오를 것이다.

이런 류의 에피소드는 아무리 많이 들어도 손해볼 것이 없다. 휴가는 그것이 우리가 상상했던 것, 그리고 우편엽서에서 본 것과는 다르다는 사실 때문에 더욱 짜증스럽다. 휴가는 멋져야 하는데 그렇지 못하다면, 그건 우리 책임이다. 그러므로 이 끔찍한 일들은 비밀에 부쳐야 한다. 우리는 남들에게서 인정과 차라리 시샘을 받고 싶지, 동정심을 불러일으키거나 고소해하는 꼴은 절대 볼 수 없다. 그러므로 영리하고 경험이 풍부한 사람은 카탈로그나 뒤적이며 텔레비전 여행 프로그램을 보거나 인터넷 쇼핑, 여행 안내서, 신문의 여행 레저란을 읽어 보는 걸 더 좋아한다.

가장 큰 즐거움은, 여러분도 익히 알고 있다시피 사전에서 맛보는 기쁨이다. 휴가 여행을 계획하거나 또는 계획하는 척할 때 눈앞에 떠오르는 멋진 풍경, 흰 백사장, 푸른 바다, 풍성한 숲, 흠 없는 코코넛, 순결한 백년설은 이 지구상에는 없다. 모기 떼, 설사병, 귀찮은 장사꾼, 땀냄새, 스키 리프트 앞에 늘어선 줄 등 휴가에 따른 여러 가지 부작용들은 상상의 세계 속에 침투할 수 없기 때문이다.

그렇다면 결론은? 집에 있자! 소파에! 머릿속으로 세계 여행을 하면 스트레스와 비용, 질병과 실망을 아낄 수 있다. 진짜 카리브 해에 간 기분은 모퉁이 뒤의 클럽이나 그 옆의 레스토랑에서 내면 된다. 하지만 집의 카우치에서 즐기는 여행이 더 아름답다. 한 잔의 바카르디, 멋진 하바나 시나, 타코 칩에 매운 살사 소스, 그리고 흥겨운 카리브 지방의 음악 등에 있는 집에서 맛보는 여행이….

좋은 친구와
함께라면…

이때 친구들을 초대해도 좋을 것이다. 그건 함께 떠나는 여행에 비하면 모두에게 훨씬 큰 기쁨이 될 것이라는 점은 내가 보증한다. 친구들과 함께 떠나는 여행의 난감함을 여기서 자세히 묘사할 필요는 없을 것이다. 여러분 모두가 너무 잘 알고 있을 테니까.

오늘날의 친구는 예전의 가족을 대신한다. 문제가 있을 때 기댈 수 있는 사람, 귀기울여 들어주고 위로해 주며 또 충고와 격려를 해 줄 수 있는 사람이다. 우리는 친구에게서 이해와 공감(자신의 사정이 나쁠 때)을 얻기를 바란다. 그리고 좋아서 펄쩍 뛰고 싶을 때는 함께 기뻐해 주고 해결책을 찾지 못해 절망에 빠졌을 때는 함께 고민해 주기를 바란다. 친구는 엄마, 아빠, 형제, 자매, 할아버지, 할머니, 아저씨, 아줌마가 되어야 한다. 아니, 그 이상이어야 한다.

친척은 차라리 귀찮은 존재이다. 친구들과 함께 있으면 기분이 좋고 편안하며 안전한 느낌이 든다. 추락하는 친구는 붙들어 주어야 하고, 고난 속에서도 사랑과 돈 또는 행동으로 함께 있어 주어야 한다. 그런 친구를 가진 사람은 부러워할 만하다. 그렇다면 친구가 많은 사람은 더 부러워할 만할까? 그건 아니다.

거대하게 부풀어오른 우정의 이상에 조금이라도 맞는 진정한 친구는 아주 드물다. 평생 한 명이나 두셋을 가질 수 있을 뿐이다. 진정한 친구가 다섯 명 이상 있다면, 그건 거짓말이다. 아마 의도적이진 않겠지만 술 한잔 같이 걸치러 가는 사람들을 모두 친구라고 부르는 것일 게다.

'아는 사이'는 넘어섰지만 '친구'라고는 할 수 없는 사람은 무엇이라고 불러야 할까? 적당한 말이 없다. 그래서 고향 친구, 학교 친구, 친한 친구, 심지어는 술 친구까지 그 이름이 다양한 것이다. '친한 친구'라는 표현은 예외인데, 이는 아직 커밍아웃하지 않은 동성애 연인 사이에서 흔히 쓴다. "친한 친구일 뿐이야!"라는 말에서 '…일 뿐이다'라는 제한은 기발한 언어의 오용을 낳으며, 진짜 친한 친구를 모욕한다.

진정한 친구와는 달리 평범한 친구들은 질보다는 양으로 돋보인다. 이런 친구들은 불쌍한 외톨이가 되지 않기 위해 많으면 많을수록 좋다. 특히 영리한 사람은 외지(外地) '친구'가 많은데, 이런 친구들은 공짜 숙소를 제공해 호텔비를 절약하게 해 주는 장점이 있다. 그런 방문이 경우에 따라서는 우정을 해칠 수 있다는 사실도, 두꺼운 주소록을 자랑하는 현대적인 친구에게는 아무런 방해가 되지 않는다. "손님은 생선과 같아서 사흘 뒤에는 냄새를 피우기 시작한다"는 아름다운 경구를 그들도 알고 있기는 하다. 그래서 남들은 예의 바른 방문 기한을 지키기를 바라지만, 자신이 막상 손님 입장이 되면 이를 완전히 무시한다.

며칠씩 친구 집을 방문하지 않더라도 집에서 친구를 만나는 일은 위험하며, 경우에 따라서는 우정의 시험대가 될 수도 있다. 특히 잔혹한 시험은 도박이지만, 자녀 교육이나 포도주, 채권에 관한 토론도 수많은 우정을 깨뜨렸다.

한번 상상해 보라. 집에서 느긋한 저녁을 보내고 싶었다. 아무런 방해도 받지 않고 온전히 나 자신이 되어 책을 읽거나 영화를 보려고 했다. 낯 뜨거운 장면이 나와도 부끄러워할 필요가 없고, 남의 시선을 의식해 머리를 빗고 면도나 화장을 하고 싶지도 않았다. 옛날 카세트테이프들을 들으며 몸에 좋지 않은 것들을 먹고 사진첩이나 편지함을 뒤적이려고 했다.

그런 저녁 시간을 당신과 함께 즐길 수 있는 친구가 몇 명이나 있는가? 아마 그리 많지는 않을 것이다. 그리고 당신의 마음속까지 있는 그대로 받아들일 수 있는 사람도 그리 많지 않을 것이므로, 그 편이 더 낫다. 정말 좋은 친구(부모나 형제 자매도 좋은 친구가 될 수 있다!)와 함께 있을 때는 자신을 있는 그대로 내보일 수 있다. 그런 친구는 훼방꾼은 아니지만, 그렇다고 늘 같이 지낼 필요는 없다.

"쉼표도 음표와 마찬가지로 리듬에 속하는 것처럼, 친구 관계도 한동안 소원해서 나쁠 것은 없다."

괴테는 이러한 사실을 알고 있었다.

7

예술의 경지에 오른 게으름을
서양에서는 시대를 막론하고
별 볼일 없는 아마추어만 실천해 왔다.

– 헤르만 헤세 *Hermann Hesse*

소파, 자연스런
삶의 공간

그래도 확신이 서지 않는 사람도 있을 것이다. 그렇다. 자유로운 여가가 자유롭지 않은 시간이 되기도 한다. 하지만 그렇다고 소파로 직행한다? 잠도 오지 않고 온몸이 근질근질한데 대체 소파에서 하루 종일 무엇을 하란 말인가? 그야말로 어리석은 질문이다. 활달하고 호기심 많은 사람들에게 소파가 제공할 수 있는 즐거움의 폭은 끝없이 다양하다. 병들고 지친 몸으로 소파에 누워 꾸벅꾸벅 조는 것은 예술이라고 할 수 없다. 소파의 예술은 사회적으로 강요하는 여가의 테러에서 의식적으로 벗어나 게으름을 즐기는 데 있다.

오후 내내 소파에 누워 한가로운 시간을 보낸 적이 한 번도 없는 사람은 게으름을 즐기는 방법도 모를 것이다. 그렇다면 간단한 방법이 있다. 당신이 소파라고 상상해 보는 것이다. 그렇다고 술탄 샤흐마함의 궁전에서 근무했던 아만체이가 될 필요는 없다. 아만체이는 브라흐마의 번개에 맞아 영혼이 소파 속에 갇혔다고 주장했다.

"소파 주제에! 말도 안 되는 소리는 당장 집어치워라. 날 바보로 아느냐! 뜨겁게 달군 쇠로 지져야 알겠느냐! 천하 제일인 나에게 그런 멍청한 이야기를 늘어놓은 벌이 얼마나 막중한지 알기나 하느냐!"

아만체이가 소파로서 체험했던 흥미진진한 이야기들을 들은 다음에야 술탄도 화를 누그러뜨렸다. 이것은 크레비용의 소설 《소파》에 나오는 이야기이다. 이 책은 소파에서의 활동을 단면적으로 그리긴 했지만, 그래도 상상할 수 있는 모든 체위와 위치를 소개했기 때문에 1742년의 독자들에게 즐거움을 줄 수 있었다.

자, 이제 당신이 소파라고 한번 상상해 보자. 당신 위에서 어떤 일이 일어나기를 바라는가? 당신은 어떤 외모를 하고 싶은가?(저 어리석은 술탄도 곧바로 물었다. "말해 보게, 자네 몸에 자수가 놓여 있나?") 어떤 물건 또는 사람들이 당신 위에 누워야 할까? 당신은 주인에게 어떤 대접을 받고 싶은가? 당신도 선박이나 카나리아처럼 중요한 대접을 받고 싶고, 또 이름도 갖고 싶은가? 그렇다면 어떤 이름이 좋을까? 아이들과 동물들이 당신 위에서 뛰고 놀아도 좋을까? 어떤 분위기를 좋아하는가? 어떤 음악, 어떤 향기를 좋아하는가?

내적 갈등이 없는 사람, 진정한 소파 예술가라면 인간으로서의 욕구와 소파로서의 욕구가 똑같을 것이다. 당신이 소파가 된다고 해도 텔레비전이 하루 종일 켜져 있고 감자처럼 생긴 존재가 당신 위에 누워 빈둥거리기를 바란다면, 그리고 당신이 지금처럼 사람이어도 바라는 바가 그와 다르지 않다면, 모든 것이 정상이며 최상이다. 하지만 주인의 활동이 소파인 당신 마음에 들지 않는다면? 소원과 현실 사이의 거리가 멀다면? 그런 일이 생긴다면, 그것은 오로지 당신이 남의 판단을 너무 의식하기 때문일 것이다. 이런 경우, 카우치 포테이토를 만족시키는 동시에 소문도 좋게 만들 방법이 있다. 먹고 마시고 담배를 피우는 것이다.

허용된
나쁜 짓

정신없이 피우는 줄담배, 생각 없이 퍼마시는 맥주, 서둘러 밀어넣는 패스트푸드…, 이것들이 소파에 잘 어울리긴 하지만 그것을 권하는 건 아니다. 정말 그렇지 않다. 탐닉은 절차가 복잡할수록 사회적으로 허용된다. 향내 나는 시가 연기로 자욱한 살롱 안에서 신사들이 한가롭게 취미에 몰두하면서 훌륭한 포도주나 멋진 케이크의 맛을 보는 장면은 청교도적 도덕을 설교하는 사도들마저도 거부하지 못할 그림이다.

캘리포니아 지방의 원조 카우치 포테이토들은 텔레비전 프로그램이나 함께 있는 친구들의 성격에 따라 맥주 또는 콜라를 마셨다. 좀 더 발전한 소파 포테이토들—이 또한 아메리카산(産)이지만—은 포도주를 마신다. 포도주는 선사 시대 이래로 사회성을 인정받았는데, 거기에는 세 가지 이유가 있다.

첫째 "포도주는 사람의 마음을 즐겁게 하고"(시편 104:15), 둘째 포도주에는 진실이 깃들여 있으며(포도주는 혀를 풀어 기막힌 고백까지 끌어낸다), 셋째 매일 한두 잔씩 마시는 포도주는 건강에 이롭다. 여기에서 세 번째 이유는 최근의 연구 결과인데, 연구자들이 그 양을 너무 적게 잡은 것은 아닌지 의심스럽다. 사실, 포도주를 마시는 사람이라면 몇 잔 더 마신다고 해도 아무런 해가 없다는 사실을 알고 있다.

포도주의 친척들, 그 가운데서도 특히 샴페인과 코냑이 최고의 명성을 누리지만, 그 밖의 오래되고 그래서 값비싼 술들도 마찬가지다.

샴페인은 이따금
많은 것을 씻어 내리게 한다.
그래서 현명한 통치자들은
백성들을 결코 목마르게 하지 않았다.

요한 슈트라우스의 〈박쥐〉에 나오는 노래이다. 감각적인 즐거움에 밝은 카우치 포테이토들은 물론 샴페인의 각성적이며 선정적인 작용을 알고 있다. 그래서 혼자 집에서 느긋한 시간을 보내려고 할 때는 샴페인을 삼간다. 그래도 손님이 냉장고 검사를 할 때를 대비해서 몇 병은 늘 준비해 두는 것이 좋다. 냉장고에 코코아나 복숭아 주스만 있다면 그 취향을 의심받을 수도 있기 때문이다. 이때 두루 쓰이는 규칙이 있는데, 아이들이 싫어하는 음료일수록 미식가에게 서는 인정을 받는 법이다. 그 반대도 성립한다.

식사에서도 마찬가지다. 굴, 치즈 등 맛이 강하고 이상하게 생긴 것을 싫어하는 건 어린아이와 속물뿐이다. 그러므로 권위 있는 기관에서(미식가는 언제나 옳다!) 그 입맛을 검증받아 소파 예술가로 인정받으려는 카우치 포테이토들은 뭔가 인상적인 것을 집에 가지고 있는 것이 좋다. 부엌에 말라 빠진 허브 한 다발을 놓아두는 것도 훌륭한 식사에 대한 올바른 사랑을 의심하는 회의론자들을 설득하는 방법이 될 수 있다.

유감스럽게도 훌륭한 식사는 특수 장비(가재 요리용 포크, 달팽이 요리용 집게 등)를 필요로 하는 경우가 많다. 그러므로 카우치 탁자나 무릎 위에 접시를 올려놓고 먹기에는 적당하지 않다. 소파에서는 커피를 마시거나 초콜릿을 먹는 정도가 알맞다. 물론 '손가락으로 집어먹는 음식(finger food)'을 잊어서는 안 될 것이다. 한 입에 쏙 들어가는 이 작은 요리는 어떻게 생겨났을까? 진정한 카우치 포테이토는 이미 짐작하겠지만, 탐닉자들 가운데 가장 게으른 족속인 그들을 위한 것이었다!

소파에서 즐길 수 있는 요리는 어때야 할까? 일단 준비할 때나 먹을 때 복잡하지 않아야 한다. 카우치 포테이토를 위한 요리책을 뒤적여 보면 패스트푸드 요리책과 별로 다를 바가 없지만, 체면을 지키려는 카우치 포테이토들은 로비를 삼간다. 상관없다. 과일과 채소를 보라. 그냥 입에 넣어도 좋도록 미리 준비된 이 자연의 사려 깊은 선물만으로도 충분하다. 딸기, 서양 자두, 포도, 올리브, 미니 토마토, 마른 대추나 무화과는 소파에서 즐길 수 있도록 만들어진 것이다. 물론 손님들이 다 가고 나면 과자를 먹는다.

요즘은 방해하는 사람이 없는 곳, 다시 말해 비흡연자가 방해받지 않는 곳에서만 담배를 피울 수 있다. 문명화된 비흡연자─이는 모순이다! 담배보다 더 지독한 냄새를 피우는 시가나 파이프가 따로 마련된 하바나 라운지에서 즐기는 한─는 받아들이는 것처럼 보인다. 그건 아마도 옛날부터 내려오는 전통, 시가나 파이프를 피우는 사람은 가련한 담배 중독자들과는 달리 '인생을 즐길 줄 아는 자'라는 이미지를 갖고 있기 때문일 것이다.

아무튼 소파의 예술에는 담배든 시가든 파이프든, 흡연이 속한다. 게으름뱅이를 결코 싫어하지 않았던 레싱이 파이프를 노래한 것도 우연은 아니다.

날카로운 명상에 잠겨야 할 때
철학자는 너를 찬양한다.
너를 즐기는 한
정신이 흐려지지 않기 때문이다.

흡연의 즐거움은 안식을 전제로 할 뿐만 아니라, 안식을 촉진한다. 뿜어내는 연기가 만드는 동그라미들, 그리고 그것들이 천천히 사라지는 모습을 바라보는 건 양초나 벽난로에서 타는 장작불을 바라보는 것처럼 긴장을 풀어 준다. 파이프 향기는 정신을 집중하고 느긋하게 기다리는 사람만이 맛볼 수 있다. 겨울철의 점심 시간, 금연 회사의 고층 건물 앞에서 추위에 벌벌 떨며 담배를 피워 대는 젊은이들은 많지만, 파이프나 시가를 피우는 사람은 거의 찾아볼 수 없다. 그런 조건에서의 흡연은 충족감을 주지 못한다. 흡연의 즐거움을 맛보기 위해서는 느긋하게 긴장을 풀 수 있어야 한다. 그리고 물론—이것이 가장 중요한 점인데—편안하게 앉을 수 있는 가구가 있어야 한다.

삶을 즐기는
또 하나의 방법

삶을 즐길 줄 아는 능력을 갖고 싶지 않은 사람이 어디 있을까? 그 결과 멋진 부작용도 생겨나는데, 먹는 걸 좋아하는 사람은 연인으로서도 헌신적이라는—대부분은 사실인—오해가 그것이다. 오늘날 훌륭한 섹스는 그 밖의 감각적인 즐거움 모두를 합친 것보다 더 비중 있게 다루어진다. 섹스는 즐겁고 건강을 유지해 주며 아름답고 영리하게 만들어 준다. 이 모든 것은 과학적으로 증명된 사실로, 여성 잡지나 남성 잡지에서 수천 번씩 되새김질하고 있다. 그래도 대부분의 사람들에게는 부끄러움이 남아 지금도 비공개적으로 성생활을 이끌어나가고 있는데, 가장 인기 있는 방식은 단 한 사람과 함께 즐기는 것이다. 그러므로 성생활의 질에 관해서는 본인의 이야기를 바탕으로 판단하기 때문에 문학과 진실의 차이를 구별하기가 쉽지 않다.

부엌에서의 섹스가 침대에서의 섹스보다 자동적으로 더 거칠다는 인식도 문학의 영역에 속한다. 카우치 포테이토들은 이 같은 사실을 알기 때문에 그런 사고는 절대로 치지 않는데, 예외가 있다면 부엌에 온돌이 깔려 있고 부드럽고 두꺼운 양탄자가 놓여 있는 경우뿐이다. 하지만 그런 경우는 찾아보기 어려우므로 소파 포테이토들은 침대 외의 다른 장소를 한 번쯤 실험해 보고 싶을 때는 당연히 카우치를 선택한다.

소파는 두 사람이 나란히 눕기에는 좁지만 위아래로 포개는 데는 문제가 없는데, 사실 가장 중요한 것이 그 부분이다. 게다가 소파는 머릿장이 없는 침대보다 나은데, 그건 앉아 있기가 훨씬 편하다는 뜻이다. 윗몸을 억지로 세우고 앉느라 팔에 쥐가 나는 법도 없고, 옆으로 내동댕이쳐질까 봐 옆 사람을 붙들고 힘겹게 몸을 일으키지 않아도 된다. 소파에는 팔걸이가 있기 때문이다. 물론 긴 다리, 높은 등받이에 팔걸이가 곡선으로 장식되어 있는 소파라면 어려움이 있다. 그런 가구가, 그것도 방 한가운데 덩그러니 놓여 뒤를 받쳐주는 벽도 없다면, 열정적인 사랑의 행위를 할 때 소파와 함께 넘어질 위험이 생긴다. 그건 창피하고 아프며 시끄러울 뿐만 아니라 에로틱함을 없애 버린다. 뒤집힌 무당벌레 같은 기분으로는 섹스할 맛이 나지 않는다.

그 밖의 특이한 활동은 독자 여러분의 상상에 맡기겠다. 다만 성공적인 소파 섹스를 하기 위한 몇 가지 힌트를 이야기하고 싶다. 유리잔, 재떨이, 맥주캔 등을 위험 지역에서 피신시켜라. 그리고 인공 소재의 섬유를 지나치게 마찰하지 않도록 한다. 화상을 입을 위험이 있기 때문이다. 또 두 사람 다 체중이 나가 카우치가 삐걱거린다면, 실험을 삼가고 텔레비전이나 보는 것이 좋다.

현실의 도피처,
독서

카우치 포테이토가 텔레비전을 보지 않는다면, 거기에는 두 가지 이유가 있을 뿐이다. 텔레비전이 고장났거나 책 읽는 걸 더 좋아하거나. 미디어 비평가들은 한결같이 독서의 죽음을 보았다고 하지만, 텔레비전 잡지의 발행 부수, 그리고 해리 포터 소설들의 전례 없는 성공만 봐도 배운 바가 있을 것이다. 2000년 독일 서적 산업의 매출액은 100억 마르크에 달했으니—책은 반드시 읽으려고만 사는 것이 아니라 일부분은 순수하게 장식할 목적에 봉사하므로—그 절반만 읽었다고 해도 독서의 미래는 희망이 있다.

사실 놀라운 일도 아니다. 무엇이든 상상의 색채로 자세히 그릴 수 있는 독서는 텔레비전 화면보다 훨씬 다양하고 아름다운 그림을 보여 주기 때문에 견디기 힘든 황량한 현실의 도피처로는 텔레비전보다 훨씬 낫다. 문학 작품을 바탕으로 만든 영화를 보면 원본을 읽었을 때보다 감동이 덜한 것을 자주 느낀다. 여기서 성서는 아주 드문 예외인데, 읽기는 매우 힘들지만 영화는 아름답다.

한편, 성경에는 아직 영화화 되지 않아 거의 알려지지 않았지만 멋진 소재들도 담겨 있다. 정말로 주목할 만한 사건들도 벌어졌는데, 영화감독들이 엄두를 내지 못할 뿐이다. 예를 들어 롯은 소금 기둥이 된 아내와는 달리 소돔과 고모라를 빠져나오는 데 성공했는데, 두 딸이 건네준 포도주 때문에 그만 잠에 빠져 강간을 당하고 말았다(창세기 19:30~38). 근친 상간, 강간, 알코올 오용, 정자 갈취…, 이것이야말로 어디에 내놓아도 전혀 손색없는 영화 소재 아닌가!

롯의 딸들을 변호하려는 사람들은 그들이 타락해서가 아니라 종족을 유지하기 위해 어쩔 수 없는 일이었다고 말한다. 소돔과 고모라의 젊은 남자들은 모두 죽었으므로 늙은 아버지를 통해 임신할 수밖에 없었다는 것이다. 어쨌든 이 소름 끼치는 이야기를 지어낸 사람은 우리가 이 이야기를 쉽게 믿고 싶어 할 것이라는 사실을 잘 알고 있었다. 연속극의 등장인물들이 죽은 다음에 천사나 쌍둥이로 다시 등장해도 우리는 아무 말 없이 받아들인다. 우리는 오락을 갈망하며, 현실과 동떨어진 이야기일수록 더 좋아한다.

이런 의미에서 책 중의 책은 텔레비전의 선구자임에 틀림없다. 다행히도 오늘날에는 정신적·종교적 신앙을 돈독하게 해 주는 두 가지 형식 가운데 하나를 고를 수 있는 선택권이 있다. 사실 텔레비전은 20세기의 1930년대에 발명되었으므로 얼마 전까지만 해도 게으름뱅이, 구들장지기들은 책을 읽는 것 외에 다른 방법이 없었다. 음악, 그림, 연극을 즐기기 위해서는 밖으로 나가야 했으니까. 게다가 무엇을 보게 될지 알 수도 없었다. 그 시대에는 예술 창작인들의 반 이상이 카우치 포테이토였을 가능성이 있다!

그렇다면 여기서 제기되는 질문이 있다. 유명한 시인이나 정치가, 음악가, 화가, 종교 설립자 들이 방송에 출연하거나 방송 매체에서 일할 수 있었다면? 히포크라테스를 토크쇼에 나온 기적의 치료사, 예수를 파마 머리의 텔레비전 설교자, 갈릴레이를 이른 아침의 점성술 내레이터, 모차르트를 소년 합창단의 리드 싱어, 반 고흐를 만화가로 상상할 수 있을까?

괴테라면 시나리오 작가로 돈도 벌고 명성도 얻었을 것이다. 하지만 그랬어도 지금처럼 불멸의 시성이 되었을까? 왜 그렇지 못할까? 인쇄된 책은 안테나나 케이블, 위성을 통해 집 안으로 들어오는 토크, 즉 말보다 훨씬 중요하기 때문이다. 왜 그런지 그 이유는 파악할 수 없다. 통속 소설을 읽어도 토요일 밤에 상영되는 영화를 보는 사람보다 우월감을 느껴야 한단 말인가? 카우치 포테이토를 위한 이 지침서를 읽는 사람은 맥주와 오징어를 앞에 두고 비디오를 보는 사람보다 도덕적으로 더 성숙되었단 말인가?

물론 그렇지 않다. 그런데도 많은 사람들이 독서를 무슨 장식처럼 달고 다닌다. 예를 들어 '친구 사귀기'에 관심이 있는 사람들은 취미란에 '숨쉬기'만큼이나 무의미하지만 '독서'라고 쓰기를 좋아한다. 친구를 찾는 사람들은 친구 찾는 광고만 읽는 것일까? 아니면 스포츠 신문의 〈알뜰 살림을 위한 힌트〉나 작은 글씨로 쓰인 은행 대출 약관, 사무실 커피잔에 쓰인 농담, 새로운 염색약에 들어 있는 사용 설명서?

포장지에 써 있는 텍스트, 포장 박스 안에 든 쪽지, 광고 팸플릿을 즐겨 가며 천천히 읽는 편인가. 물론 해당 제품에 특별한 관심이 있어서가 아니라 너무 심심해서? 리모트 컨트롤은 너무 멀리 있고 책도 읽기 싫고 벽만 바라보고 있자니 너무 심심할 때, 손이 닿은 곳에 천만 다행히도 광고 쪽지가 있다면?

"콘센트만 있으면 충분한 전기 벽난로. 아늑한 가정 분위기를 만들어 냅니다!"

엉망진창인 수준에, 한편으로는 수수께끼 같은 엄청 흡족한 독서 체험을 할 수 있다. 사실 광고 전단지는 혼란스런 편집, 수많은 사진, 그리고 특히 넘쳐 나는 느낌표로 우리를 숨막히게 하기에 충분하다. 즐거운 여가!!! 에너지 절약형!!! 저렴하고 안락한 생활 습관!!!!!

비판력을 갖춘 현대의 지식인들도 광고의 꼭두각시라는 점에서는 크게 다를 바가 없다. 그들은 비타민 광증(인위적인 비타민 제제는 몸에 해롭다는 사실이 증명되었다!)에 저항하면서도 콘플레이크를 살 때는 상자에 써 있는 함량 정보에 비타민이 가장 많이 함유된 종류를 집는다. 게다가 무의미한 독서 경향이 있는 사람은 콘플레이크를 탐욕스레 휘저으며 그 안에 들어 있다는 미니 기네스북을 찾는다. 그래서 결국 우리는 가치 있는 비타민뿐만 아니라, 미국의 마크 케니가 50미터를 두 손으로 16.93초 만에 주파했다는 가치 없는 정보까지 잔뜩 얻게 된다.

그건 그렇고, 이제 다시 '친구 찾기'에 몰두해 있는 독자에게로 돌아가 보자. 이번에는 선의를 가지고 그가 정말 책을 읽는다고 가정해보지만, 물론 책을 읽는다는 것 자체가 그렇게 큰 의미를 지닌다고는 할 수 없다. 만일 당신이 그런 광고에 답장을 쓰고 언젠가 그의 집을 방문한다면, 책으로 가득 찬 책장이 몇 미터씩 늘어서 있는 광경을 보고 당혹스러울 것이다. 그런 독자는 일단 질보다는 양으로 감동을 주려 하지만, 그건 엄청 오해한 것이다.

좀 더 자세히 들여다보면 장거리 고속버스 여행을 견디기 위해 터미널 앞에서 급히 산 일회용 문고판들, 이제는 존재하지도 않는 국가들이 그려져 있는 1976년판 초등학생용 지리부도, 오래전에 생산을 중단한 세탁기를 구입할 때 선물로 받은 작은 요리책들이 대부분이다. 그런데도 '독서'는 지성과 지혜를 증명해 주는 활동으로 여겨진다.

그것은 사실 그리 틀린 생각도 아닌데, 오랫동안 독서를 하는 사람은 카우치나, 적어도 독서용 안락의자에서 뒹굴기 때문이다. 쇼펜하우어가 시문학 안에서는 "인생이 흥미롭지만 전혀 고통스럽지 않게 우리를 스쳐 지나간다"고 말했던 것은 푹신한 소파에서 하는 독서를 염두에 둔 것이었다. 도서관의 딱딱한 공무원용 걸상이나 대중 교통수단의 의자에서는 시문학의 즐거움을 느낄 수 없다. 부드럽고 편안한 소파를 통해서만 독서를 즐길 수 있고, 따라서 소파만이 무위도식의 이상에 가까이 갈 수 있는 곳이다.

소파는 훌륭한 가구로 명상을 하는 사람들에게는 특히 유용하다. 긴 겨울 밤, 시끄러운 대중들의 소란을 멀리하고 소파에 몸을 묻는다는 건 달콤하며, 또 언제나 영리한 생각이다. 조용히 타오르는 벽난로의 불, 책, 펜… 권태를 이기는 데 무엇이 더 필요할까! 또 장작불을 슬쩍슬쩍 뒤적이며 달콤한 명상에 빠지기 위해 책도 펜도 잊는다는 건 또 얼마나 큰 즐거움인지….

1794년 메스트르가 42일 동안 중단 없이 한 공간에 머물며 쓴

일종의 일기인 〈여행〉에 이와 같이 적었다. 이 남자야말로 축복받은 게으름뱅이로 행운아였다. 그의 충실한 하인 요아네티가 그동안 필요한 물품을 구해 주고 방 청소도 깨끗하게 해 주었기 때문에 인간적인 삶을 살 수 있었던 것이다. 만일 요아네티가 없었다면 그 방은 어떤 꼴이었을까?

게으름뱅이
신드롬

헴펠 씨 집에 가 본 사람은 거의 없지만, 독일 사람들은 누구나 헴펠 씨 집의 소파 밑이 어떤지 알고 있다. 두툼한 먼지 덩어리들 사이로 말라 빠진 거미와 파리, 온갖 종잇조각들이 널려 있다. 오래된 편지, 신문 조각, 책의 겉표지, 사용 설명서와 영수증들, 봉투도 뜯지 않은 우편물들…. 헴펠 부인이 새로 나온 코스메틱 제품을 실험할 때 굴러떨어진 세라마이드—레티놀—콤플렉스 캡슐과 헴펠 씨가 라이터로 맥주병을 딸 때마다 튕겨 나간 맥주 마개들도 수북하다. 그 밖에도 손톱이나 발톱 깎은 것을 비롯해 온갖 종류의 먼지들이 수북이 쌓여 다양한 세계를 이루고 있다.

소파 밑은 정말 쓰레기가 모이기 쉬운 곳이다. 요즘 유행하는 소파는 바닥에 찰싹 붙지만, 그래도 쓰레기가 쌓일 곳은 있다. 정상적인 손님들은 특별한 계기가 없는 한, 예를 들어 곰팡이 덮인 피자 조각이 주목을 끌지 않는 한, 소파 밑까지 검사하며 청소 상태를 확인하지는 않는다. 그보다는 부엌이나 화장실 상태가 위생 관념의 기준으로 판단되기 때문에 손님이 오기 전에는—체면을 완전히 무시하고 살지 않는다면—무슨 일이 있어도 이들 공간을 깨끗이 청소하고 정리 정돈해둬야 한다. 물론 쉽게 속아 넘어가지 않는 손님, 예를 들어 어머니들도 있다. 대부분의 어머니들은, 친정 어머니나 시어머니는 한결같이 더러운 곳은 한눈에 찾아내는 아름답지 못한 습관을 갖고 있다.

아이들을 함께 데려온 손님은 어머니보다 더 귀찮다. 사랑스런 아이들은 뛰어난 감각과 아직 때묻지 않은 잔혹함으로 집에서 가장 더러운 구석을 향해 온갖 종류의 장난감을 정확하게 굴려 보냄으로써 낡은 양말이나 돌처럼 굳은 오렌지 껍질 조각에 걸려 멈춰 서게 만든다. 그렇게 되면 어른들이 거실에서 무릎을 꿇은 채 소파나 문갑 또는 텔레비전 받침대 밑을 살피며 잃어버린 장난감을 찾아 헤매니, 창피하고 낯뜨거운 일이 아닐 수 없다.

제일 먼저 찾아낸 사람은 그 정확한 육감 덕분에 장난감에서 거미줄과 먼지 덩어리를 털어 낼 권리를 누리며, 비난하는 듯한 눈초리로 주인을 바라보면서 그 아래서 찾아낸 다른 물건들과 더러워진 손을 보여 준다. 여기에 "청소할 때가 되었네요" 또는 "세상에…" 등의 해설을 덧붙이기도 한다. 물론 아이가 스스로 장난감을 찾아내면서 그 옆에 있던 먼지투성이인 사탕을 발견하고 곧바로 입 안에 넣는다면, 당신이 겪어야 할 곤혹은 더욱 커진다. 그 부모는 보이는 대로 다 입 안에 넣어서는 안 된다고 낮은 목소리로 아이를 꾸짖겠지만, 그보다 먼저 당신에게 불쾌감을 표시하며 앞으로 다시는 찾아오지 않는 것으로 벌할 것이다.

그래도 상관없다고? 오히려 앞으로는 진공청소기를 덜 돌려도 된다는 변태적 기쁨에 사로잡힌다고? 더 이상 구역질나는 얼굴, 비난하는 얼굴을 보지 않아도 된다고? 그렇다면 당신은 정말 제대로 된 게으름뱅이라고 할 수 있다.

게으름뱅이 신드롬은 남자나 여자 모두에게 나타날 수 있는데, 그건 극단적으로 빈둥거린 결과일 때가 많다. 소파에서 내려오지 않는 사람은 이미 대단히 타락한 사람이다. 그런 사람은 자기 몸에서 풍기는 악취는 완전히 무시하거나 긍정적으로 받아들이는데, 이런 태도는 자신이 만들어 낸 쓰레기에 대해서도 마찬가지다. 그들은 집이 아무리 지저분하고 더러워도 전혀 방해를 받지 않기 때문에 그 정도는 날마다 더해 간다. 하지만 이 과정이 어떠한 불안감도 불러일으키지 않으므로 엄청난 역동성(게으름뱅이 인생에 유일한 역동성!)을 보이며 점점 더 심해지기만 할 뿐 결코 중단되지는 않는다.

게으름뱅이 신드롬은 먼저 고독을 불러온다. 게으름뱅이들은 피자 박스에 대고 눌러 끈 담배꽁초가 얼마나 역겨운지 아무런 느낌이 없다. 하지만 다른 사람은 그 광경에 구역질이 나서 될 수 있으면 그를 멀리한다. 그런데도 우정을 포기하고 싶지 않은 사람—좀 지저분하다고 절교할 수 있나, 사람은 참 좋은데—은 주로 전화 통화를 통해 우정을 유지하려 한다. 하지만 그것도 쉬운 일은 아니다.

극단적 게으름뱅이는 소파에 한번 자리를 잡고 누우면 모든 동작이 다 귀찮아서 꼼짝도 하지 않는다. 전화기가 너무 멀리 있으면 수화기를 들지 않는다. 편지를 주고받는 것으로도 해결이 되지 않는데, 게으름뱅이 신드롬 환자는 우편함을 정기적으로 비우지 않으며, 또한 답장은 모두 나중에 쓰려고 어딘가에 쌓아 두고는 그만 잊어버리기 때문이다. 유감스럽게도 이런 식으로 사람들에게서 멀어져 가다가 끝내 정말 착하고 인내심 많은 친구들마저도 잃어버린다.

게으름뱅이 신드롬의 여러 증상은 '정상적인' 사람에게도 개별적으로 나타난다. 예를 들어 스트레스가 심한 일주일을 보내고 난 주말에는 설거지통에 쌓인 그릇들을 닦을 힘이 없거나, 신경을 갉아먹는 하루를 보낸 뒤에는 우편함을 비우지 않거나 자동 응답기에 녹음된 내용을 듣지 않는 사람들이 있다. 또 어떤 대화보다도 흥미진진한 일요 연속극에 푹 빠져 전화를 받으러 가지 않거나, 곰팡이가 낀 오렌지 주스를 설거지통에 비우지 못하는(설거지통에 그릇이 가득 들어 있어서) 사람도 있다. 하지만 이따금씩 나타나는 이런 게으름 증상들은 전혀 해가 없으며, 대부분은 저절로—늦어도 손님이 올 때까지는—사라진다.

자, 그럼 이제 손님이 와도 청소를 하지 않는 악명 높은 게으름뱅이 이야기로 다시 돌아가자.

그는 혼자 있는 걸 좋아하거나 텔레비전과 인터넷 채팅이 주는 사회 생활로 만족하지 않는 한, 곧 고독해질 것이다. 그런 게으름뱅이는 채팅 룸 밖에서는 남자 친구 또는 여자 친구에게 미소 지을 힘이 없을 것이므로 파트너를 갖는다는 건 이루어질 수 없는 꿈에 불과하다. 언제나 뒤를 쫓아다니며 치워 주어야 하거나 코를 찌르는 더러운 냄새를 참아 내야 하니, 어떤 파트너가 견딜 수 있겠는가! 오로지 자기 파괴적 헌신 신드롬을 가진 사람들(예를 들어 사형 선고를 받은 죄수와 결혼하는 여자들)만이 극단적인 게으름뱅이와 함께 하는 삶을 헤쳐 나갈 수 있다. 하지만 그런 파트너는 푹신한 쿠션이 들어 있는 소파를 내버리거나 스포츠 모티프(롤러 스케이트를 타는 쥐새끼 등)가 그려진 헐렁한 티셔츠로 침대를 장식할 가능성이 높으므로 게으름뱅이 측에서 거부할 것이다.

270

뻔뻔스런 게으름뱅이 생활에 계속 몰두하는 사람은 그 밖에도 언젠가 라파르그가 게으른 부르주아를 진단한 바와 같이 "머리숱이 적어지며 이가 모두 빠지고 배는 불룩 나오며 가슴은 쑥 들어가고 꼼짝달싹하기가 힘들어지면서 관절이 굳고 사지가 쑤시는" 증상을 보일 것이다.

또한 라파르그에 따르면, 돈 많은 부자들은 통닭과 포도주로 배를 가득 채우는 형식으로 양계 업자와 포도주 생산 업자를 후원하는 일을 이타적인 과제로 삼을 것이라고 했다. 이런 낭비를 재정적으로 감당할 수 없는 사람은—직업도 잃은 데다가 온갖 경고를 무시하고 이상한 냄새로 이웃을 괴롭힌 나머지—곧 마지막 단계인 강제 퇴거 명령을 받게 될 것이다. 이때 특히 비극적인 일은, 너무 뚱뚱해서 혼자 힘으로는 계단을 내려갈 수 없게 된 게으름뱅이가 다른 사람의 도움을 받아 가며 쫓겨나는 광경이다. 창문을 통해 기중기로 치워야 할 뚱보를 한번 상상해 보라. 이렇게 끔찍한 광경을 상상하면 아무리 타고난 게으름뱅이도 어느 정도 몸을 추스를 것이다.

게다가 오늘날과 같은 정보 사회에서는 현실 감각을 잃어버리기가 특히 쉽다. 아무런 맥락도 없는 거짓 정보를 많이 받아들이면 받아들일수록 나만의 진리를 만들어 낼 가능성이 높아진다. 예를 들어 먹는 것 외에는 만사가 귀찮은 슈퍼 게으름뱅이는 늘어만 가는 체중을 보며 점점 더 근육질이 되어 가고 있다고 생각할 것이다. 그는 근육이 지방보다 무겁다는 사실을 알고 있는 것이다. 그가 근육을 단련하고 있다는 사실은 의심할 여지가 없는데, 매일 적어도 하루에 두 번은 리모컨을 들고 텔레비전 가까이 가기 위해 또는 더 잘 먹고 마시기 위해 엉덩이를 들어 누운 자세에서 앉는 자세로 변화를 주기 때문이다.

자, 이제 어리석고 미련하기 짝이 없는 이야기들은 실컷 들었을 테니 이만 막을 내리기로 하자. 다만 한 가지, 아직도 궁금한 점이 있다. 케니는(콘플레이크 속에서 찾아낸 정보!) 대체 왜 그 50미터를 다른 미국인들처럼 자동차를 타거나 발로 걷지 않고 손으로 걸었을까?

8

고독과 게으름은 상상력을 자극한다.

— 도스토예프스키 | *Fyodor Dostoevskii*

성공의 면류관,
게으름

젊은 시절, 당신에게는 언제나 뒤를 따라다니던 구애자들만 있었는가? 질끈 묶은 머리, 헐렁한 옷을 입은 당신에게는 전혀 관심을 보이지 않던 느긋한 타입이 더 흥미롭지는 않았는가? 아니면 다정한 눈길, 예쁜 스티커로 장식한 편지 한 통 보내는 일 없이 완벽하게 무관심했던 소녀는? 그렇다면 당신도 보여 주기 위한 무위도식이 얼마나 섹시한지 알고 있을 것이다.

구멍이 숭숭 난 청바지를 입은 젊은이들은 멋지게 보이려고 상상하기 힘들 만큼 에너지를 투자하며, 달콤한 소녀들은 잠에서 막 깨어난 듯 부스스한 머리 모양을 만드느라 헤어 스프레이로 꽤 오랫동안 공을 들인다. 그리고 이들의 노력이 보이지 않는 한 결과는 압도적인 성공이다. 사실 무엇을 추구하든 기를 쓰고 애쓰는 모습보다 역겨운 것은 없다.

학창 시절에도 늘 취한 모습에 성적이 좋은 녀석들은 특히 멋지게 보였다. 성적이 나빠도 늘 취해 있는 녀석들은 악착스런 노력파보다는 덜 괄시를 받았다. 직장에서는 힘든 기색 없이 남들보다 빨리 척척 일을 처리하는 동료들이 아마 가장 멋져 보일 것이다. 그리고 억지로 애쓴 흔적도 없는데 세련된 사람들은 언제나 매력적이다. 물론 원래 걸출한 인물, 타고난 미인도 있어서 싸구려 꽃무늬 티셔츠를 입어도 매력적인 사람이 있다. 아니, 그런 사람은 싸구려 폴리에스테르 티셔츠에 구찌 벨트만 하면 그게 그대로 유행이 되어 버린다.

하지만 그런 사람은 대체로 예외에 속한다. 우리가 일상생활에서 마주하는 대부분의 사람들은 아주 정상적인 재능에 평균적 매력을 지닌다. 다만 그들이 노력한다는 사실을 드러내지 않기 때문에 우리보다 우월해 보일 뿐이다. 또한 그들은 주위 사람들의 판단을 전혀 의식하지 않는 듯 행동하기 때문에 더욱더 멋져 보인다. 그들은 마치 사장에게도 절대 굽신거리지 않고, 안전 관리 감사의 지시도 따르지 않는 영화 속의 스타 같다. 남의 말을 듣는 사람은 산뜻하지 않다. 반면에 자신의 길을 걸어가는 사람은 영웅이다. 남의 말을 듣지 않고 자신의 길을 걸어가면서 완벽한 여유를 자랑하는 자는 신(神)이다.

영리한 자기 실현적 예언(예언을 통해 예언이 이루어지는 예언)이 그렇듯이, '소파+느긋하게 빈둥거리기=성공'이라는 비유에도 진실이 담겨 있다. 대부분의 사람들은 누구나 나름의 장점을 살리면 두 발을 책상 위에 턱 걸쳐 놓을 수 있다고 믿기 때문에 게으른 사람, 즉 두 발을 높이 올려놓고 빈둥거리는 사람을 보면 대단히 성공한 사람일 것이라고 생각한다. 특히 게으름뱅이 자신이 이따금씩 오만한 말들을 우아하게 늘어놓으며 이런 오해를 부추기면(흠, 나는 다른 사람들이 일하게 하는 걸 좋아하지…!) 사람들은 철석같이 그렇게 믿고 만다.

이렇게 남들로 하여금 게으름을 성공의 면류관으로 바라보게 만들면 저절로 성공한다. 성공은 성공을 낳기 때문이다. 다시 말해서, 직접 목표를 갖고 시작하면 길을 가는 수고를 덜 수 있다.

길을 중요하게 생각하는 사람은 화가 나겠지만, 여유 있고 안락하며 게으른 생활이라는 목표로 곧바로 가고 싶은 사람은 그대로 소파에 몸을 던지고 개화된 향유자, 인생의 예술가 행세를 하면 된다. 이때 가장 멋진 일은 성공의 대가를 이미 모두 누리고 있으므로 출세, 돈, 사회적 인정 등 성공 자체가 더 이상 필요하지 않다는 것이다.

뵐Heinrich Bll의 〈노동 윤리를 낮추기 위한 에피소드〉에는 텅 빈 그물에도 만족하여 느긋하게 누워 졸고 있는 어부를 경탄하는 지중해 관광객이 등장한다. 어부는 대체 왜 더 많은 고기를 낚아 부를 늘리지 않는가? 생선 통조림 공장을 세우거나 나중에 가족들이 더 많은 유산을 받을 수 있도록 준비할 수도 있을 텐데…. 관광객은 궁

금해서 견딜 수가 없다. 하지만 대체 왜? 어부가 말한다. 나중에 편안히 누워 즐기기 위해… 관광객이 묻는다. 하지만 지금도 벌써 편안히 누워 즐길 수 있는걸? 어부가 어리둥절해서 말한다.

글쎄…, 하지만 이 어부처럼 겸손한 사람은 아주 소수에 불과하다. 몇 가지 사소한 것들, 그러니까 널찍한 집과 제대로 작동하는 난방 시설, 음식으로 가득 찬 냉장고나 대형 텔레비전 등이 있다면 소파의 즐거움은 최대화될 것이다. 그리고 이들 물건들을 구매하는 데는 느긋함만으로는 충분하지 않다. 돈 또는 시간이 필요하다. 아무것도 하지 않으면서 부자가 된다는 자기 실현적 예언이 실현되기까지는 시간이 조금 필요하기 때문이다.

젊고 훌륭한 외모에 뻔뻔스럽기까지 하다면, 그 모든 과정을 생략하고 부유한 집안의 배우자를 맞아들일 수 있다. 그런 특성이 모자란 사람은 부자 게으름뱅이들에게서 같은 부류로 받아들여져 하와이나 캘리포니아 휴양지로 초대를 받거나, 호화스런 요트 여행을 하면서 주식 거래를 위한 인사이더 힌트를 얻을 때까지는 먼저 명성을 만들어야 한다. 물론 그렇게만 되면 그때부터는—은행장을 설득해 백만 달러쯤 대출을 받을 수 있다는 전제 아래—순풍에 돛 단 듯이 일이 일사천리로 진행될 것이다.

그런 짓은 범죄는 아니더라도 허풍이라고? 유감스럽게도 옳은 지적이다. 따라서 정직한 천성을 타고난 사람은 이런 방법에서 당장 거리를 두어야 할 것이다. 그들을 위해서는 명성과 부(富)를 얻을 수 있는 더 올바른 방법을 나중에 알려 주겠다. 하지만 자기 실현적 예언과 관련된 이 모든 이야기가 실은 게으름이 부자의 특징이라는 사실을 전제하고 있다는 걸 아직도 눈치채지 못했단 말인가? 무(無)에서는 또 무(無)가 나온다는 것, 따라서 부란 대부분 힘들게 싸워서 얻은 것이 아니란 말인가? 도의심에 몹시 화를 내는 독자들도 있겠지만, 부자들은 대체 무슨 목표 때문에 그렇게 힘들여 일했을까? 그들의 목표는 물론 편안히 등을 기대고 여유를 즐기는 것이었다.

모든 부의 모든 상징은 개인적인 편안함을 높이고 일상적 짜증을 최소화한다. 돈이 많은 사람은 넓은 정원에서 휴식을 취할 수 있지만, 돈이 적은 사람은 발코니에서 연기와 냄새를 피워 가며 바비큐를 해먹는 이웃과 싸워야 한다. 돈이 있으면 연극을 볼 때도 특석에서 보고, 비행기를 탈 때도 일등석에 앉을 수 있다. 또 호화스런 캐딜락 속에 편안히 앉아 바깥세상의 소음에서 해방될 것이다.

이 모든 것은 물론 여유와 편안함이 진실로 추구할 만한 가치라는 사실을 증명해 준다. 그러니 당신의 소파──즐거움을 방해받아서는 안 된다!──소파야말로 권력과 명성, 부와 품위의 표시라는 사실을 알고 기쁜 마음으로 즐겨야 한다.

신분의 상징,
카우치

이집트의 옛 파라오들은—오늘날 초등학생들도 다 알고 있듯이—
정말 잘살았다. 그들이 누린 사치 가운데 당연히 소파도 들어 있었
다. 그들이 사용했던 가구들은 남아 있지 않지만, 벽화나 화병 장
식을 보면 이집트의 수공업자들이 편안하고 아름다운 소파를 제
작하는 데 비범한 상상력을 드러냈다는 사실을 알 수 있다. 투탕
카멘 Tutankhamen 의 묘실에서 발굴된 황금 왕좌는 사자의 발 다리
외에도 보석들과 금박으로 장식되어 있었고, 특히 그 옛날(기원전
1350년경)에 이미 쿠션이 사용되었다는 증거를 보여 준다. 쿠션은
이미 오래전에 먼지가 되어 사라진 것이 분명하나, 등받이 제작 방
식을 보면 투탕카멘이 푹신하게 쿠션을 댄 의자에 편안히 앉아 있
었다는 사실을 알 수 있다.

　그 뒤 고대 그리스·로마 시대에 와서는 쿠션이 더 이상 제왕의 특

권이 아니라 거의 모든 자유 시민이 누릴 수 있는 즐거움이었다. 쿠션 기술은 특히 로마 시대에 완벽한 수준에 이르렀지만 편안한 소파가 그들의 전설적인 여유를 낳은 것인지, 또는 그들의 전설적인 여유가 편안한 소파를 만들게 한 것인지는 더 이상 확인할 수가 없다. 아무튼 그들은 기꺼이 쿠션의 즐거움에 탐닉했다. 한 팔로는 몸을 받치고, 다른 한 팔로는 크게 벌린 입 위로 유희하듯이 포도 송이를 들고 있는 로마인이 딱딱한 돌 바닥 위에 있었다고는 상상하기 어렵다. 몸을 받치고 있는 팔꿈치에 생길 파란 멍만 생각해 봐도 알 수 있는 일이다.

중세 초기에는 고대 로마인들의 완벽했던 '눕는 문화'가 더 이상 남아 있지 않았다. 귀족이나 아주 영향력 있는 시민들만이 소파를 소유했는데, 그 소파들은—주인들이 이 성에서 저 성으로 자주 옮겨 다녔으므로—단순한 모양이었다. 하지만 원단과 쿠션을 넉넉히 사용해서 소파의 전통은 아직 완전히 사라지지 않았다.

그래도 낮 시간에 눕는 문화가 봉건적인 주거 공간에 들어가기까지는 오랜 세월이 필요해 르네상스 초기, 아니 17세기가 되어서야 비로소 소파는 커다란 저택 안의 명예로운 자리를 차지하게 되었다. 명예로운 가구는 곧 화려한 가구로 변했다. 부자들의 소파는 값비싼 벨벳과 비단, 화려한 장식솔 등으로 꾸며졌지만, 대부분의 사람들은 여전히 나무의자를 좋아했다. 18세기에는 증가하는 경제력과 함께 더 많은 시민들이 소파를 갖게 되었고, 19세기 말경에는 마침내 수공업자와 노동자들까지도 대량 생산을 해 저렴해진 소파로 가정을 꾸밀 수 있게 되었다.

오늘날 소파는 점잖은 가정에서 빼놓을 수 없는 가구로 자리를 잡았으며, 장소가 마땅치 않아 소파를 포기한 사람은 적어도 편안한 안락의자는 갖고 있다. 소파를 가졌다는 사실이 이제 더 이상 권력과 부를 증명하지는 못하지만, 소파의 선택은 돈, 그리고 취향을 증명하는 듯하다. 편안히 앉을 수 있는 권리 또는 가능성에서 예부터 신분의 상징으로 쓰였던 쿠션의 의미가 오늘날까지도 유지되고 있다.

사장님 의자는 왜 언제나 일반 사원들의 사무실 의자보다 더 크고 더 편안한가? 왜 접을 수 있는 의자를 왕좌로 상상하기 어려울까? 당신이 지금 누리고 있는 특권을 때때로 기억한다면, 소파의 즐거움을 두 배로 즐길 수 있다. 카우치에 누워 있는 것이 창피하기는 커녕 명예로운 일이라는 사실을 의식하면 당신도 더욱 당당하게 소파의 즐거움을 누리게 될 것이다.

느림은
성공의 열쇠

당신도 분명 한 번쯤은 겪어 봤을 것이다. 바빠서 서두르고, 그래서 결국은 더 늦어지는 일을 말이다. 애초에 좀 더 느긋했다면 훨씬 빨리 끝났을 것이다. 쇼핑도 그렇다. 슈퍼마켓을 뛰어다니며 빨리 피하지 못하는 노인과 어린이들을 쇼핑 카트로 밀어 대고, 그때마다 발끈 화를 내다가 결국은 집에 도착해서야 너무 서두른 나머지 가장 중요한 물건을 잊어버렸다는 사실을 안다. 결국 다시 한 번 슈퍼마켓에 가야 하는 불필요한 일이 생긴다.

여행 가방을 챙길 때도 마찬가지다. 출발 5분 전, 이것저것 닥치는 대로 가방 안에 던져 넣으니까 가장 중요한 물건은 넣지도 않았는데 가방이 꽉 찬다. 결국 짐을 다 꺼내고 처음부터 다시 시작해야 한다. 또 화장할 때 서두르는 건 특히 불리하다. 외출하기 전에 급히 화사한 분위기를 만들려고 했지만 서두르는 바람에 그만 아이라이너가 미끄러진다. 그러면 화장을 다 닦아 내고 처음부터 다시 모든 과정을 반복해야 한다. 파운데이션, 메이크업, 파우더, 아이섀도, 아이라이너… 애당초 여유를 가졌다면 훨씬 빨리 화장할 수 있었을 것이다.

이는 물론 특별히 새로운 인식은 아니다. 토끼와 거북의 경주 이야기는 누구나 알고 있지만, 그림 동화에서는 토끼가 고슴도치와 경주를 한다. 밭이랑 이쪽 끝에서 저쪽 끝까지 달리기 시합을 하는 것이다. 토끼는 자신만만해하며 계속 달리지만, 꾀 많은 고슴도치는 달리지 않고 밭이랑 저쪽 끝에 자기와 똑같이 생긴 고슴도치를 세워 놓는다. 토끼가 밭이랑을 다 달려 '이젠 이겼구나' 하고 생각하는 순간, 이랑 끝에 숨어 있던 고슴도치가 불쑥 일어난다. "내가 이겼다!" 토끼는 고개를 갸웃거리다 다시 한 번 시합하자고 제안한다. 하지만 이번에도 결과는 마찬가지다. 결국 밭이랑 사이를 계속 달린 토끼는 지쳐 떨어지고, 이랑의 양쪽 끝에서 일어섰다 앉았다만 반복했던 고슴도치는 의기양양이다. 물론 고슴도치는 정직하지 않았다. 하지만 중요한 건 결과 아닌가!

그 밖에도 느림에 경의를 표하는 격언과 속담이 수없이 많다. "급할수록 돌아가라" "모든 일에는 때가 있다" 등등…. 속도보다는 지상의 재화를 포기하라는 의미지만, 자주 인용되는 성경 구절 "꼴찌가 첫째가 될 것이다"(마태복음 19:30)라는 말도 의미심장하다.

그런데도 느림은 오늘날 합당한 대접을 받지 못하고 있다. 천천히 사려 깊게 행동하는 사람은 무시당한다. 현대인의 삶 모든 분야에서 속도가 중요시되고 있다. 하지만 이 광적인 속도감이 우리에게 무엇을 줄 수 있는가?

자동차는 빨리 달릴수록 정체되어 오히려 서 있는 시간이 길어진다. 또 빨리 먹을수록 즐길 시간은 짧아진다. 데이터가 빨리 전송될수록 데이터 전송에 더 많은 시간을 투자한다. 가전제품들이 우수하고 효율적일수록 사용 방법을 익히기가 어렵다. 영원한 서두름은 대부분 광기로 끝난다. 말 그대로 정말 미치게 된다.

속도 위반이란 도로 교통에서 허용한 최고 속도를 초과했다는 뜻이지만, 사고라도 저지르지 않으면 보통 멋진 행동으로 봐 넘긴다. 제한 속도 30 구역에서만 그런 것은 아니다. 제한 속도 30 구역은 물론 훌륭한 의도가 있었겠지만, 유감스럽게도 완전히 불필요한 곳, 합리적인 사람들에게도 눈엣가시처럼 여겨지는 곳이 드물지 않다.

하지만 속도가 정말 중요한 몇몇 스포츠에서도 느림은 성공의 열쇠이다. 달리기 선수들은 금메달을 따기까지 오랫동안 훈련을 해야 한다. 자신의 야망을 위해 오랜 시간을 투자하지 않은 사람은 제대로 시작하기도 전에 끝이 나고 만다. 지쳐 버린 체조 선수, 맥이 풀린

테니스 신동, 관절이 망가져 버린 역기 신동… 이 모두가 속도의 광기에 희생된 자들이다.

느림은 애정 생활에도 좋은 영향을 미친다. 속전속결도 큰 장점이 될 때가 있지만, 대부분의 사람들에게 섹스는 느긋할 때 훨씬 더 만족스럽다. 정신적인 활동에서는 느림의 결과가 빠름으로 나타나기도 한다. 오랫동안 깊이 생각한 사람은 사상의 핵심을 더욱 빠르고 정확하게 표현할 수 있기 때문이다. 간결한 연설은 대부분 오래 생각한 결과이다. 빠른 출세도 지루하고 오랜 학창 시절이 낳은 결과이다.

그렇다고 느려 터지기만 한 거북이 무조건 좋다는 것은 아니다. 머리 회전이 빠른 사람은 정신적으로 둔한 사람과는 비교할 수 없을 정도로 매력적이다. 자신의 임무를 능숙하게 처리하는 사람은 아무 일도 해내지 못하는 사람보다 큰 호감을 불러일으킨다. 그건 대부분 능력과 의지의 문제일 뿐이다. 더 빨리 할 수 있는데도 천천히 하는 사람은—명확한 목표, 예를 들면 특별한 조심성을 추구하기 위해—경탄을 불러일으킨다. 하지만 고의적으로 게으름을 피우는 사람, 어쩔 수 없이 느려 터진 사람을 보면 화가 난다.

특히 어쩔 수 없이 느려 터진 사람을 보면 그 사람이 그리도 어렵사리 하는 일을 빼앗고 싶은 충동이 솟구친다. 말을 더듬는 사람을 보면 말허리를 자르게 되고, 어린아이에게는 신을 신겨 주며, 손발을 떠는 할아버지에게는 외투의 단추를 잠가 주게 되고, 아흔 살 생신을 맞은 할머니에게는 전자식 휠체어를 선물하고 싶다. 하지만 그게 그들을 돕는 일인지는 의문이다. 대부분의 사람들은 남들이 진지하게 귀기울여 주기를 원할 것이며, 또 혼자 힘으로도 할 수 있다는 걸 증명해 보이고 싶을 것이다. 그들은 정신적으로나 신체적으로 감당할 수 없는 속도 때문에 열등감을 느낄 수 있다. 그래서 느린 사람들을 보면 우월감을 느끼느냐고 항변할지도 모른다.

이렇게 우리는 다시 '속도 지상주의가 정말 바람직한 것인가?'라는 문제로 돌아온다. 피할 수 없는 느림은 그냥 일상적인 스트레스의 휴식으로 받아들이자. 말더듬이도 천천히 말을 끝맺도록 놔두고, 그동안 자신의 생각에 매달리자. 그리고 그 몇 분을 도둑맞은 것이 아니라 선물받은 시간으로 해석하자.

시간은 돈이다? 시간은 사치다? 모든 사람들에게 다 그렇지는 않다. 시간이 많은 걸 기뻐하고 자랑하는 대신, 비밀로 숨겨야 한다고 생각하는 사람들도 많다. 약속 시간보다 너무 일찍 온 사람, 갑자기 빈 시간이 생긴 사람은 쓸데없는 사람으로 여겨진다. 하지만 부자나 세력가는 그와 정반대인데, 그들은 느림과 휴식을 누릴 권리를 아무런 가책 없이 즐긴다. 예를 들어 대통령 두 명이 버거킹에서 간단하게 점심이나 하자는 약속을 하겠는가? 물론 그런 일은 일어나지 않는다. 대통령들은 식사를 비롯한 즐거운 일을 하기 위해 늘 시간이 충분하다.

성공한 사람들은 스쿼시 대신 골프를 친다. 물론 이는 나이와도 관계가 있을 것이다. 사장은 느린 유람선 여행을 즐길 수 있지만, 노동자는 '휴가의 즐거움을 만끽하기 위해' 첫날부터 만원인 비행기를 탄다. 출세한 사람들은, '평범한 사람'들은 그럴 시간이 없는 여가 활동을 할 수 있다. 그들은 12시간 동안 계속되는 연극 공연을 관람하며 프루스트Marcel Proust의 대작 《잃어버린 시간을 찾아서》를 읽거나, 오스트레일리아 오지의 신성한 광활함과 고요에 관한 무한정 토론에 빠져들기도 한다.

그러므로 소득이 높은 사람일수록 느긋하게 보내는 시간과 느림을 높이 평가한다. 그렇다면 당신도 자신의 시간 개념을 한 번쯤 다시 생각해 봐야 하지 않을까? 아니면 현대 사회의 속도 중독에 빠져 병이 들 때까지 기다릴 작정인가?

"병이 들어 침대에 누워 있으면, 실제로 자신의 관직과 사업 또는 사람들 때문에 스스로를 배려하지 않아 병이 났다는 사실을 알게 된다. 이런 지혜는 병이 나서 얻은 자유가 강요한 여유에서 얻게 된 것이다." 니체의 말이다.

삶의 무엇인가가 잘못되었다는 인식은 대부분 생각할 시간이 있을 때, 그리고 많은 사람들의 경우 병과 같은 외적 상황이 강요할 때 얻을 수 있다. 불합리한 일이다. 그렇지 않은가? 고열에 시달리거나 계속되는 설사로 약해져 있지 않다면 더 잘 생각할 수 있을 텐데 말이다.

게으름의
열매

진정한 게으름은 목표가 필요 없으므로 열매도 맺지 않는다. 아무튼 먹을 수 있는 열매는 아니다. 정말 게으른 사람은 생각하기에도 게으르다. 그리고 그런 사람은 우리의 관심사가 아니다. 우리는 게으름을 현대적인 '활동성'의 반대말로 생각해 보고 싶다. 서두르지 않고 느리며 편안하고 사려 깊은 그런 게으름은 카우치 포테이토들의 최고 이상일 뿐만 아니라, 정신적인 발전의 기본 전제이다. 육체적으로 게으른 카우치 포테이토들을 생각하기를 싫어하는 사고의 게으름뱅이들과 구별하기 위해서는, 물론 약간의 수고가 필요하다. 두뇌 회전이 빠른 카우치 포테이토가 "저 사람은 약간 바보야"라는 모욕에서 벗어나기 위해서는 정신적인 활동의 결과를 행동으로 옮기거나 주위에 알릴 자세를 갖추어야 하기 때문이다.

행동을 하기 위한 전제로서의 무(無)행동은 물론 부지런한 대가로 주어지는 게으름만큼이나 끔찍하다. 게으름뱅이로서는 등골이 오싹해질 수도 있다. 하지만 강요하는 사람은 아무도 없으니까 걱정할 필요는 없다. "약간의 휴식은 취할 수 있어야지!" "주말을 여유 있게 보내고 나면 효율이 두 배나 오를 거야"와 같은 말들이 옳다고 생각하는가? 그렇다면 사회적으로 받아들이는 한, 그리고 일에 부정적인 영향을 미치지 않는 한 소파에 드러누워 빈둥거려라. 하지만 소파에서 정신적인 고도 여행을 기대하지는 마라.

아니, 진정한 삶은 카우치에서 시작된다고 막연하게나마 추측했지만, 그것을 말이나 행동으로 옮길 용기가 없었는가? 그렇다면 당신은 올바른 정신 자세를 갖춘 것이다. 그리고 이제부터 주어질 힌트에서 영감을 기대해도 좋다.

많은 사람들이 기차를 타고 가면서 창밖을 물끄러미 바라볼 때나 샤워를 하며 서 있을 때, 다시 말해서 혼자 자신의 생각에 열중해 있을 때 좋은 아이디어가 떠오른다는 점이 아직껏 눈에 띄지 않았는가? 소파에 누워 백일몽에 빠져 있을 때도 이와 비슷하다. 벌써 몇 년 동안 똑같은 뉴스를 재활용하는 뉴스 방송 중일 수도 있고, 손으로 무엇인가를 만들고 있을 때, 먹을 때, 또는 지루한 쇼핑 정보를 읽고 있을 때일 수도 있다. 중요한 것은 그 활동이 많은 생각을 요구하지 않아야 한다는 점이다.

이상적인 환경은 아무 일도 하지 않을 때이다. 하지만 숙련되지 않은 무위도식자는 그것 또한 일로 고쳐서 꾸밀 가능성, 이를 테면 천장을 바라보다가도 모기의 허무한 생에 관한 생각에 빠지는 경우가 많다.

다시 말해, 게으름을 피우며 소파에 누워 있기를 좋아하면 아주 유리한 출발 상황을 성공을 약속하는 에너지로 바꾸는 것이다. 멋지게 빈둥거리는 하루를 양심의 가책으로 망치는 대신(사실 오늘은 집 안 청소를 하려고 했지!), 예를 들어 그냥 앉아 있을 수도 있다. 그러다 보면 언젠가 문득 거실에 굴러다니는 먼지 덩어리들을 모아(5분도 걸리지 않는다) 헤어 스프레이로 고정시킨 다음 조각품을 구성할 수 있다는 아이디어가 떠오를지도 모른다. 지역 신문의 기사는 따 놓은 것이고, 토크쇼에 초대를 받을지도 모른다. '

우아한 아름다움과 더러움 사이의 틈이 엄청난 힘을 가진 사회 비판적 발언이 된 에테르처럼 투명한 그 깨지기 쉬운 형상'을 열렬히 찬양할 대담을 생각하면, 가히 불가능한 일도 아니다. 언론은 당신이 토크쇼에 나갈 마음이 없다는 사실을 중심을 원하지 않는 성격이라는 증거로 제시할 텐데, 이는 예술가로서 인정받기 위한 본질적인 전제 조건이다.

초감각적인 성향을 가진 사람은 먼지 덩어리에서 미래를 읽을 수도 있을 것이다. 좋다. 이 아이디어는 《허클베리 핀의 모험》에서 어느 정도 표절한 것이다. 거기서 노예 짐은 황소의 네 번째 위에서 나온 머리카락 덩어리와 상의하기를 좋아한다.

짐은 그 머리카락 덩어리를 꺼내 주문을 외운 다음 높이 들었다가 떨어뜨렸다. 그것은 그대로 뚝 떨어져 조금 굴러갔다. 짐은 다시 한 번 시도했다. 그리고 또 다시 한 번. 하지만 언제나 똑같았다. 짐은 무릎을 꿇고 귀를 그 위에 댄 다음 숨을 죽이고 들었다. 그래도 아무런 소용이 없었다.
"유령이 말을 하려고 하지 않아." 짐이 말했다.
"돈을 주지 않으면 말을 하지 않을 때가 있어."

아이디어 표절은 그 사실을 비밀로 할 때만 비난받을 짓이다. 반대로 사실을 솔직하게 밝히고 아이디어의 원저자를 칭송하거나 그에게 감사의 뜻을 밝히면(게으름뱅이에게 어울리는 대책), 표절자로 욕먹는 법이 없다. 오히려 이 경우에는 '밀교 사상을 말썽꾸러기들의 장난질로 포장한 사람, 유아적 진실 접근을 평가하는 데 위대한 마크 트웨인의 전통에 접목되어 있는 사람'이라는 칭찬을 받을 것이다. 또 미신을 믿는 유명 인사들이 몰려들 것이다.

그렇게 천재적인 아이디어를 먼저 생각한 사람이 있었는지를 알아보기 위해서는 아주 유식해야 한다. 그리고 카우치 포테이토들 가운데에는 유식한 사람이 많다. 독서만큼 빈둥거리면서 할 수 있는 활동도 없기 때문이다. 물론 이들은 빈둥거리며 놀기보다는 활동적인 두뇌 훈련을 좋아하는 타입으로 게으름의 세계와 멀어질 위험이 많다.

하지만 지성적인 소파 활동가들에게도 머릿속 체험 세계의 즐거운 대안, 그것도 돈이 될 수 있는 대안이 있다. 당신은 혹시 실수를 한눈에 잡아내는 꼼꼼한 타입인가? 그렇다면 중세 영화 장면에 들어간 손목시계를 보고 화만 내지 말고 그렇게 찾아낸 오류들을 인터넷(예를 들어 www.movie-mistakes.com)에 올리고 같은 취향을 가진 사람들과 정보를 교환하라. 어느 날 유명한 영화감독이 전화를 걸어와 영화에 숨어 있는 오류를 찾아 달라고 부탁할지도 모른다.

그러나 소파의 즐거움을 최대한 활용할 수 있는 가장 좋은 기회는 텔레비전 중독자들의 몫이다. 오늘날에는 퀴즈쇼를 통해 쉽게 백만장자가 될 수도 있다. 그리고 그를 위해 필요한 것은 단 하나, 텔레비전을 많이 보는 것이다! 이보다 더 쉬울 수는 없다. 텔레비전을 엄청나게 시청해서 일종의 보편적 천재가 되었다면, 오늘이라도 퀴즈쇼에 응모해 보라. 여행 르포를 좋아하는 탓에 고향보다는 낯선 나라에 대해 더 많이 안다는 비난을 두려워할 필요는 없다.

수많은 연구자들이 목숨을 바쳐 가며 밝혀낸 야생동물의 비밀을 당신은 동물 영화만 보고 알게 되지 않았는가! 의사 시리즈 덕분에 외과, 산부인과, 장기 이식, 순환계, 정형외과, 정신과 전문가가 되었고—방송이 끝나거나 맥주가 떨어지는 순간 기운이 떨어지기 시작하는—타고난 축구 선수이기도 하며, 변호사 영화를 즐겨 보는 까닭에 축복받은 법학자가 되기도 한다. 그리고 샌프란시스코를 비롯한 대도시 지역에 정통한 까닭에 순찰을 도는 경찰의 어려움을 너무도 잘 알고 있다. 일기 예보도 즐거운 간식에 속하므로 기상학에 대한 지식도 놀랄 만하다. 아, 간식! 그렇다. 요리 방송도 좋아하기 때문에 냄비 하나도 닦을 필요 없이, 양파 껍질도 벗길 필요 없이—물론 머릿속으로—세계적인 수준의 요리를 해낼 수 있다.

이 모든 지식을 그냥 낭비해서는 절대 안 된다. 간단한 문제도 풀지 못하는 바보를 보고 화만 낼 일이 아니다. 미얀마의 수도 이름도 모르는 출연자가 주는 자극을 받아들여 본때를 보여 주어야 한다.

아니, 그보다는 실용적인 타입인가? 그렇다면 〈내기합시다!〉에 나갈 수 있는 무엇인가를 연습해 보자. 예를 들어 과자 봉지를 열 때 나는 팝 소리에서 제조 업체 이름을 알아맞힐 수도 있을 것이다. 아니면 쿠션에 남긴 엉덩이 자국을 보고 쿠션 자재를 생산하는 업체를 알아맞히든지….

그래, 이런 이야기는 그만두자. 모두가 억지로 꾸며 낸 아무 쓸모도 없는 이야기로 인쇄된 종이값만 낭비하는 것이다. 그래? 정말 이 모든 걸 무의미한 망상이라고 생각하는가? 이 아이디어들의 뛰어난 비전을 그냥 웃어넘긴다고? 그게 아니라면, 친애하는 독자 여러분, 당신은 육체와 정신에 아무런 강요도 하지 않고 돈도 많이 벌고 유명해질 수도 있는 사람입니다.

게으름은
발명의 어머니

거실 안을 돌아다니던 먼지 덩어리도—충분히 생각할 여유만 있다면—엄청난 성공을 가져다준다는 사실을 이제 알았을 것이다. H. C. 부트의 집이 먼지 하나 없이 깨끗했다면 진공청소기를 발명할 수 있었을까? 물론 그렇지 않다. 하지만 왜 그렇지 않을까? 양탄자에서 먼지를 털어 내는 일은 매우 번거로워서 설사 하인이 있더라도 필요한 만큼 자주 행해지지 않기 때문이다. 따라서 먼지를 털어 낼 수 있는 더 손쉬운 방법을 생각해내야 했다. 그리고 허버트 세실 부트 덕분에 우리는 오늘날 아주 간단하게 먼지를 처리할 수 있게 되었다.

스코틀랜드의 플레밍 Alexander Fleming 은 부트에 비해 칠칠치 못했지만, 그가 이룬 훌륭한 공적을 생각하면 그의 발견은 지저분해서라기보다는 우연이었다고 해야 할 것이다. 편집적인 결벽증 환자라면 결코 페니실린을 발견할 수 없었을 것이다. 하지만 플레밍은 염증성 박테리아를 배양 연구하던 중, 배양기 하나에 곰팡이가 핀 것을 보았다. 맙소사! 짜증이 난 그는 순간적으로 고름과 곰팡이 범벅을 쏟아 버리려고 했다. 그런데 다행히도 그는 비위가 꽤 좋았다. 그래서 그 배양기를 다시 한 번 자세히 살펴보았고, 그 과정에서 한 곰팡이 덩어리가 박테리아를 억제하고 있는 모습을 발견했다. 그때가 1929년이었는데, 플레밍은 16년이 지난 뒤에야 노벨상을 받았는데, 그건 실험실을 100퍼센트 청결하게 유지하지 않았던 대가이기도 했다.

현대와 같은 진보를 가져온 다른 업적들도 이와 비슷하다. 모든 훌륭한 발명 뒤에는 게으름이 숨어 있다. 발명가 자신은 전혀 게으르지 않았고, 또 게으른 사람들을 편히 살 수 있게 해 주려는 의도가 없었을 수도 있다. 그들은 단지 기술적·화학적·물리적으로 특별해 보려고 했을 수도 있다. 하지만 쓸모 있는 발명은 어느 것이나 일상생활에 편리함을 가져다준다. 그렇지 못한 발명은 발명이 아니다. 발명이 발명이 되기 위해서는 계속 개발되어야 하는데, 그러기 위해서는 투자가들에게 그 합목적성과 잠재적인 시장성을 이해시켜 소비자들이 그 물건을 사도록 해야 한다. 멍청한 발명들은 도서관이나 특허청 또는 발명가의 머릿속에서 먼지만 덮어쓰고 있다.

구텐베르크가 게으르지 않아서 책 베끼는 일을 싫어하지 않았다면, 도서 인쇄는 존재하지도 않을 것이다. 또 손빨래가 쉽고 편했다면 세탁기는 존재하지도 않을 것이다. 간단히, 그리고 빨리 계산할 수 있었다면 과연 컴퓨터를 만들었을까? 이 밖에도 사진기, 자동차, 텔레비전, 나일론 스타킹, 전자레인지, 가루비누 등의 발명은 모두 불필요한 수고를 덜어 삶을 편안하게 만들어 주는 것들이다. 아무리 부지런한 주부라도 전기밥솥을 두고 가마솥에 밥을 짓지는 않을 것이다. 또 지퍼가 있는데 바지에 단추를 채우는 사람이 어디 있겠는가!

잠깐! 있다. 그런 사람이 있다. 브랜드 청바지를 입는 사람들은 지퍼 대신 단추를 채우는 걸 특별한 멋으로 생각한다. 하지만 남의 다리 사이를 물끄러미 쳐다보는 건 예의가 아니다. 그렇다면 여자 꽁무니만 따라다니는 호색한이나 거친 남자를 대상으로 그 취향을 증명하려는 것인가? 그야말로 엉뚱한 목표가 아닐 수 없다!

날개라도 달린 듯 20층 건물을 가볍게 올라갈 수 있다면 엘리베이터는 발명하지 못했을 것이다. 하지만 고대 이집트인들도 그 어려움을 알았기에 피라미드를 건설할 때부터 도르래와 인간 근육의 힘으로 움직이는 단순한 형태의 엘리베이터를 사용했다.

그러나 안전장치가 달려 견인 장치가 고장나도 아무런 제동 없이 그대로 바닥에 내리꽂히지 않는 엘리베이터가 나오기까지는 그로부터 약간의 세월이 흘러야 했다. 이 공로는 미국의 오티스 Elisha Graves Otis에게 돌아갔는데, 그는 1857년 정말 쓸모 있고 안전한 엘리베이터를 처음으로 소개해 오늘날까지도 그의 명예로운 이름이 엘리베이터 안의 조절판에 기록되어 있다.

또한 멜리타 벤츠도 커피잔 밑에 남는 찌꺼기를 마시는 것이 싫어서 1908년 커피 필터를 개발했으며, 이로써 성공적인 기업 멜리타의 기반을 닦았다. 워터맨 Lewis Edson Waterman도 멜리타와 비슷한 길을 걸었다. 그는 펜을 계속 잉크병에 담가야 하는 것이 너무 귀찮아 만년필을 발명했다.

한편, 샌드위치는 18세기 후반 영국의 게으른 J. M. 샌드위치 백작이 항상 트럼프 놀이에 열중하느라 식사할 시간이 아까워 하인에게 육류와 채소류를 빵 사이에 끼운 것을 만들게 해서는 옆에 놓고 승부를 겨룬 일에서 비롯했다.

하지만 발명가 하면 제일 먼저 떠오르는 사람 에디슨은 "천재는 1퍼센트의 영감과 99퍼센트의 노력"이라고 하지 않았던가! 이제 막 명예와 부를 꿈꾸기 시작하던 게으름뱅이들이 이 말에 그만 모든 희망을 접어야 할까? 그렇지 않다. 전구와 축음기를 비롯해 2,000개가 넘는 기구와 방법에 관한 특허를 얻었던 에디슨, 일 중독까지

는 아니더라도 매우 부지런한 것으로 유명했던 에디슨도 젊었을 때
는 칭송받아 마땅한 게으른 구석이 있었다. 예를 들어 아주 지루한
직업인 전신 기사로 일하던 중, 그는 특정한 모스 부호를 예약한 시
간에 정확히 전송하는 기구를 개발했다. 그리고 그 기구는 훌륭하
게 작동했지만, 에디슨은 직장에서 쫓겨나고 말았다. 깊은 잠에 빠
져 있다가 그만 감사관에게 들켜 버렸기 때문이다.

거부할 수 없는
즐거움, 잠

이런 이야기를 들으면 우리 게으름뱅이들은 신이 난다.

"봐라! 그토록 위대한 에디슨도 지루한 일을 하느니 차라리 잠을 잤다!"

하지만 이것은 물론 반쪽짜리 진실에 불과하다. 진실의 다른 반쪽은 에디슨은 잠이 적은 사람이라는 것이다. 그는 4~5시간만 자도 벌써 엉덩이가 근질거려 소파는커녕 침대에도 누워 있지 못하는 사람이었다. 하지만 이건 천재에게나 해당하는 일이고, 다른 보통 사람들은 잠자는 시간이 더 필요하다.

수면 부족에 따른 현상은 충분히 알려져 있을 뿐만 아니라 사무실, 공장, 그리고 자녀가 많은 가정에서는 매일 볼 수 있는 일상사에 속한다. 의욕 상실, 남몰래 계속되는 하품, 힘도 없고 윤기 없는 피부와 머리카락이 여가 스트레스에 시달리는 오렌지족과 신경이 곤두선 어머니들을 괴롭힌다.

젊은 시절, 그러니까 스물다섯 살까지는 가끔 밤을 새워도 다음 날 별 지장이 없었지만, 한 살 한 살 나이가 들수록 그 영향은 곧바로 나타난다. 잠을 충분히 자지 못한 다음 날에는 어떤 사람도 합리적으로 생각할 수 없고, 모든 동작이 고통스럽고 거울을 바라보는 것보다 더 잔인한 고문은 없다. 어쩔 수 없이 수면 부족에 시달리는 경우, 다시 말해 방광이 약하거나 밤새 보채는 젖먹이가 있는 사람은 의사를 찾아가서 상담하거나, 아니면 그냥 기다려야 할 것이다.

하지만 대부분의 건강한 성인들인 경우에는 수면 부족이 모두 자신의 탓이다. 하루는 24시간뿐인데 일정을 20시간으로 잡았다면 4시간밖에 잘 수 없는 것은 당연하다. 그런데도 우리는 엉터리 계산 능력을 부끄러워하기는커녕 스스로를 해쳐 가며 잠자는 시간을 빼앗는 행위를 오히려 큰 소리로 자랑한다. 그러더니 사무실마다 기이한 경쟁이 시작되었다. 한 사람이 어제 5시간밖에 못 자서 피곤해 죽겠다고 한탄을 하면, 다른 사람은 그건 아무것도 아니다, 나는 3시간밖에 못 잤다고 우는 소리를 한다. 하지만 그때 보이는 퉁퉁 부은 누런 얼굴에는 승리했다는 표정이 짙게 나타나고, 상대적으로 5시간이나 잔 '패자'는 붉은 핏줄이 선 눈으로 고개를 떨굴 수밖에 없다.

하지만 카우치 포테이토들은 입을 꾹 다물어 모든 사람의 주목을 끈다. 평소와 다를 바 없이 푹 쉬고 난 그들은 맡은 일을 신속하게 처리하기 때문에 매력적인 남자의 초대를 받는다. 그리고 지치고 공격적인 동료 여직원들이 구내식당에 줄을 서서 시간을 낭비하는 동안에 아름다운 식당에서 맛있는 음식을 즐긴다. 그들은 전반적으로 낭비를 모르는데, 특히 스스로의 에너지에 관해서는 더욱 철저하다. 그들은 잠이 건강뿐만 아니라 아름다운 외모를 지니는 데 필수적인 요인이라는 사실을 잘 알고 있다. 게다가 잠보다 더 안락한 여가 활동은 이 세상에 다시 없기 때문이다.

행복한 기지개, 이불 속을 파고드는 달콤한 즐거움, 긴장을 풀며 눈을 감으면 침으로 범벅된 베개에서 풍겨 나오는 멋진 향기 …. 이 모두가 절대로 거부할 수 없는 즐거움이다. 아무리 즐겨도 싫증나지 않기 때문에 침대에서의 즐거움이 소파로 이어지는 것이다.

이상적인 경우, 밤에는 침대에 눕고 낮에는 소파에 눕는다. 하지만 소파에서 잠깐 즐기던 잠이 예상보다 길어지면 한밤중에 깨게 되고, 이때 텁텁한 입 안이 싫어 이를 닦고 나면 침대에 누워도 잠을 계속 잘 수 없는 위험은 있다. 그러나 숙달된 카우치 포테이토들은 그런 걱정을 할 필요가 거의 없다. 화면 조정 시간과 단조로운 삐 소리가 사라진 후 텔레비전은 멈추지 않고 부드러운 자장가를

들려주므로 소파에서 밤새도록 잠을 자도 피로를 회복하는 데는
아무런 문제가 없다.

생존의 조건,
휴식

당신의 상쾌한 외모와 놀라운 저항력이 인라인 스케이트나 스키 덕분이 아니라 거실에 놓인 카우치 덕분이라는 사실을 알아차리면 주위 사람들은 당신을 비웃을 것이다. 이때 그들의 비웃음은 조롱으로 나타나기도 하고 시기심으로 나타나기도 한다. 둘 다 불쾌하다. 소파 예술의 최고 단계에 오르지 못한 게으름뱅이들은 그래서 거짓말을 해 피하기를 좋아한다. 사실 그런 거짓말은 아주 쉽다. 소파를 유행에 더 민감한 장소나 활동으로 바꾸기만 하면 된다.

"난 일요일 내내 스키장(소파)에 있었어. 날씨가 정말 좋더라구!" "난 뷰티 센터에서 주말 다이어트(소파에서 즐기는 고정 메뉴)를 했지. 정말 환상이었어!" "그런 쇼핑(빈둥거리기)은 영원히 할 수 있을 것 같았어!" 등등.

소파를 잘 활용하지 못하는 동시대인들도 이해하고 동감할 수 있

308

으며, 당신을 인정하는 표현들이다.

더 진실되게 이야기하고 싶은 사람은 주말을 침대에서 보냈다고 주장할 수도 있다. 침대는 특정한 그룹의 사람들에게는 '속물적인', 특히 이야기 중간중간에 적절한 암시와 몸짓을 섞어 넣으면 소파보다 헐렁하고 사악한 장소로 들린다. 하지만 거짓말이 하고 싶지 않거나, 당신의 소파 생활에 대해 잘 아는 사람이 있어서 거짓말을 하더라도 폭로할 가능성이 있을 때는 떳떳이 고개를 들고 조롱하며 시기하는 주위 사람들에 맞서 당신의 열정을 당당하게 고백하는 수밖에 없다. 사실 그것이야말로 가장 합리적인 대안이다.

소파를 좋아하는 걸 부끄러워할 필요는 없다. 오히려 소파 생활이야말로 가장 지능적인 여가 활동에 속한다는 걸 증명해 주며, 많은 사람들에게 깨달음을 줄 수 있는 근거가 많다.

주위 사람들의 조롱에서 벗어날 수 있는 최선의 방법은 앞에서 설명한 바와 같이 무위도식하면서 부자(퀴즈 백만장자)가 되거나 유명해지거나(발명가), 또는 매력을 지니는 것이다. 이때 게으른 사람은 언젠가는 유명해진다는 주장만으로는 문제를 해결할 수 없다. 증명할 수 있는 증거가 필요하다. 특히 눈 밑의 다크서클이 단 하루 동안 소파 생활을 했다고 해서 사라지지는 않기 때문에, 그런 얼굴로 게으름과 미의 관계에 대해 오랜 시간 설교를 해 봤자 아무도 믿지 않는다. 그보다는 유명한 사람들이 남긴 뛰어난 문장들이 설득력이 있다. 그러므로 인용문들을 제대로 모아 놓는 것이 중요하다.

당신 자신의 의견은 주위 사람들에게 별 의미가 없을 수도 있다. 하지만 니체의 견해, 세네카의 의견을 곧바로 반박하고 나설 사람은 없다. 물론 인용문은 원래의 맥락을 떠나면 원저자의 의견을 그대로 반영하지 못할 경우가 많다. 하지만 세상 사람들은 교황보다 더 교황답고 아리스토텔레스보다 더 아리스토텔레스다운 사람을 원한다.

시비 걸기를 좋아하는 사람은 사이비 과학에 관한 잡담으로 코를 납작하게 눌러 주는 방법도 효과적이다. 소파 생활은 광적인 건상학자들, 다시 말해 카우치 포테이토들의 가장 강력한 적까지도 뉘우치게 할 수 있는 긍정적인 효과가 있다. 카우치 포테이토는 오래 산다! 게으름 연구가 잉에 호프만 박사는《게으름은 인생의 절반》이라는 책에서 이렇게 주장했다.

"게으르고 느린 생물체일수록 하루에 소비하는 생명 에너지가 적으므로 더 오래 산다."

이 주장의 근거는 깜짝 놀랄 만큼 단순하고도 강한 설득력이 있다. 갈라파고(galapago, 거북)는 이백오십 살까지 살고 나일강의 악어는 백 살이 넘게 사는데, 그건 그들이 거의 움직이지 않기 때문이다.

고양이는 개보다 기대 수명이 높은데, 그것은 고양이가 개처럼 쫓아다니면서 사냥하지 않고 엎드린 채 기다렸다가 공격하기 때문이다.

호프만 박사는 인간의 수명을 연장하는 것과 관련하여 몇 가지 다른 주제도 언급했다. 하지만 그건 이 책의 틀을 넘어설 뿐만 아니라, 그녀의 훌륭한 논거를 망칠 수도 있으므로 여기서는 다루지 않도록 한다.

선량한 사람들, 그러니까 부와 명성과 미가 그다지 중요하지 않다고 생각하는 사람들은 그들의 신념을 무기로 삼아야 한다. 다시 말해 카우치 포테이토들을 더 선량한 사람들이라고 주장하는 것이다. 그렇다. 잘못 읽은 것이 아니다. 좀 격앙되게 들리겠지만, 그러니까 카우치 포테이토들은 현대의 환경 보호 성인이다. 그 증거는 라인하르트 클로프플라이시 Reinhard Klopfleisch가 그의 책《게으름의 의무》에 소개해 두었다.

이 의무는 오늘날 경제학의 필연성에서 나온다. 우리는 더 적게, 더 목표 지향적으로 일하는 것을 배워야 한다. 그렇지 않으면 아무리 서둘러 대는 환경 작업도 생태학적 재앙을 조금 늦출 수 있을 뿐이다. 그러므로 의식적인 무노동이야말로 생존의 조건이다.

그렇다! '의식적인 무노동'을 삶의 다른 분야에 적용하지만(여행, 쇼핑, 등산 등) 여기저기 붙이고 확대해서 좌파 이데올로기로 확장한 이 논의가 의미하는 바는, 결국 구들장지기가 끔찍하게 활동적인 사람들보다 피해를 덜 입힌다는 사실이다. 정말 그렇다.

이 모두가 쓸데없는 허섭스레기라고 생각하는가? 분명히 누구라도 잘난 척하는 사람이 나타나 이 멋진 '증거들'을 반박하며 당신을 힘겨운 토론장으로 끌어들이려고 할 것이 뻔한데, 왜 그런 불필요한 일을 자발적으로 떠맡아야 하냐고? 그렇다면 당신 자신의 이성 밖에 남는 것이 없다. 건강한 인간의 이성은 뻔하다. 그리고 건강한 인간의 이성은 우리에게 특히 이렇게 말한다.

"가장 끔찍한 카우치 포테이토 혐오자는 변장한 카우치 포테이토일 경우가 많다. 당신의 소파 생활에 특별한 혐오를 드러내는 사람은 아마 스스로의 경험을 통해 소파의 위험을 잘 알고 있거나, 당신이 즐기고 있다고 생각되는 온갖 못된 짓들을 상상하며 상세히 묘사하길 즐기는 것이다."

소파의 즐거움을 강력하게 탓하며 죄처럼 여기는 사람일수록 다른 활동을 강력히 권하게 마련이다. 스포츠맨은 운동을 권하려 하고, 영화광들은 극장에 더 자주 갈 것을 권하며 신선한 공기 광신자들은 더 자주 산책하라고 권하고, 가정 옹호가들은 친척들을 더 자주 방문하라고 권한다. 그리고 이 모든 사람은 정말 자기가 옳다고 굳게 믿는다.

대체 왜 그럴까? 이젠 정말 즐겁지 않은 여가 활동의 해로운 영향에 돋보기를 들이대고 자세히 살펴봐야 할 때, 아니 과학적으로 연구할 때가 되었다. 멋진 카페에서 보내는 저녁 시간이 아무리 아름답다고 해도, 그럴 마음이 전혀 없으면 삼가야 할 것이다. 이건 간단한 이야기이다. 하지만 선교사들과 당신의 양심의 가책이 "무엇인가를 놓치게 될 거야!"라고 합창하는 소리가 들릴 것이다. 그 소리에 주의를 기울이지 말라. 후회와 죄책감은 건강에 해롭지만 이른바 '죄', 그러니까 이 경우 빈둥거리는 게으름을 뒤돌아보는 향수는 멋진 무엇인가를 갖고 있다. 분위기 있는 눈길로 'I did it my way' 또는 '나는 내 식으로 살아왔어'라고 중얼거려본 사람이라면 그 느낌을 알 것이다.

소파의 즐거움을 남몰래 숨기지 말고 떳떳하고 당당하게 밝혀라. 당신이 불안해하면 온갖 사람들이 모두 나서서 당신이 지금 무엇인가를 잘못하고 있는 거라고 설득하려 든다. 하지만 스스로의 활동에 대해 100퍼센트 확신하고 있는 사람은 세상 사람들에게서 존경을 받는다. 그러므로 커밍아웃하라! 그러면 당신과 생각이 같은 사람들도 용기를 얻어 스스로의 열정을 고백할 것이다.

그렇다고 당장 클럽을 만들 필요는 없다. 물론 즐길 줄 아는 대부분의 카우치 포테이토들은 모임 만들기 유행병에 대해 저항력이 강한 편이다. 하지만 이따금씩 소파의 예술에 관해 무엇인가를 이해하고 있는 다른 사람들과 체험을 교환할 수 있다면, 그 또한 즐거운 일이 될 것이다. 다른 카우치 포테이토의 경험을 통해 무엇인가를 배울 수 있을지도 모른다.

당신의 소파 여가를 취미로 생각해라. 다른 사람들은 취미에서 강한 정체감을 느끼기 때문에 취미에 많은 시간을 투자하고, 또 온갖 액세서리로 취미 활동을 꾸민다. 주위에 골프 치는 사람이 있다면 내 말의 의미를 알 것이다. 게다가 당신은 이로써 주위 사람들에게 좋은 일을 하는 것이다. 그들은 크리스마스나 생일날 당신에게 무엇을 선물해야 할지 크게 골치를 썩일 필요 없이, 카우치 포테이토에게 중요한 물건을 곧바로 고를 수 있을 것이다. 담요나 베개 또는 소파용 미니 진공청소기 등등.

314

9

하나님은 우리가 즐길 수 있도록
이 세상을 창조하셨다.
그 밖의 나머지는 지루하고 끔찍하며 가련하다.

— 볼테르 *Voltaire*

라이프 스타일에
당당하라

지금껏 이 책을 읽으며 자의식을 굳건히 세운 당신은 역사상 훌륭한 인물들이 바로 당신처럼 느긋하게 누워 빈둥거리는 걸 좋아했으며, 당신이 좋아하는 그 여가 활동이 길고도 고귀한 전통을 자랑하고 있다는 사실을 알게 되었다. 또한 당신은 쉴 새 없이 서두르면 해롭다는 것, 그리고 소파의 여가를 찾는 충동을 잘 따를수록 더 오래 살 수 있다는 사실도 알게 되었다.

그리고 이 책을 읽은 동기가 지식욕이든 즐거움에 대한 탐닉이든, 아무튼 이 책을 읽는 동안 당신은 양심의 가책을 느끼지 않고 발을 마음대로 높이 올려놓을 수 있다는 사실을 알게 되었다. 그런데도 소파에 누워 있으면 엉덩이가 근질거린다고? 당신은 지금 이 순간 냉장고 뒤편에 놓인 유통 기간이 오래전에 지난 요구르트 안에서 새 살림을 꾸리기 시작한 수만 개의 세균들에 대해 생각하고 있을 수도 있다. 아니면, 벌써 몇 달 전에 끝냈어야 할 세금 계산서 작성에 대해 생각하지 않으려고 애쓰고 있을지도 모른다. 아니면 오늘 저녁 생일 파티에 무슨 옷을 입고 갈지 머릿속으로 생각하고 있는가? 그렇다면 문제는 한 가지뿐이다. 당신은 휴식 프로그램을 제대로 짜지 못했다!

걱정할 필요는 없다. 어차피 해야 할 일보다 더 많은 일이 닥치지는 않는다. 아무리 귀찮아도 가끔씩은 냉장고를 말라 빠진 당근과 유통 기한이 지난 우유 제품들로부터 해방시켜 줘야 하고, 도저히 빠질 수 없는 행사도 있을 것이다. 아무리 소파를 사랑해도 몇 가지 의무는 남는다. 이 의무들을 다른 사람에게(가사 도우미나 회계사) 떠넘길 수 없다면 소파에 눕기 전에 해치우거나, 아무것도 방해받지 말고 느긋하게 빈둥거리는 취미를 위해 다른 날을 택해야 할 것이다.

해야 할 일을 생각하며 답답해하고 불안해하는 마음, 끝내지 못한 일을 바라보며 불편해하는 마음은 소파에서 멀리 치워 놓아야 한다. 당신이 천재적인 심리 조절가가 아니고 나중에 닥칠 문제(강제 퇴거, 월급 차압, 해고)를 피하려고 한다면, 먼저 스트레스를 주는 요소들을 없앤 뒤 소파에서 누릴 수 있는 즐거움에 탐닉해야 한다. 이런 말을 하면 "먼저 일을 하고 나중에 놀아라"라고 말하는 것처럼 들리겠지만, 사실 몸에 좋은 약은 어느 정도 입에 쓴 법이다. 또 일을 다 하고 나서 느긋하게 기지개를 켤 수 있으면 즐거움은 두 배나 커진다. 지저분한 냉장고, 친구와의 약속, 걱정이나 스트레스도 느긋하게 빈둥거리는 한가로움을 방해하지는 못한다.

어쩌면 당신은 "하지만 피로가 풀리면 일을 두 배나 빨리, 그리고 잘할 수 있다"고 반박할 수도 있다. 그래, 좋다. 유감스럽게도 당신 말이 옳다. 그러니 앞에서 의무를 완수하는 것에 대해서 한 말은 모두 잊어버려라. 하지만 숙달된 카우치 포테이토들이 당신을 위해 정리해둔 몇 가지 작은 힌트만은 가슴에 새겨라.

소파에서 누리는 진정한 한가로움은 일상화될 때 끝난다. 일주일의 하루, 예를 들어 일요일을 세으름 피우는 날로 정해 두고 정확한 계획에 따라 실천하면, 얼마 뒤에는 즐거움이 사라진다. 게으름이 의무가 되는 순간, 다시 말해서 엄격하게 조직된 프로그램 속의 한 점이 되는 순간, 본래의 의미는 잃어버린다. 슬그머니 권태가 찾아오고 의욕 없는 상태가 계속되며 불만스러운 마비감을 느끼게 된다. 한마디로 카우치에서 무엇을 해야 좋을지를 모르게 된다.

그러므로 빈둥거리는 즐거움을 계속 유지하고 싶다면, 원래는 다른 계획이 있더라도 이따금씩 즉흥적으로 '소파의 저녁'을 끼워 넣는 것이 좋다. 신선한 공기를 마시고 싶은, 도저히 설명할 수 없는 충동이 문득 찾아든 날은 소파를 한쪽에 밀쳐놓아도 좋고, 특히 성취감 때문에 뿌듯한 날에는 상으로 소파 시간을 즐길 수도 있겠다. 그 밖에도 소파 시간은 가능하면 다양하게 즐기는 것이 좋다. 소파에서 텔레비전만 보면 (예를 들어, 낯 뜨거운 생리대 광고 때문에) 언젠가는 소파만 봐도 짜증이 날 것이다. 하지만 소파를 다른 활동에도 활용한다면(일은 제외!) 소파를 볼 때마다 즐거운 연상, 충만한 느낌을 받을 수 있다.

"당신 자신부터 즐겁게 해 주는 법을 배워라. 스스로를 지겹게 만들지 말라! 자기가 좋아하는 개념들하고만 어울려 지내면 얼마나 지루한 사람이 되는지, 상상도 못할 것이다."

크니게 남작이 그의 독자들에게 충고한 말이다.

소파의 즐거움을 청명하게 계속 유지하기 위해서는 일상화되는 것을 피하는 방법 외에도 몇 가지 실용적인 근본 규칙을 알고 있어야 한다.

먼저, 집에 언제나 충분한 현금을 갖고 있는 것이 좋다. 잿빛 겨울날, 피자 배달원에게 팁을 주려고 현금을 구하기 위해 바깥으로 나가야 하는 것보다 더 끔찍한 일은 없다. 차라리 외식을 하러 나가는 편이 나을 것이다. 그 밖에도 느긋하게 게으름을 피우기 위해 필요한 물건들인 DVD와 책, CD, 신문, 뜨개질감, 그리고 먹고 마실 것들은 미리 준비해 둬야 한다. 왜냐하면 그런 일로 구멍가게나 슈퍼마켓까지 가야 한다는 건 지나치게 힘겨운 일이고, 게다가 누군가 아는 사람이 당신의 감자 같은 외모를 보게 될 위험까지 있기 때문이다.

중요한 것들을 모두 준비했다면 불필요한 모든 것에서 벗어나야 할 때가 된 것이다. 아이들은 동물원으로, 파트너는 박물관으로 (이때 쓰레기 봉투를 함께 갖고 나가도록 할 것!), 함께 사는 식구들을 모두 놀러 보내라. 미뤄 놓은 일을 지금 끝낼 마음이 없다면, 적어도 그 방해물은 보이지 않는 곳으로 치워라. 한눈으로는 텔레비전을, 다른 한눈으로는 뜯지도 않은 채 산더미처럼 쌓여 있는 우편물을 보는 것만큼 좌절감을 느끼게 하는 일도 드물다. 너저분한 집안이 방해가 된다면 약간 정리정돈을 해도 좋지만, 자꾸 소파에서 일어나 청소를 하지 않을 정도로만 그쳐라. 약속을 취소하고 싶다거나 불편한 대화를 나눠야 할 때는 미루지 말고 즉시 해치워라. 그런 일이 하루를 망칠 수도 있다. 또 운동을 하지 않고 지나칠 수 없다면 아침 일찍 해치워라. 편안한 마음, 지친 팔다리는 소파의 즐거움을 믿을 수 없을 만큼 높여 줄 것이다.

몸의 위생에도 마찬가지 원칙이 적용된다. 하루 종일 세수도 하지 않고 카우치에 누워 있는 사람은 대부분 최소한의 신체 관리를 완수한 사람의 절반도 즐기지 못한다. 중급자를 위한 소파 미용법은 다음과 같다.

오이 마사지, 헤어 케어, 잔잔하게 흐르는 음악, 가벼운 독서로 긴장을 풀어 주면서도 즐겁게 구성한 느긋하고 여유 있는 거품 목욕이 끝난 뒤에는 장미처럼 신선하고 기분 좋게 피곤하다.

그런 다음에는 편안한 옷을 걸치고 곧바로 소파로 향하는데, 아무런 장애도 있을 수 없다. 초보자들의 생각과는 달리, 누워서 하루를 보내는 날 아무 옷이나 입어도 상관이 없는 건 아니다. 보통 침대에서 입는 옷은 절대 삼가야 한다. 왜냐고? 어두운 밤, 이불 밑에서나 허용되는 옷은 자존심을 쉽게 흔들 수 있다.

먼저, 그런 옷들은 밝은 대낮에는 아주 매력이 없을 뿐만 아니라, 어쩔 수 없이 지난번에 앓은 감기나 기관지염을 상기시켜 소파와 보낼 즐거운 시간을 미리 망칠 수 있다. 목욕 가운은 별 무리가 없지만, 소파에서 이리저리 뒹굴다 보면 뭉치거나 주름이 생겨 허벅지를 비롯한 신체 부위에 통증을 가져오는 압력을 줄 수도 있다. 또 지나치게 털이 많거나 몸에 꽉 끼는 옷, 너무 가볍거나 너무 두껍거나 얼룩에 아주 민감하거나, 또는 구김이 잘 가는 옷도 피하는 것이 좋다.

소파에 적당한 옷은 부드럽고 세탁할 수 있으며 구김이 가지 않는 옷, 다시 말해서 운동복 바지나 쫄바지 또는 헐렁한 청바지에 티셔츠나 스웨터를 입는 게 가장 좋다. 또 발은 오랫동안 움직이지 않으면 차가워지기 쉬우므로 따뜻하고 부드러운 양말을 신는 것이 좋다.

이런 옷으로 꾸민 외모는 감자보다 크게 나을 건 없지만, 그래도 매력이 있다. 그렇게 입고 있으면 피자 배달원이 와도 그냥 문을 열어 줄 수 있고, 상대는 성적으로 모욕감을 느끼지 않는다. 사실 헐렁하고 편안한 옷이 지닌 결정적인 단점은 전혀 섹시하지 않다는 것이다. 그러므로 그런 복장을 한 당신의 모습을 당신이 마음에 두고 있는 누군가에게 보여 줄지 여부는 깊이 생각해야 할 일이다. 당신이 언제나 파트너와 함께 시간을 보내는 타입이라면, 마음속 깊이 다음 질문을 생각해 봐야 할 것이다.

'나는 정말 그이에게 이런 모습을 보여 주고자 하는가? 그이는 그래도 나를 변함없이 사랑할까?'

이 두 질문에 솔직히 "그렇다!"라고 대답할 수 있는가? 그렇다면 축하한다! 두 사람은 아무런 방해도 받지 않고 소파의 즐거움에 탐닉할 수 있다. 다만 예를 들어, 다리미대가 문제가 될 수도 있다. 집에 가사 공간이 따로 마련되어 있지 않고 가사 활동도 명확하게 분업화되지 않는다면, 다리미대처럼 평범한 물건이 거실 한가운데 있어 다이너마이트가 될 수도 있다. ("저 다리미대 좀 치워!" "왜 또 나야? 난 벌써 폐지를 내다 버렸잖아!")

그뿐만이 아니다. 소파 시간을 구성하는 데서도 의견을 일치해야 한다. 한 사람은 텔레비전을 보려고 하는데 다른 사람이 조용히 책을 읽고 싶다면, 각자 다른 방에서 보든지 서로 다른 날을 잡아야 할 것이다. 서로의 관심사가 매우 비슷해 이런 장애까지는 성공적으로 극복했다고 해도, 그것으로 끝은 아니다. 장애물은 또 있다. 소파와 액세서리를 나누는 문제이다. ("오늘은 내가 큰 이불을 차지할래!") 그리고 이 문제야말로 처리하기가 쉽지 않다.

영혼의 평화를 위한
필수품

적절한 액세서리를 충분히 확보하고 있는 사람은 느긋하고 너그럽다. 소파를 향한 불타는 정열은 이럴 때만 이익이다. 그러므로 당신의 목적에 맞는 소파를 마련하는 데 돈을 조금 더 투자하고, 그 대신 영혼의 평화를 누려라. 이때 유행은 별로 고려하지 않아도 좋은데, 쿠션이나 방석 등 장식을 적절히 바꾸면 어떤 유행에도 맞출 수 있다. 그리고 늘상 소파 액세서리를 업데이트하느라 비용을 들이지 말고, 그런 선물은 받도록 유도하라.

커밍아웃을 하면 당신의 친구들과 친척들은 끝없이 샘솟는 선물 아이디어의 보고를 얻게 될 것이다. 글쎄…, 소파까지 선물하지는 않겠지만, 그 밖의 유용한 물건들은 크리스마스와 생일에 공짜로 배달될 것이다. 그리고 이모가 선물한 조각 이불이 마음에 들지 않는다면 은밀히 다른 사람에게 선물하거나 중고 시장에 팔아 치워야지, 성스러운 소파를 더럽게 해서는 절대 안 된다.

우리들의 생활 환경은 지난 100년 동안 엄청나게 변했지만, 소파는 예나 지금이나 여전히 거실(집에서 가장 내세우고자 하는 공간!)에서 가장 중요한 가구이다. 그건 소파의 다양한 형식과 제작 방식, 크기 덕분이기도 하다. 소파는 유형에 따라 이름도 많지만, 일상적으로 널리 쓰는 소파와 카우치는 등가구 소파, 가죽 카우치, 벨벳 카우치, 3인용 소파, 2인용 소파, 1인용 소파, 천 소파, 레자 소파 등 설명을 덧붙여 사용하기도 한다.

요즘에는 그 종류가 다양해 개인적인 취향에 맞게 짜맞출 수 있는 시스템 소파도 나와 있고, 침대와 소파를 합친 침대 소파도 여러 가지가 있다. 침대와 소파를 둘 다 살 수 있는 장소도 돈도 없는 사람은 침대를 소파로 바꿀 수 있게 된 것이다. 물론 아침마다 침대를 소파로 바꾸는 일이 약간 수고스럽기는 하지만, 단순한 학생방에서도 편안한 거실 분위기를 낼 수 있다는 장점이 있다. 어디 그뿐인가! 더 간단하고 빠르면서도 개인적인 영역을 침해당하지 않는(남들이 침대에 앉는 걸 누가 좋아할까?) 매직 에어 소파도 있다. 이것은 손님이 가고 나면 순식간에 다시 공기를 빼서 서랍 속에 보관할 수 있다.

어떤 소파를 살 것인지는 재정 상태, 사용할 수 있는 장소, 개인적인 취향, 남에게 보이려는 욕구, 가족 상황 등 여러 요인에 따라 달라진다. 어린 자녀가 있는 사람은 튼튼하고 관리하기 쉬운 모델을 골라야 하고, 외출이나 이사를 즐기는 독신자들은 튀지 않는 모양을 지닌 저렴한 모델을 골라야 하며, 품질에 대해 까다로운 노인들은 마무리 작업이 잘 되어 있는지 인체 공학적으로 설계되어 있는지를 살펴서 선택해야 한다. 물론 인테리어주의자들에게는 심미적인 기준이 결정을 좌우할 것이다.

당신이 몇 살인지, 어떤 스타일을 좋아하는지와 상관없이 소파에서 많은 시간을 혼자 보내는 사람, 그것도 수평 자세를 가장 좋아하는 사람은 소파를 살 때 까다롭게 골라야 한다. 충분한 시간을 갖고 여러 제품을 살펴보고, 어떤 경우에도 양보해서는 안 된다. 그러다 보면 결국 마음에 꼭 드는 소파가 나타날 것이다. 너무 작고 너무 딱딱한 소파 때문에 몇 년씩 화를 내느니, 몇 주일을 기다리는 것이 훨씬 낫다. 그러므로 서두르지 말고 느긋하게, 쿠션 상태가 당신의 소망에 맞는지를 잘 살펴봐라. 세일즈맨이 아무리 완벽하다고 칭찬해도 대충 넘어가지 말고, 너무 부드럽거나 너무 딱딱하지는 않은지 천천히 살펴라.

특히 마감재 부분에서는 세일즈맨을 완전히 무시하는 것이 가장 좋은 방법이다. 세일즈맨은 분명 가죽을 권할 텐데, 그 이유는 가죽이 가장 비싸기 때문이다. 사실 가죽은 몇 가지 좋은 점(긴 수명, 품위 있어 보임, 냄새를 흡수하지 않음)이 있지만, 돈이 있다고 누구에게나 맞는 것은 아니다. 가죽은 미끄러운 특성이 있다. 그래서 체스터필드형 소파는 전형적인 단추를 달고 있는데 그건 유감스럽게도 엉덩이에 '자국'을 내고, 다른 형태의 가죽 소파들인 경우에는 앉은 자리에서 미끄러지지 않으려면 언제나 배의 근육을 긴장시키고 있어야 한다. 게다가 가죽 특유의 냄새도 만만치 않아서 아이들이나 어른들도 예민한 사람은 헛구역질을 할 수 있다.

벨벳과 우단 소파는 이와는 정반대로 접착성이 있다. 아주 미끄러운 옷(폴리에스테르, 새틴)을 입어야만 단계별 저항 없이 이러저리 미끄러질 수 있는데, 그건 소파 프로그램의 기본 전제에 속하는 사항이다. 게다가 이런 소파에는 개털을 비롯해 과자 부스러기, 털실 등 모든 것이 다 달라붙으며 떼어 내기도 매우 힘들다. 벨벳과 우단 소파는 보기도 좋고 촉감도 좋지만, 카우치 포테이토에게 꼭 들어맞는 소파는 아니다. 그렇다면 너무 미끄럽지도 않고 너무 들러붙지도 않는 재료로 만든 소파가 좋겠다.

단색의 천 소파는 적어도 두드러지게 보이는 직조 구조, 다시 말해서 얼룩 방지 장치를 갖고 있어야 하며, 무늬가 있는 천 소파는 신경을 날카롭게 만들지 않으면서도 변덕스런 취향에 어느 정도 맞는 디자인이어야 한다. 또 너무 유행에 민감한 것은 안 된다. 소파 천 갈이는 소파만큼이나 비싸기 때문이다. 그리고 대체 방석은 무엇 때문에 있는 걸까?

이 문제에 대해 당신은 아주 다른 의견을 가질 수 있기 때문에 완전히 흥분하며, 유행이 만들어 내는 온갖 어리석은 짓을 다 따라할 수도 있다. 방석 커버는 쉽게 사거나 만들 수 있다. 또 방석의 소재는 소파 포장재의 소재와 같은 것이 원칙이다. 다시 말해서 구김이 없고 얼룩에 둔감하며, 세탁할 수 있는 커버가 제격이다. 하지만 단추나 장식술 등은 포기하는 것이 좋다. 쇼윈도 안에서는 그런 것들이 멋지게 보이지만, 볼에 그런 자국이 새겨지면 전혀 멋있지 않다. 유행에 민감한 대도시의 인테리어 하우스에서 요즘 큰 인기를 누리는 밀짚이나 갈대를 사용한 방석 커버는, 특히 스웨터를 즐겨 입는 카우치 포테이토라면 아예 쳐다보지도 않는 것이 좋다. 스웨터의 실이 삐져나온 밀짚이나 갈대에 곧잘 걸리기 때문이다.

한편, 지칠 줄 모르는 제조업체들의 창의성은 칭찬할 만한 점이 많다. 방석의 새로운 속재료 덕분에 잘 뭉치는 오리털 방석은 이미 오래전에 과거사가 되었다.

그렇다. 발전과 진보…, 그 덕분에 우리들의 거실은 우주선 엔터

프라이즈호의 중앙 조정실을 닮아 가고 있다. 여기에 근심스러운 얼굴을 하는 사람들도 있겠지만, 카우치 포테이토를 포함한 대부분의 사람들에게는 축복이다. 텔레비전, 스테레오, 비디오테이프리코더, PC, 겜보이는 현대적인 가정의 기본 설비가 되었으며 여러 개의 모델을 동시에 갖고 있는 집도 많다. 천만다행이다. 아빠가 자동차 경주를 보려고 할 때 엄마는 침실에서 연속극을 볼 수 있고, 말썽꾸러기 아들은 느긋하게 텔레비전 채널을 계속 돌리는데 귀여운 딸은 뮤직쇼에 몰두할 수 있으니 말이다.

리모컨이 없었다면 텔레비전의 재미는 반감되었을 것이다. CD 플레이어와 비디오 리코더도 마찬가지다. 소파에서 보내는 느긋한 하루를 위해서는 이 모든 리모컨들을 반드시 손이 닿는 곳에 늘어놓아야 한다. 그리고 건전지가 다 닳지는 않았는지 미리 점검해야 한다. 숙련된 카우치 포테이토들은 언제나 집에 새 건전지를 확보하고 있다.

기술의 발달은 전화 생활도 안락하게 만들었다. 전화 거는 사람의 번호를 액정 화면에서 보고 귀찮으면 자동 응답기를 틀면 된다. 하지만 진정한 카우치 포테이토는 방해받고 싶지 않기 때문에, 전화벨이 울리지 못하게 아예 꺼 놓는다. 그럴 용기가 없는 사람, 중요한 전화가 올지도 모른다고 생각하는 사람에게는 이런 이야기를 들

려주고 싶다. 정말 중요한 전화면 다시 걸 것이다. 그렇지 않다면 어차피 기다릴 수 있다. 하지만 전화가 긴장을 풀어 주고 시간을 때워 주기 때문에 빈둥거리며 즐길 수 있는 활동이라고 생각한다면, 무선 전화기나 핸드폰을 권하고 싶다. 둘 다 배터리는 미리 충전해둬야 한다. 따뜻한 담요 밖으로 나오는 건 힘겨운 일이 될 수도 있기 때문이다.

담요를 똘똘 말고 누워 있으면 일어서는 게 쉽지 않다. 담요에 대해서도 몇 가지 주의할 점이 있다. 의상이 그렇듯이 담요도 너무 무겁거나 너무 얇은 것, 또 너무 큰 것은 피해야 한다. 담요가 너무 크면 쉽게 미끄러지거나 뭉쳐서 편안함을 크게 제한한다. 하지만 너무 짧아서 발이 쑥 빠져나오는 담요보다 더 불편하지는 않다. 소파 예술을 익히기 위해서는 무엇보다도 발까지 온몸을 따뜻하게 감쌀 수 있어야 한다. 그러므로 담요를 고를 때는 키보다 20센티미터쯤 긴 것이 좋다. 폭도 허벅지에 찬 바람이 스며들지 않을 만큼 넉넉한 것으로 골라야 한다.

그 밖에도 이불을 침대에서 소파로 유괴하는 실수는 저지르지 말아야 한다. 소파에서 이불을 덮고 있으면 병이라도 걸린 것처럼 느껴지며, 소파에서 뒹굴고 난 뒤에는 이불보를 갈아야 할 위험도 있기 때문이다. 소파 즐기기를 할 때 이상적인 담요는 가벼운 면이

나 부드러운 폴리에스테르 재질에 무늬가 있고 세탁기로 빨 수 있는 것이 좋다.

그 밖에도 카우치 탁자는 포기할 수 없는 액세서리이다. 요즘 유행하는 소파 세트에는 카우치 탁자가 들어 있지 않은 것이 많다. 카우치 탁자를 속물적으로 느끼는 사람들이 많기 때문이다. 하지만 그런 유행에 겁을 먹어서는 안 된다. 속물 취향이라는 비난보다 더 끔찍한 일은 바닥에 놓인 컵을 집으려고 몸을 굽혀야 하는 것이고, 그것보다 더 끔찍한 일은 실수로 컵을 엎었을 때 청소를 해야 하는 일이다. 시중에는 끝없이 다양한 형태와 크기, 재질을 자랑하는 카우치 탁자가 나와 있으므로, 각자의 목적과 필요에 맞는 것을 고르는 데 별 어려움이 없을 것이다. 이때 반드시 각자의 목적과 필요를 신중하게 고려해야 한다.

흡연가에게는 담배와 라이터, 재떨이가 언제나 손 닿는 곳에 있어야 하고 컴퓨터광에게는 랩톱, 텔레비전 중독자에게는 리모컨, 책벌레에게는 책, 그리고 비교적 오랫동안 누워 있는 모든 사람을 위해서는 먹고 마실 것이 반드시 가까이에 있어야 하기 때문이다. 참고 견디는 인내심도 언젠가는 한계에 도달하므로, 이 모든 물건들은 반드시 미리 준비해 둬야 한다.

소파에서 뒹굴기를 좋아하는 사람들은 독서용 램프도 세심하게 골라야 한다. 먼저 스위치의 위치가 손이 닿는 곳에 있어서 몸을 많이 굽히거나 일어설 필요가 없어야 한다. 또 빛의 세기도 독서에 집중할 때는 아주 환하게, 그냥 책장을 뒤적일 때는 환하게, 텔레비전을 보거나 게임을 할 때 그리고 낮잠을 잘 때는 약하게 조절할 수 있는 것이 좋다. 누워서 즐기는 게으른 날을 실외에서 보낼 때는 그 반대 상황이 되는데, 따뜻한 봄날 햇볕이 좋을 때 더러운 유리창을 바라보고 있을 필요가 없다는 장점이 있다. 이때는 책을 읽으려면 선글라스가 반드시 필요하고, 자외선 차단 크림도 빼놓을 수 없다.

마지막으로 한마디만 더 잔소리를 하겠다. 집 안을 꾸밀 때 소파에서 바라보는 시야에 주의를 기울여라. 속물적인 천성이라면 양초나 포푸리, 인상주의 화풍의 그림 등이 소파의 즐거움을 더해 줄 것이다. 반면에 비교적 둔한 사람이라면 멋진 풍경화 달력이나 성냥갑 컬렉션, 동양 철학 추종자라면 전자파를 차단하고 기(氣)를 강화하거나 조화롭게 만들 수 있도록 수정 구슬이나 녹색 식물, 모빌이나 병풍을 풍수 법칙에 맞도록 늘어놓는 것이 좋다. 아무튼 가장 중요한 사실은 소파와 조화를 이루어 온전히 하나가 될 때 자아를 찾을 수 있다는 사실이다.

나는 어떤 소파
유형인가

진정으로 소파의 즐거움을 누릴 수 있으려면 무엇보다도 느긋한 여유를 가장 중요한 삶의 원칙으로 삼아야 한다. 당신의 라이프스타일을 비판적으로 분석하면 당신의 약점이 무엇인지, 그리고 그 약점을 어떻게 긍정적인 소파 에너지로 바꿀 수 있는지 알 수 있다. 이 테스트는 그 점에서 도움이 될 것이다. 각 질문에 대해 대답은 하나만 고른다. 주어진 대답들 가운데 하나도 합당한 것이 없으면 그 중 가까운 것을 고른다.

1. 할인점 계산대 앞에서 줄을 서서 기다리고 있다. 당신 차례가 될 때까지 30분 정도 걸릴 것이다. 이럴 때 당신은 어떤 태도를 보일까?

   다른 사람에게 양보해 달라고 부탁한다. 내 쇼핑 카트에는 생수 두 병과 화장솜 하나, 커피 하나와 몇 가지 사소한 물건들만 들어 있기 때문이다.

운명으로 받아들인다. 쇼핑 카트에 들어 있는 물건을 살펴
보고 세일 중인 돈가스(대형 포장)를 사도 돈이 모자라지
않는지 계산한다.

할인점 사장과 면담을 하겠다고 고집해 계산대를 하나 더
만들도록 한다. 어쩔 수 없는 경우에는 사장이라도 나서
서 계산대에서 일해야 할 것이다.

가까운 곳에 있는 잡지 〈오늘의 심리학〉을 가져와 읽다가
내 차례가 되면 다시 제자리에 갖다 둔다.

세일 물품으로 나온 캠핑용 의자를 가져다 앉은 다음 초
콜릿을 먹으며 잡지를 읽는다.

2. 미용사가 당신 머리를 자르다가 작은 실수를 했다. 당신은 어떻게 반응
할까?

고발하겠다고 위협하며 앞으로는 그 미용실이 텅텅 비도
록 조치한다.

바닥에 떨어져 있는 곱슬머리를 재활용하거나 자선 기관
에 보내도록 부탁한다.

신경질적으로 짜증이 난다. 하지만 결국은 멋진 미용사의

설득에 넘어가 그 실수를 가릴 수 있는 머리형으로 바꾸고 원래보다 두 배나 비싼 돈을 지불한다.

나는 원칙적으로 다툼은 피한다. 그러므로 모든 걸 무시한다. 머리카락이야 다시 자라지 않는가!

먼저 미용사에게 화를 낸 다음, 그나마 최선의 결과를 만들도록 한다. 물론 돈은 내지 않는다.

3. 프로크루스테스의 침대가 무엇이라고 생각하나?

불쾌한 상태를 강요받는 것, 그리스 신화에 나온 도둑의 이름을 따서 생긴 말. 그 도둑은 붙잡은 나그네를 억지로 침대에 눕힌 뒤 침대 길이에 맞춰서 다리를 잡아 늘이거나 잘라 버렸다고 한다.

누울 수 있는 긴 의자로 머리 부분이 비스듬하다. 철학적 사색에 잠길 수 있는 자세를 가능케 하는 의자로, 그리스의 철학자 프로크루스테스의 이름을 딴 것이다.

보헤미아의 잔치 음식. 버터를 넉넉히 두른 팬에 빵가루를 볶은 다음 그 위에 삶은 감자를 얹는다.

매우 큰 침대(킹 사이즈)로, 매트리스가 수평으로 3등분되어 있다. 언제나 3을 고집했던 마케도니아의 왕 프로크루

336

스테스의 이름을 딴 것이다.

 프로크루스테스 남작이 자신은 호화로운 오리털 이부자리에서 자면서 자신의 병사들은 딱딱한 땅바닥에서 자게 한 데서 비롯된 표현이다.

4. 신체를 단련하기 위해 가장 좋아하는 방식은?

 요가

🗿 스쿼시

🕷 볼링

👓 자루 입고 달리기

📱 카마수트라

5. 자동 응답기에 옛 친구들의 음성이 녹음되어 있다. 친구들은 가까운 곳에 있다며 잠깐 당신을 찾아오겠다고 한다. 하지만 당신은 그들을 별로 만나고 싶지 않다. 어떻게 하겠는가?

👓 집에 없는 척하며 친구들이 온다고 한 시간이 지나갈 때까지 전화를 받지 않는다.

📱 전화를 걸어서 찾아오도록 한다. 하지만 그전에 청소부들을 불러서 집안을 깨끗하게 치우고 꽃, 과일, 군것질거리,

337

샴페인을 준비한다.

✸ | 친구들이 온다니 신난다. 친구들과는 전통적인 다례에 따라 녹차를 마신다.

🍍 | 신난다. 전화를 걸어 저녁에 축구 시합을 구경하러 가자고 제안한다. 맥주는 내가 준비하고, 땅콩 등 안주거리는 친구들에게 가져오라고 한다.

🧍 | 내게 유용한 친구들이라면 포도주를 준비하고 기다린다. 그렇지 않으면 시간이 없다며 핑계를 댄다.

6. **하루 종일 누구의 방해도 받지 않고 혼자 집에서 지낼 수 있을 때 가장 좋아하는 복장은?**

📱 | 실크 기모노 또는 집에서 입는 가운

👓 | 평소와 같은 복장, 쫄바지와 편안한 스웨터

✸ | 거친 광목으로 만든 카프탄(아랍인들이 입는 가운)

🍍 | 낙하산감으로 만든 여가용 바지, 티셔츠

🧍 | 브랜드 청바지와 폴로 셔츠

7. **4시간 동안 기차를 타고 가야 할 때 무슨 일을 하겠는가?**

✸ | 옆자리에 앉은 아프가니스탄 여자와 이야기를 하며 시끄

럽게 구는 군인들에게 비판적인 눈길을 던진다.

랩톱으로 작업하며―물론 일등석에서―비행기 좌석을 예약하지 못한 여비서에게 화를 낸다.

식당 차에 앉아 이등급 포도주를 마시면서도 오리엔트 익스프레스를 탄 상상을 한다.

네 명이 앉을 수 있는 자리를 확보하고, 카드 게임을 함께할 사람들을 찾는다.

미리 옆자리를 예약해 둬 편안하게 앉는다. 그리고 기차 안에서 파는 과자와 코코아 등을 마시며 즐긴다.

8. 다음 그림을 완성하시오.

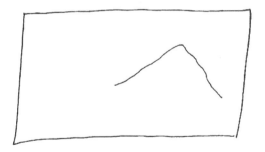

9. **베이지 색깔이 연상시키는 것은? (여러 개를 표시해도 좋다)**

삶은 감자	중요하지 않다
샤넬 외투	지나치게 명랑한
소나무 가구	우아한
캐러멜	지루한
트렌치 코트	따스한
거들	비싼
매듭 공예	점잖은
모래사장	결정하지 못한
사자의 털	부드러운
상아	의욕이 없는
피부	비겁한
진열품	아늑한
밀크 커피	일관성 없는
투명 파우더	다정한
소파 담요	때가 잘 타는

10. 당신이 3시간 동안 계속 소파에 누워 있었다고 하자. 그건 오직 다음과 같은 이유일 수밖에 없다.

- 🌨️ | 지쳐서 잠이 들었다.
- ✴️ | 아프다.
- 🤓 | 그날을 즐겼다.
- 🙂 | 재미있는 독서에 빠져 있었다.
- 😤 | 자동차 경주를 보느라고 정신이 없었다.

11. 새로 산 세탁기를 오전 중에 배달받기로 했는데, 오후 1시가 지나도 오지 않았을 때 어떻게 하겠는가?

- 🙂 | 비서에게 처리하도록 한다.
- 😤 | 화가 잔뜩 나서 회사에 전화를 걸지만, 제대로 화도 내지 못하고 2주일 뒤에야 배달해 준다는 데 합의한다.
- 🌨️ | 구입을 취소한다. 그보다는 능력 있는 회사가 있게 마련이다. 그리고 낭비한 4시간에 대한 청구서를 작성한다(시간 당 30만 원).
- 🤓 | 4시간 동안 소파에 누워서 꼼짝하지 않을 수 있어서 기쁘다. 세탁기는 결국 배달될 것이고, 주말에야 빨래할 예정이므로 좀 늦게 배달되어도 상관없다.

✴ 회사에 전화를 걸어 배달이 늦어져서 청소년 그룹을 위한 봉사 활동을 하는 데 지장이 생길 거라고 설명한다. 분명 효과가 있을 것이다.

12. 당신의 취향에 맞는 영화관 나들이에 속하는 것은?

✄ 다량의 팝콘

☻ 좋은 영화를 선택했다며 감동받을 사람과 함께 간다.

☺ 수준 높은 프랑스 영화, 오리지널판

✴ 지적인 이란 감독의 영화

✿ 아놀드 슈왈츠 제네거가 나오는 홈 코미디

• **8번의 그림은 다음과 같이 평가한다.**

　─사람이나 사람의 신체 부위(코, 젖가슴, 무릎 등)를 그렸으면 '얼굴'. 스스로의
　　얼굴을 알아볼 수 있게 그렸으면(자신의 귀·엄지발가락 등) '얼굴' 2개

　─동물(낙타, 암소, 뱀 등)을 그렸으면 '번개'

　─사물(진주 목걸이, 모자, 이불 등)을 그렸으면 '가위'. 단, 감자를 그렸으면 '가위'
　　2개

　─추상적인 것(사랑, 미움, 조화 등)을 그렸으면 '폭탄'

　─풍경이나 그 일부분(바다, 호수, 산, 나무, 구름, 핵 발전소 등)을 그렸으면 '전구'

　─아무런 생각도 나지 않았으면 '가위' 2개를 뺀다.

• **이제까지 표시한 상징들의 수를 센다. 가장 많이 나오는 상징이 당신의 성
　격이다. 두 가지 상징의 수가 똑같으면 혼합형이다. 너무 게을러서 아무
　표시도 못했다면 카우치 포테이토이다.**

_____ 개　　 _____ 개

_____ 개　　 _____ 개

_____ 개

카우치 포테이토형

당신은 소파를 제대로 즐길 줄 아는 사람이다. 누워서 할 수 있는 것보다 더 흥미진진하고 더 만족스런 여가 활동이 없다는 사실을 이미 오래전에 깨달았으며, 남들 앞에서도 떳떳하게 자신의 확신을 밝힌다. 당신이 혐오하는 활동을 하도록 좋은 의도에서 부추기는 친구들에게서도 당신은 전혀 스트레스를 받지 않는다. 당신은 오직 긍정적인 의미의 스트레스, 다시 말해서 직업 활동에서 받는 자극적인 도전, 오랫동안 기다려 왔던 만남에 대한 기대와 기쁨, 똑같이 기분 좋은 물건 둘 중에 하나를 선택해야 할 때(감자튀김 또는 피자?)의 스트레스만 받는다.

즐거움-원칙을 가장 좋아하는 당신의 삶은 이따금씩 유아적인 면을 보이지만, 물론 거렁뱅이가 될 위험도 있다. 달콤한 무위도식은 냄새나는 게으름과는 다르다. 최소한의 규율은 지켜야 할 것이다. 당신도 냄새를 맡을 수 있다. 그러니 정기적으로 이를 닦고 가끔씩 옷도 갈아입으며, 당신의 크고 편안하며 쿠션이 좋은 소파의 방석들을 이따금씩 털어 먼지를 없애고 틈새에 낀 부스러기들을 청소해 내는 것을 잊지 말아야 한다. 소파의 즐거움을 더 늘리고 일상화되는 위험에 빠지지 않기 위해서는 방석 커버나 담요를 이따금씩 바꾸는 것도 권할 만하다. 불필요한 수고를 피하려면 이런 액세서리들의 변화를 계절에 따른 장식과 연결할 수도 있을 것이다. 봄에는 노란 담요나 재미있는 부활절 토끼 그림이 그려진 것도 좋다. 크리스마스가 다가오면 빨강·초록·황금색에 명상적인 크리스마스 모티프가 새겨진 자수 담요가 좋다.

 소파 카우보이·카우걸형

카우치 포테이토와 자주 혼동되는 타입, 하지만 카우치 포테이토로서의 자의식이 아직 없다. 소파 카우보이나 카우걸인 당신은 소파에서 보내는 시간은 많지만 소파 생활을 즐기기 위해서가 아니라 다른 일을 할 수 없을 만큼 피곤하고 지쳤기 때문이다. 그와 동시에 당신은 죄책감을 느끼는데, 죄책감이란 카우치에서 반드시 멀리 떼어 놓아야 할 것이다.

지난 설날에 굳게 맹세한 것들(운동 시간 늘리기, 담배 줄이기, 과일 섭취량 늘리기 등)을 아직 실행하지 못했다면, 다음 설날까지 그대로 지내도록 하라. 다시 말해서 스포츠 뉴스와 드라마를 즐기고 통닭을 뜯으며 니코틴을 소비한 일을 후회하느라 쓸데없이 에너지를 낭비하지 말라. 그래야만 정말 중요한 것들, 예를 들어 적게 일하면서도 돈은 더 많이 벌고 일 년에 석 달 동안 휴가를 받을 수 있는 방법에 대해 생각할 수 있는 힘을 조금이라도 남길 수 있다.

아무짝에도 쓸데없는 아이들이 늘 소파를 점령하고 전화비만 하늘 높은 줄 모르고 솟구치게 만드는 걸 막을 방법은? 죽도록 수리했지만 차고에서 자리만 차지하고 있는 잔디 깎는 기계를 이익을 남기며 처리할 수 있는 방법은? 남편과 아내가 3인용 소파를 두고 늘 당신과 다투는 대신 2인용 소파나 1인용 소파에 만족하게 만들 방법은? 이 문제들을 해결하고 나면 기분이 한결 나아질 것이고, 지난 설날의 맹세를 내년에는 더욱 쉽게 실천할 수 있을 것이다.

🖋 소파멋쟁이형

당신은 느긋하고 여유 있는 소파 취미에 완전히 빠져 버렸는가? 글쎄, 겉으로는 그렇게 보인다. 당신은 그림처럼 멋진 소파나 완벽한 스타일의 카우치에서 기지개를 켜며 손님을 맞는다. 샴페인도 차가운 얼음에 잠긴 채 바로 옆 탁자에 눈에 띄게 전시되어 있고, 은 접시에는 보기 드물게 귀한 남방의 과일들이 듬뿍 담겨 있다. 여기에 덧붙여 백합과 양란이 화려하게 꽂혀 있는 꽃병은 당신의 세련된 라이프스타일을 완벽하게 전시해 준다. 근사한 연출… 하지만 엄청난 수고를 필요로 한다.

당신은 무엇을 하든 남들에게 미치는 효과를 계산하기 때문에 소파를 즐기기 위해 반드시 필요한 여유가 없다. 당신은 어떤 경우에도 무릎이 튀어나온 파자마 차림으로 소파 취미에 몰두하지는 않을 것이다. 실내용 실크 가운이 좀 불편하긴 해도 멋지기 때문이다. 섬세하게 균형을 맞춘 전체적인 앙상블이 모양 없고 편안한 차림으로 깨진다는 건 생각만 해도 비위가 상한다. 그러므로 당신은 트레이너가 짜 준 프로그램대로 매일 운동을 행하며 정기적인 장(腸) 청소 프로그램, 피부 관리 프로그램 등의 자기 관리를 한다. 미용실, 손톱이나 발톱 관리실, 주름살을 펴 주는 보톡스 주입 등은 당연한 일과이다.

소파에서 책을 읽기가 어려운 것은 한 손으로 얼굴을 받치면 주름살이 생길 위험이 있다고 생각하기 때문이다. 아무런 거리낌없이 초콜릿이나 감자칩에 손을 뻗는 사람들은 마음껏 무시한다. 당신은 언제 어디서나 자신을 통제할 수 있다. 또 당신은 언제나 최대한 교양을 자랑하려 한다. 관객이 당신 혼자라도 상관없다. 단 한 가지 마음에 걸리는 것은, 주위 사람들이 당신에게 끊임없이 절을 하지 않는다는 점이다. 친구들이 자꾸만 줄어들고 숭배자들도 사라진 지 오래다. 당신의 완벽주의에 질린 것일까? 한 번쯤 여기에 대해 생각해 보라. 하지만…, 이마에 주름살이 생기지 않도록 조심하라!

🌋 동양 철학자형

당신은 보료를 밤에는 침대, 낮에는 소파로 사용한다. 실제 소파는 주로 토론을 하기 위해 찾아오는 그룹을 위한 것으로, 스스로는 거의 사용하지 않는다. 당신은 앉아서 할 일은 그냥 바닥에 가부좌로 앉아서 하기를 좋아한다. 하지만 가부좌를 할 일도 드문데, 그건 텔레비전을 전혀 보지 않으며(텔레비전은 눈과 이성을 해친다!), 뜨개질 취미는 대부분—사회 비판적 심포지엄에서 정신적 자극을 얻는— 강의실에서 자랑하고, 독서는 더 명확한 사고 활동을 위해 스탠드 강연대에서 즐기기 때문이다.

소파에서 하는 식사도 당신에게는 별 의미가 없다. 식사란 가족이나 친구들과 즐기며 우정을 돈독히 하는 즐거운 행사이기 때문이다. 사상을 교환하는 데 아늑한 식탁에 둘러앉아 향긋한 사슴 고기 카레와 특별한 두부, 배추 요리를 즐기는 저녁보다 더 적합한 기회는 없을 것이다.

문화 워크숍이 있는데 보료나 방석에서 빈둥거릴 시간이 왜 필요할까? 왜 우리는 유쾌함은 즐기며 불쾌함은 거부하는 걸까? 아이들이 굶주리고, 야당 정치가들이 박해받으며, 여자들이 자신의 권리를 누리지 못하는 세상에서 어떻게 게으름을 피우며 느긋한 여유를 즐길 수 있는가! 이 세상은 혼자 감당하기에는 너무 무거운 짐이므로 불교식 명상 수련이나 자연과의 대화로 이따금씩 긴장을 풀어야 한다. 하지만 그런 시도도 대부분 혼자만의 독백으로 끝나므로 좀 더 느긋해질 필요가 있다.

초보자를 위한 연습을 하나 소개하겠다. 소파에 앉아서 두 발을 팔걸이 위에 걸치고 녹차 한 잔을 마신다. 두 눈을 감고 지난번의 달콤한 섹스를 생각한다. 이 연습을 일주일에 일곱 번 1시간씩 반복하면 당신의 애정 생활뿐만 아니라 이타적인 활동까지 크게 향상될 것이다.

사장님의 안락의자를 탐내는 출세 지향형

당신은 둔하고 답답한 사람은 아니지만 상상력과 창의력을 일에만 투자한다. 색소폰도 이사회 회장의 생일 파티를 멋지게 장식하기 위해 배웠고, 포도주에 관심이 많은 것도 동업자에게 감명을 주기 위한 배려이다. 얼마 되지 않은 여가의 나머지는 아름다운 외모를 가꾸기 위해 투자한다.

　브랜드 옷을 쇼핑하는 중이 아니거나 선탠 스튜디오에 누워 있지 않을 때면 운동을 한다. 뚱보는 아무것도 되는 일이 없으니 당신은 먼저 날씬해지고 싶으며, 또 상사와 함께 치는 테니스 시간에 멋진 몸내를 자랑하고 싶다. 하지만 여가 시간을 늘릴 수 있는 방도를 한 번쯤 생각해 보는 건 어떨까?

　아! 여가를 늘리고 싶지 않다고? 직업을 천직으로 생각하고 있으며, 일보다 더 좋은 것이 없다고? 몇 년 동안 이렇게 일한 다음 부자가 되면 프랑스 남쪽 지방에 빌라를 사고 하루 종일 골프나 치면서 수영장에서 빈둥거리겠다고? 아하! 그렇다면 출세를 위해 뛰는 당신의 노력은 실제로는 단 한 가지 목적을 위해서일 뿐이군. 지금 여가를 절약해서 나중에 한꺼번에 받아 낸다… 하지만 당신에게 좀 더 여유가 있다면 그 목적지에 더 빨리 다다를 수 있을 텐데… 그것

350

도 더 건강하게….

만일 당신이 그 불편한 브랜드 소파를 편안한 소파, 진짜 누워서 백일몽에 잠기거나 미래의 계획을 가다듬을 수 있는 소파로 바꾼다면… 사실 요즘은 편안하면서도 보기 좋은 소파가 많이 나와 있다. 스테인리스 다리, 세련된 라인의 가죽 소파들은 특권층을 위해서도 손색이 없다. 혹시 사장님이 방문한다고 해도 지금처럼 딱딱한 소파에 앉는 것보다는 훨씬 편안하게 느낄 것이다. 그리고 그건 당신이 원래 추구하는 목적지에 한 걸음 더 가까이 다가가는 방법일 것이다.

추신 이런 식의 유형별 성격 설명은 정말 왕짜증이라고? 그렇다. 올바른 인식이다. 그럼 이제부터 긴장을 풀고 카우치에 누워서 흥분을 가라앉혀 보라.('초보자를 위한 소파 즐기기' 첫번째 연습)

재추신 프로크루스테스에 대한 올바른 정의는 사실 첫번째이다. 이 답으로는 카우치 포테이토만 알아낼 수 있는데, 그건 카우치 포테이토에게는 그런 자세를 강요받는 것보다 더 두려운 것이 없기 때문이다.